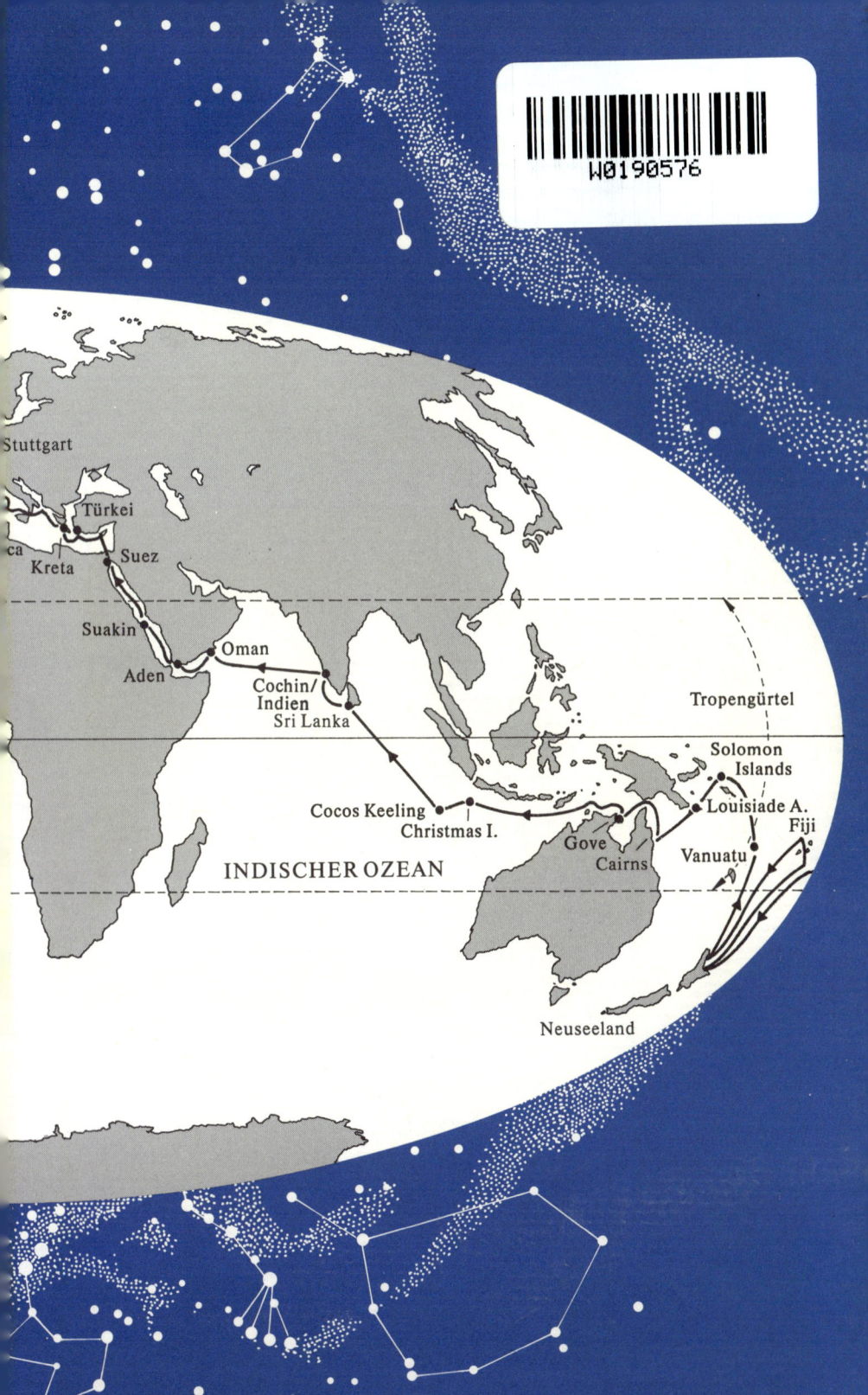

Stuttgart

Türkei

Kreta

ca

Suez

Suakin

Aden

Oman

Cochin/
Indien
Sri Lanka

Tropengürtel

Solomon
Islands

Cocos Keeling

Christmas I.

Louisiade A.

Fiji

Gove
Cairns

Vanuatu

INDISCHER OZEAN

Neuseeland

# Susanne Zeller

## Fahr weiter bis zum Horizont

Susanne Zeller

# Fahr weiter bis zum Horizont

Delius Klasing Verlag

Die Deutsche Bibliothek – CIP-Einheitsaufnahme

**Zeller, Susanne:**
Fahr weiter bis zum Horizont / Susanne Zeller.
[Fotos: Heide Schmidt; Susanne u. Peter Zeller]. –
Bielefeld: Delius Klasing, 1993
    ISBN 3-7688-0782-7


1. Auflage
ISBN 3-7688-0782-7


(c) Copyright by Delius, Klasing & Co., Bielefeld
Fotos: Heide Schmidt (Schutzumschlagrückseite),
Susanne und Peter Zeller
Zeichnungen: Sarah und Saskia Zeller
Karten: Peter Zeller
Schutzumschlaggestaltung: Formel 3 Kommunikation, Bielefeld
Druck und Bucheinband: Clausen & Bosse, Leck
Printed in Germany 1993

FÜR SARAH UND SASKIA –

UND FÜR AMELIE, SABINE, COLIN, JESSE, MARIA, PAUL, KEPLER,
STEVY, ANNA, KATHY, NOEMIE, BONOIT, SAMANTHA, JAMES, DYON,
XANTUS, PHILIPP, SUZIE, MORAG, JOSHUA…
UND FÜR ALLE KINDER, DIE AUCH GERN EINMAL HINTER DEN
HORIZONT SCHAUEN WOLLEN.

# Inhalt

## Teil II: Im Sternenmeer der grünen Inseln

## Teil III: Im Westen liegt der Ferne Osten

# Vorwort

Ob mit Kindern oder ohne: Eine Weltumsegelung ist ein großartiges Erlebnis. Aber durch die Anwesenheit von Kindern kommt ein ganz besonderer Akzent hinzu. Die Faszination, Energie, Lebensfreude und Anpassungsfähigkeit der kleinen Matrosen zu erleben, ist den segelnden Eltern Freude und Hilfe zugleich und wiegt alle Mehrarbeit auf. Außerdem werden sie spüren, daß die Anwesenheit von Kindern die Familie sogar mit einem gewissen Schutzschirm umgibt und daß sich mancher Behördengang vereinfacht. Die Kinderliebe in vielen Ländern ist eine wohltuende Erfahrung.

Selbstverständlich müssen die Bedürfnisse der kleinen Crewmitglieder beim Fahrtensegeln berücksichtigt werden. Auf extrem sportliche und abenteuerliche Routen sollte man zugunsten von Komfort, Spaß und Sicherheit verzichten. Wir empfanden die Passatroute als ideales Segelrevier für eine Familiencrew. Allerdings muß stets klar sein, daß Seestrecken nicht Selbstzweck sind, sondern nur eine Zwischenphase darstellen, um zu neuen Ufern zu gelangen. Auslauf, erweiterte Spielmöglichkeiten am Strand und Begegnungen mit anderen Kindern sind wichtig. Deshalb müssen Landaufenthalte dominieren, selbst wenn die Sprößlinge großartige Segler sind und auf See keine Langeweile kennen.

Allerdings sollte man sich gründlich überlegen, ob man mit nur einem Kind an Bord auf Langfahrt gehen will. Wir hatten den Eindruck, daß die meisten segelnden Einzelkinder nicht sehr glücklich waren. Auch wenn Eltern viel Energie aufbringen, um die fehlenden Spielgefährten zu ersetzen, sind sie keine gleichwertigen Partner. Sie können ihren Sprößling nicht in der gleichen phantasievollen, kindlichen und lebendigen Art beschäftigen, wie es Altersgenossen tun.

Wir haben Bordkinder vom Säuglingsalter bis zur Pubertät erlebt. Babys und Krabbelkinder sind sehr arbeitsintensiv (Wegwerfwindeln, Fertigbrei und Gemüsegläschen gibt es kaum mehr unterwegs) und müssen ständig beaufsichtigt werden. Ab dem sechsten Jahr wird die Schule zum Problem und in der Pubertät der Wunsch nach mehr Selbständigkeit, Unabhängigkeit und dauerhaften Freundschaften mit Gleichaltrigen. Segelnde Eltern müssen flexibel sein und sich den jeweiligen altersbedingten Schwierigkeiten stellen. Patentlösungen gibt es nicht, denn Temperamente, Einstellungen und Möglichkeiten der beteiligten Personen sind sehr unterschiedlich.

Dieses Buch soll daher vor allem den atmosphärischen Aspekt vermitteln, den man kennen muß, um sich in das Fahrtensegeln mit Kindern einfühlen zu können. Eine mehrjährige Weltumsegelung ist viel mehr als ein langer Segeltörn, denn sie umfaßt möglicherweise die gesamte Kindheit der jungen Crew. An Land hat man nur selten Gelegenheit, sie so intensiv heranwachsen zu sehen. Eine Weltumsegelung mit Kindern ist ein Stück Biographie. Rezepte für das Gelingen einer solchen Unternehmung gibt es nicht.

Als Starthilfe können folgende Hinweise dennoch dienlich sein: Der Alltag an Bord ist für Kinder nicht gefährlicher als im Haus und auf den Straßen, das Problemfeld ist nur völlig anders, und dieser Unterschied muß bewußt gemacht werden. Eine gründliche Auseinandersetzung mit den Sicherheitsvorkehrungen an und unter Deck, der Schiffseinrichtung, Reisevorbereitung und den vorbeugenden Maßnahmen ist unerläßlich.

Krankheiten lassen sich durch Impfungen (gegen Kinderlähmung, Tetanus, Gelbfieber, gegen sämtliche Kinderkrankheiten und eventuell auch gegen Meningitis und Cholera), durch Vorbeugung, strenge Hygiene und bestimmte Verhaltensmaßregeln bei Landausflügen weitgehend vermeiden.

Zur Vorbeugung gehört die richtige Ernährung. Da es in den Tropen an frischem Obst, Gemüse und Fisch nicht mangelt (Vitamine, Eiweiß), lebt man sehr gesund. Dennoch muß man streng darauf achten, daß sämtliche Früchte vor dem Verzehr geschält oder gekocht werden. Frischen Salat zu essen, käme fast einem Selbstmord gleich. Wasser muß unbedingt abgekocht und in den

Tanks regelmäßig entkeimt werden. Niemals auf den Märkten offene Säfte trinken!

Sämtliche offen angebotenen Milchprodukte (Käse, Speiseeis, Quark, Milch) meiden. In allen Südseestädten gibt es ersatzweise gutes Milchpulver zu kaufen, mit dem sich sogar Joghurt herstellen läßt. Nur verpackte Markenprodukte wählen und auf Fleisch lieber verzichten.

Auch die Bekleidung spielt bei der Vorbeugung eine große Rolle. Obwohl die Sonne in den Tropen nicht unangenehm ist, sind Sonnenschutzcreme, Hemd und Kopfbedeckung ratsam, ebenso Sonnenbrillen. Bei Landausflügen muß man sich zusätzlich gegen Moskitos schützen.

Süßwassermündungen und der Erdboden in Dorfnähe sind häufig mit Parasiten verseucht. Deshalb sollte man immer feste Schuhe tragen, auch bei Riffwanderungen, denn viele Tiere sind giftig und die Felsen oder Korallen scharf.

Selbst kleine Hautverletzungen müssen unbedingt steril abgedeckt, gegebenenfalls desinfiziert und mit einer entzündungshemmenden Salbe bestrichen werden. Niemals mit schmutzigen Fingern an Mückenstichen kratzen! Für größere Verletzungen braucht man ausreichend Verbandmaterial und Klammerpflaster an Bord.

Für den Fall, daß es trotz konsequenter Vorbeugung zu einer Krankheit oder schwerwiegenden Verletzung kommt, sollte man sich gründlich mit dem Thema „Medizin an Bord" beschäftigen, um auch als Laie helfen zu können. Nicht immer ist ein Arzt in der Nähe. Zwar mag die Tatsache beruhigen, daß man selten so gesund lebt wie beim Fahrtensegeln, doch mit Kindern an Bord will man schließlich sichergehen.

Folgende Bücher waren uns eine ausgezeichnete Hilfe:

Dr. med. Klaus Bandtlow: Medizin an Bord, Delius Klasing Verlag, Bielefeld.

Dr. med. Ernst von Haller: Ärztlicher Ratgeber für Tropenreisende, Georg Thieme Verlag, Stuttgart.

Dr. med. Wolf Lieb: Medizinfibel für Fernreisen, Band 12 der Reihe Globetrotter.

Ein Kursus für Schwesternhelferinnen ist zu empfehlen.

Möchte man auf Spritzen nicht verzichten (Schlangenserum, Cortison bei Schock), so muß die Yacht über einen Kühlschrank verfügen.

Ein Amateurfunkgerät kann Leben retten.

Zum Wohlbefinden der Kinder gehört nicht zuletzt auch ein gemütliches Schiff mit genügend Spielmöglichkeiten und einer Einrichtung, die Verletzungsgefahr ausschließt. Bei langen, anstrengenden Segelpassagen eignen sich zur Selbstbeschäftigung für Kinder zwischen drei und zehn Jahren unter anderem: Knetmasse, Farbstifte, Malbücher, Lego und Baufix, Puzzles, Buntpapier und Schere, Origami, Memory, Magnetspiele, diverse Handarbeiten, ein kleiner Webrahmen, Fingerpuppen, Xylophon, Flöte, Märchenkassetten und Bücher, außerdem viel Miniaturspielzeug. Moderne Eltern werden sicher auch Fernsehapparat und Gameboy bereithalten wollen, doch diese tragen nichts bei zur Kreativität und wirklichen Befriedigung des Kindes. Bloße Beschäftigung ist langfristig kaum sinnvoll, an Bord ebensowenig wie zu Hause.

Zum Thema „Schule an Bord": Es ist ratsam, sich mit dem betreffenden Oberschulamt in Verbindung zu setzen und sich über Lehrpläne, Schulbücher und Möglichkeiten des Selbstunterrichts zu informieren. Nicht so gut ausgebaut wie in vielen englischsprachigen Ländern ist in Deutschland das Korrespondenz-Schulsystem, doch gibt es immerhin die staatlich zugelassene Deutsche Fernschule in Gießen für die Klassen eins bis fünf. Darüber hinaus führen bis Klasse zehn die Fernkurse der Bundesregierung, erarbeitet vom Institut für Lernsysteme in Hamburg. Fernunterricht setzt allerdings wenigstens zeitweise eine feste Adresse voraus und ist deshalb für Fahrtensegler nur bedingt praktikabel.

Zwar steht das Wohlergehen der Kinder bei einer Weltumsegelung selbstverständlich an erster Stelle, dennoch müssen sie nicht ausschließlicher Mittelpunkt der Reise sein. Daß man als Segler auch – oder gerade – mit Kindern auf seine Kosten kommt und die neuen, fernen Horizonte intensiv genießen kann, will dieses Buch zeigen.

# TEIL I :
# VOM ABENDLAND
# INS
# NIEMANDSLAND

# 1 Mit den Zugvögeln nach Süden

---

*Ein Traum wird wahr: Leinen los! – Bootsbau am Neckarufer – Ein Seeschiff auf dem Rhein – Kleiner Exkurs über Langfinger – Auf Flüssen und Kanälen zum Mittelmeer – Start mit Hindernissen – Euphorie und Alltagsfrust – Das neue Leben lernen – Schnee auf Mallorca*

---

„Bär und Löwe müssen auch mit! Und Affe Bino und die große Puppe!"

Endlich war es soweit: Freunde, Eltern und Geschwister hatten sich am Neckarufer versammelt, um uns ein letztes Mal ade zu sagen und uns viel Glück für die lange, abenteuerliche Reise zu wünschen.

Das Chaos zwischen Wohnungsauflösung und Umzug in unser schwimmendes Zuhause war glücklich überstanden. Unser Schiff, die Sarsas, lag startklar – wenn auch nicht als stolzer Segler – im braunen Flußwasser mitten im „Ländle". Glasklare, türkisfarbene Lagunen schwebten vor unseren fernwehkranken Augen wie saftige Karotten vor dem Maul lahmer Eselchen. Bis zur Südsee aber war es noch weit.

Zunächst einmal mußten die rund 250 Schleusen auf dem Weg durch Süddeutschland und Frankreich zum Mittelmeer in Angriff genommen werden. Zu diesem Zweck war die Sarsas rundherum mit Autoreifenfendern gepolstert und der Mast mittschiffs an Deck vertäut, damit wir die zahlreichen niedrigen Brücken passieren konnten.

Derart „amputiert" fuhr die Sarsas am 14. August 1984 unter

Motorgebrumm und den wehmütigen Klängen der Signalhörner der ersten Schleuse entgegen. Andächtig beobachteten wir, wie sich das mächtige Stahltor öffnete: die erste Tür zum Eintritt ins Niemandsland, in ein Reich neuer Erfahrungen, unermeßlicher Schätze und grenzenloser Weite. Riesige Vogelschwärme ballten sich wie zwitschernde Wolken über dem Neckar zusammen, zogen kokett ihre Kreise und entschwanden dann in endlosen Wellenbändern gen Süden. Wie gern hätten wir uns diesem munteren Zug angeschlossen! Auch wir wollten der Kälte und dem nahenden Winter entfliehen, für wenigstens drei Jahre.

Begeistert und mit verblüffender Selbstverständlichkeit hatten Sarah und Saskia unsere Wohnung hoch über den Dächern von Stuttgart mit dem schwimmenden Schneckenhaus vertauscht. Mit Bär und Löwe unterm Arm hatten unsere beiden Töchter, drei und vier Jahre alt, die gemütlichen Kojen zu beiden Seiten des Niedergangs gestürmt und sich darin gleich wie zu Hause gefühlt. Wir Großen hatten mehr Probleme, uns den veränderten Lebensbedingungen anzupassen. Aber an diesem 14. August herrschte noch Hochstimmung. Nicht zuletzt weil unser jüngstes Crewmitglied, Saskia, an dem Tag drei Jahre alt wurde.

Eine Weltumsegelung mit Kindern – davon hatten wir geträumt. Unsere 10,5 m lange Yacht, die wir nach Plänen von Bruce Roberts in fünf langen, harten Jahren gebaut hatten, sollte unseren Töchtern gewidmet sein: SARSAS setzt sich aus ihren Namen Sarah und Saskia zusammen.

In starkem Kontrast zum Reisefieber und zur Freude an Bord unseres „deutschen Seeschiffs" (so lautet das offizielle Schiffszertifikat) standen Neugier, Interesse und Bewunderung der Besucher, aber auch ihre Skepsis, Angst und Traurigkeit. Während wir in Gedanken schon viele Male die Welt umrundet und immer neue Ziele in Augenschein genommen hatten, indem wir Navigationsbücher studierten und unsere Finger über exotische Seekarten wandern ließen, kam unser Vorhaben Eltern und eingeschworenen Landratten höchst unverständlich, ja geradezu ungeheuerlich vor. Menschenfressende Haie und Krokodile, Kannibalen, Piraten, Stürme, Schiffe versenkende Wellen, tödliche

Krankheiten und über Bord Gegangene wurden aus Zeitungsberichten und einschlägigen Büchern herangezogen, um uns doch noch zum Bleiben zu bewegen.

Unser Entschluß aber war über viele Jahre gereift. Während wir in zäher Arbeit Stahlplatte um Stahlplatte an Spanten und Stringer des Rumpfes schweißten, sahen wir unser Boot allmählich wachsen und mit ihm die Möglichkeit zur Verwirklichung unseres großen Traums. Nein, ein Zurück gab es nicht!

Was aber trieb uns so unbeirrt auf die weiten Ozeane? Es war ein ganzes Bündel von Motiven: die Sehnsucht nach Ferne und Weite; romantische Liebe; der Wunsch nach einem Neubeginn in Ursprünglichkeit, nach einem Leben in enger Verbundenheit mit der Natur. Wir suchten Zeit und Ruhe für uns und für viele Ideen. Wir wollten segeln. Kurz: Wir sehnten uns nach einer alternativen, uns besser erscheinenden Lebensform, wenigstens für ein paar Jahre. Wir hatten sie satt, die Hektik in unseren Städten, den Lärm, die Scheinwelt und unsere kinderfeindlichen Straßen.

Urlaubssegeln hatte kühne Träume in uns keimen lassen. Wir spürten eine tiefe Sehnsucht, mehr von unserem bunt schillernden Planeten zu sehen. Ferne Länder, fremde Völker lockten. Was lag da näher, als ein Boot zu bauen und um die Welt zu segeln? Gemeinsam wollten wir die schmerzliche Trennung von Traum und Wirklichkeit aufheben.

Doch das Fahrtensegeln hat seine eigene Gesetzmäßigkeit. Wir liebten unser Traumboot und beschimpften es doch als Galeere, wenn uns darauf der Alltag mit all seinen Pflichten und Konflikten bald wieder einholte. Trotzdem wurden es sechs großartige Jahre, die unser Leben für immer bereicherten. Denn unsere Weltumsegelung war ein Stück Leben, keine sportliche Selbstbefriedigung. Und sie war die Kindheit von Sarah und Saskia, an der wir ohne Abstriche teilhaben durften. Wir haben ihnen ihre Heimat gezeigt: die Welt.

Fern vom Meer, mitten in Süddeutschland, hatten wir unsere SARSAS gebaut. Immerhin lag die bescheidene Werft direkt am weinberggesäumten Neckarufer, so daß wir neben der schweißtreibenden Arbeit stets tröstliches Naß vor Augen hatten: mal süffig rot, mal biologisch braun. Eines Tages würden auch wir wie die großen Kieskähne gen Süden ziehen können. Die Wasserstraße lag ja gleich vor unserer Haustür.

Erfolgreich hatte die weibliche Crew sportliche Routen wie Island – Grönland – Neufundland und das stürmische Kap Hoorn von der Liste der Möglichkeiten gestrichen. Etwas schmollend hatte der Kapitän zugegeben, daß Sonnetanken, Gemütlichkeit und Sicherheit für unsere beiden kleinen Matrosen eher ins Konzept unserer Weltumsegelung paßten als sportlicher Ehrgeiz um jeden Preis und werbewirksamer Pioniergeist. Somit schied der Englische Kanal mit Nebel, Sturm und viel zuviel Schiffsverkehr als Startrevier aus. Wir entschieden uns für den Binnenweg zum Mittelmeer. Danach, so stand für uns fest, würden wir im Dezember den Atlantik überqueren und Weihnachten in der Karibik feiern. Aber es sollte anders kommen.

Die Schleusen wurden bald gelassener genommen als jene erste am 14. August. Der Alltag hatte uns wieder eingeholt: Festmachen, Dichtholen, Abhalten, Loswerfen, Steuern, Kochen, Spülen, Festmachen...Vom Neckar waren wir inzwischen in den Rhein gelangt. Bis Mühlhausen, wo der schmale Rhein-Rhône-Kanal abzweigt, mußten wir streckenweise gegen sehr starke Strömung kämpfen. Nervöse Blicke auf den Kalender zeigten uns, daß wir viel zu langsam vorankamen. Es gab nur eine Lösung: Wir mußten uns schleppen lassen.

Aber das erste Experiment scheiterte. Der freundliche Flußschiffer hatte zwar unseren Tampen angenommen, fuhr jedoch trotz gedrosselten Tempos immer noch viel zu schnell für uns. Die SARSAS sank tiefer und tiefer ins Kielwasser des Frachtkahns, eine gewaltige Welle türmte sich achtern auf und zog unser Heck unter den Wasserspiegel. Unsere flehentlichen Rufe: „Langsamer!" wurden vom Motorengebrumm erstickt. „Mensch, wir saufen ab!" hieß es. „Kapp die Leinen!" Und schon waren wir uns wieder selbst überlassen. Quälend langsam ging es stromauf; für einen Kilometer benötigten wir etwa vierzehn Minuten.

17

„Das schaffen wir nie!" stöhnten wir frustriert, als wir sage und schreibe eine halbe Stunde brauchten, um unter einer Brücke durchzufahren. Also gingen wir doch wieder auf Schleppersuche.

Die Wasserschutzpolizei umkreiste uns einige Male und kam dann forsch längsseits: „Wo haben Sie Ihre Registriernummer?"

„Registriernummer? Bitte, hier sind die Schiffspapiere. Wir sind ein deutsches Seeschiff. Registriernummer am Bug brauchen wir nicht. Ein Seeschiff fährt nur den eingetragenen Namen: SARSAS – Stuttgart, sehen Sie?"

„Aber Sie befinden sich im Binnenschiffahrtsverkehr, und dafür brauchen Sie eine Nummer." Der Beamte blieb beharrlich. Auch das noch!

Geduldig erklärte Peter, daß dies für uns der gestattete Zufahrtsweg zur See war, den wir möglichst schnell hinter uns bringen mußten. Nicht ganz überzeugt, aber ahnend, daß es auch auf ihrem Rhein noch unbekannte Fälle gab, entließ uns die Wasserschutzpolizei ungeschoren.

Noch einen Tag bis zur Rheinschleuse Iffezheim, dann würde der Strom gebändigt und unsere Qual beendet sein. Die WALTRAUD überholt uns, eine alte Bekannte unter den Kieskähnen. Freundlich grüßt der Schiffer, und – schwupp! – schon hängen wir wieder an seinem Schlepptau. Diesmal funktioniert das Manöver. Allerdings ist der Ruderdruck so stark, daß Peter die Pinne nur mit äußerster Kraftanstrengung halten kann.

Endlich erreichen wir die erste Rheinschleuse. Maschine an, Schleppleine los! Doch aus der Motorgegend erklingt ein verdächtiges Geräusch. Peter taucht, denn seine Diagnose lautet eher auf ein Propellerproblem. Nachdem er Ruder und Schraube von Gras befreit hat, entdeckt er, was vorläufig das Ende unserer Fahrt bedeutet: Verbindungsring und Schrauben am Z-Drive sind abgeschert und ausgerissen, der Propeller sitzt völlig locker. War die Belastungsprobe während des Schleppens doch zu hart? Ganz behutsam tuckern wir zum Baggersee Freistett gleich um die Ecke, der glücklicherweise Sitz einer Bootswerkstatt mit Volvo-Vertretung ist.

Um tausend Mark erleichtert, können wir erst eine wertvolle Woche später unsere Rheinfahrt fortsetzen. Inzwischen ist es September geworden, und bedeutungsvolle Blicke sagen: „Eigentlich wollten wir jetzt schon im Mittelmeer sein."

Der landschaftlich wunderschöne Rhein – endlich haben wir Muße zu einem genießerischen Rundblick – verabschiedet sich leider mit einem kleinen Ärgernis. Im Motorclub Weisweil werden uns nachts sechs Toggles von Deck geklaut. Doch sollte dies während unserer mehrjährigen Weltreise der einzige Diebstahl bleiben. Nicht in Tonga, wo schon laut Captain Cook angeblich Stehlen zum Lebensinhalt gehört, auch nicht im bitter armen Indien oder auf den arabischen Bazars – nein, ausgerechnet daheim wurden wir bestohlen.

In dem armseligen Städtchen San Cristobal, an der Osteinfahrt zum Panamakanal, wo laut Seglerberichten das Ausgeraubtwerden zur Tagesordnung gehört, konnten wir völlig unbehelligt Proviant besorgen. Überall am Straßenrand kauerten dunkle, trostlose Geschöpfe, die verarmt und arbeitslos auf eine Touristenbrieftasche hofften. Aber die finsteren Augen erhellten sich in einem freundlichen Lächeln, wenn unsere beiden Mädchen munter an ihnen vorbeihüpften und grüßten. Wir fühlten uns von einem unsichtbaren Schutzschirm umgeben. Und dieses Gefühl begleitete uns auf der gesamten Reise: Nicht wir mußten die Kinder beschützen, sondern ihre Anwesenheit machte uns als Familie für Ganoven tabu. Diese Erfahrung teilten mit uns auch andere Segler, die sich nicht gescheut hatten, den Globus gemeinsam mit Kindern zu umrunden. Die große Kinderliebe, besonders in ärmeren Ländern, ist faszinierend.

Abgesehen davon, begegneten wir auf unserer Route ohnehin nur freundlichen, zurückhaltenden und aufrichtigen Menschen. Wir versuchten, für fremde Kulturen offen zu bleiben und ihr Anderssein nicht mit Vorurteilen zu belasten. Schließlich ist der westliche Lebensstil nur einer von vielen.

Die Bewohner der Dritten Welt sind sensibel, und wer den „dicken Mann" markiert, darf sich nicht wundern, wenn das Echo entsprechend negativ ausfällt. Doch selbst das muß nicht so sein. An einem winzigen Gemüsestand in Ägypten trafen wir eine australische Seglerin, die gespreizten Finger dicht mit Goldringen besteckt. Offenbar hegte und pflegte sie ein eisernes Vorurteil, denn beim Tomatenauswählen feixte sie spöttisch über einen kleinen Araberjungen: „Na seht mal, wie der auf meine Ringe guckt!" Vor dem Laden verlor sie dann ihre Geldbörse. *Die* Gelegenheit für Langfinger! Der Araberjunge hob sie blitzschnell auf – und überreichte sie der Seglerin. Doch statt zu einem Danke ließ sie sich nur zu der zynischen Bemerkung herab: „Der hatte bloß Angst, sonst hätte er sie geklaut." Schade, diese Australierin wird schwerlich erfahren, daß unsere Welt ohne Scheuklappen ganz wunderbar schillert.

Aber bis zu diesen Erlebnissen mußten wir uns noch lange gedulden. Inzwischen waren wir immerhin in das Elsaß gelangt. Die Passage durch den schmalen Rhein-Rhône-Kanal – Gegenverkehr ist hier absolut unmöglich – wird von offizieller Seite organisiert. Wir verpflichteten uns, die Strecke Mühlhausen-Montreux zügig und ohne Zwischenstopps zu bewältigen. Zu diesem Zweck begleitete uns am Ufer eine Schleusenwärter-Mannschaft auf knatternden Motorrädern und öffnete, beziehungsweise schloß die antiken Schleusentore, die sich in unendlicher Folge aneinanderzureihen schienen. Wir zählten etwa eine Schleuse pro Kilometer.

Gegen Mittag übernahmen dann zwei radelnde Schleusenwärter den Gratis-Service. Kaum hatten sie das eine Tor mühsam zugekurbelt, da stand die SARSAS schon wieder vor der nächsten „ecluse". Für sie war das ein hartes Zehn-Stunden-Programm, aber auch wir waren von dem pausenlosen Motoren, Leinenbedienen und Abhalten bald restlos geschafft. Streckenweise bereiteten uns Turbulenzen in den Kammern und böiger Wind Probleme. „Zwölf Yachten wurden hier in diesem Jahr schon havariert", berichtete einer der Schleusenwärter. Wie tröstlich!

Aber der Höhepunkt unserer Kanalfahrt sollte erst noch kommen: die „Treppe" von Valdieu. Hier wird man binnen kürzester

Zeit auf die höchste Erhebung hinaufgeschleust. Zehn Schleusen im Abstand von nur hundert Metern müssen erklommen werden. Das war wohl auch unserem zimtfarbenen Kater zuviel. Hier ist er ausgestiegen, vermuten wir. Bisher hatte er sein Versteck unter dem Beiboot nur selten verlassen, denn das scheußliche Wasser und die fremde Umgebung mißfielen ihm. Da war das herrlich duftende Grasufer beim idyllisch gelegenen Schleusenhäuschen Montreux, das wir als nächtlichen Schlafplatz für die SARSAS ausgesucht hatten, mit seinen Schmetterlingen, Mückenschwärmen und verlockend brummenden Fliegen schon interessanter. Es gab viele Tränen, als wir nachmittags das Fehlen unseres geliebten Katers entdeckten. Nur Peter blieb cool und tröstete seine drei Mädchen: „Tapsi hat es dort draußen viel besser. Bestimmt."

Am nächsten Morgen wurden wir wieder talwärts geschleust, verließen den schmalen Kanal und fuhren auf dem Doubs weiter. 116 Schleusen lagen bereits hinter uns! Manchmal begegneten uns nun Penichen, die typischen Kanalkähne. Im engen und viel zu seichten Fahrwasser war es ein Kunststück, an ihnen vorbeizumanövrieren. Meinte man, der wunderschönen Landschaft nur einmal einen Blick zuwerfen zu können, so hatte man beinahe schon die nächste Schleuse übersehen. Mitleidig gedachten wir derjenigen, die sich eigens zum Zweck einer solchen Flußfahrt Urlaub nahmen.

Sarah und Saskia jedoch amüsierten sich prächtig. Dank Knetmasse, Malstiften, Puppen und Bausteinen war ihre Welt in Ordnung. Zwischendurch wurden immer wieder die steilen Niedergangsstufen erklommen, und dann erschien – meist im ungeeignetsten Augenblick – ein kleiner Dreikäsehoch treuherzig im Cockpit: „Ich will auch helfen!"

Also schnell Rettungsweste oder Schwimmflügel an. Und schon stemmten sich übereifrige Kinderfäustchen gegen die Schleusenmauer, „um die SARSAS wegzudrücken". Magischer Anziehungspunkt waren natürlich auch all die vielen Leinen, die Mama und Papa nun schon wochenlang in Trab hielten. Das mußte doch mächtig Spaß machen! Fortan wurden fleißig Knoten geübt, Seile verspannt, Tampen belegt.

„Verflixt, wer hat die beiden Festmacher verknotet?" hörte man gelegentlich den gereizten Skipper rufen. „Überall stolpert man über Leinen!" Oder: „Bindet sofort den Bär vom Poller!" Einmal hieß es sogar: „Wer hat denn die Heckleine losgemacht? Wir treiben doch ab!" Zwei erwachsene Augenpaare reichten manchmal nicht aus, um den größten Blödsinn zu verhindern. Aber im Grunde waren wir froh, daß die Mädchen so begeistert und voll Tatendrang mitmachten. Sie fühlten sich an Bord pudelwohl.

Vom Doubs gelangten wir bald in die Saône. Die Schleusen nahmen nun wieder „Neckarformat" an und waren bequem zu bewältigen. Auch die Abstände vergrößerten sich beträchtlich, und das Fahrwasser war ausreichend tief. Aber jedes Mal, wenn wir uns einer Schleuse näherten – welch spannender Augenblick –, ertönte prompt das obligatorische: „Pipiii!" Daran konnten wir uns in diesem nervenaufreibenden Moment trotz aller Routine nicht gewöhnen. „Muß pipi!" befahl der Zwerg an Bord und wollte von Knöpfen, umständlichen Trägern und Schnallen befreit werden. Das energische Stimmchen klang dabei unüberhörbar stolz, denn gerade noch rechtzeitig vor dem Umzug ins Boot war die kleine Saskia den Windeln entwachsen. Dadurch blieben uns viele Unbequemlichkeiten erspart, und wir brauchten gar nicht erst die typische weiße Flaggenparade zu hissen, das Kennzeichen aller Yachten mit „Baby an Bord".

Schöne Alleen und hübsche Fassaden alter Städtchen säumten die Saône-Ufer. Jubelstimmung breitete sich aus: Schon zwei Tage später erreichten wir die Rhône. Das Mittelmeer schien uns nun zum Greifen nahe!

„Möchtet ihr nicht doch lieber zurück nach Stuttgart?" fragten wir forschend unsere kleinen Matrosen.

„Nein! Bloß nicht!" Die vierjährige Sarah protestierte entschieden. „Ich will nie wieder in einem Haus wohnen!" Und Saskia fügte schnell hinzu: „Fahr weiter bis zum Horizont!" Das sollte fortan zu einem geflügelten Wort an Bord werden.

Mit rauschender Fahrt näherten wir uns der Rhône-Mündung. Strömung und starker Rückenwind schoben uns dem ersten großen Etappenziel entgegen. Und schon träumten wir von den nächsten Zielen: Gibraltar, Kanarische Inseln, Karibik, Panama: Meilensteine auf dem Weg in die Südsee.

Doch unsere Hoffnung, den Mast noch in Port St.Louis stellen zu können, wurde enttäuscht. „Bei dem kräftigen Mistral wird der Kran nicht bedient", berichteten andere Segler. Mit der Salzwassertaufe mußte sich die SARSAS also noch etwas gedulden.

Auf einem Seitenkanal der Rhône fuhren wir zum westlicher gelegenen Sète, wo ein fast antiker Kran den Yachties zur freien Verfügung stand. Auf der Hafenmauer lagen Berge von Autoreifen, ausgediente Schleusenfender, derer sich in See stechende Vorgänger entledigt hatten. Umgekehrt waren schwimmende Heimkehrer für die Gratispolster dankbar und „schmückten" damit ihr Schiff für die Reise zurück ins geordnete Leben.

„Na, dann auf zum Stempeln", murrte der braungebrannte Klaus, während er seine atlantikerprobte Yacht abtakelte. Statt nach schönen Ankerplätzen mußte er nun nach einer Arbeitsstelle suchen. Wehmütig beobachtete er, wie andere Boote langsam die Form von Seglern annahmen und stolz ihre Masten setzten. Sie hatten das große Abenteuer noch vor sich...

Mit gemischten Gefühlen dachten auch wir an unsere Heimkehr in ein paar Jahren. Würden wir ebenso verzweifelt sein und uns an die vielfältigen Zivilisationsprobleme nicht mehr gewöhnen können? Würde uns das freie Leben verändern?

Noch viele Tage fauchte der Mistral mit unverminderter Stärke und verwehrte uns das Auslaufen. Als der Wind endlich drehte und wir Anfang Oktober den Hafen von Sète verließen, mußten wir bald gegen hohen Schwell und stürmischen Gegenwind aus Südost kämpfen. Zum Verrücktwerden! „Das Mittelmeer ist ein unmögliches Segelrevier", beschwerten sich Yachties allerorten. „Entweder hat man Flaute – oder man bekommt eins auf die Nase... Und einen zuverlässigen Wetterbericht gibt's auch nicht!"

Allerdings. Dies hatten wir auf unseren zahlreichen Mittelmeertörns schon oft feststellen können. Aber im Gegensatz zum termingebundenen und meist viel zu kurzen Urlaubssegeln verfügten wir ja nun über den Luxus von Zeit und konnten seelenruhig auf günstigere Wetterverhältnisse warten.

Warten? Wir rechneten fieberhaft: Noch eineinhalb Monate blieben uns, um zum Startloch für unsere Atlantiküberquerung, zur Kanareninsel Gomera, zu gelangen. Das war verdammt knapp. Denn noch lag die gesamte spanische Ost- und Südküste, die Straße von Gibraltar und die portugiesische Algarve vor uns, dazu der Atlantik bis Gomera. Schließlich wollten wir so herrliche Inseln wie Madeira und die Kanaren nicht einfach links liegen lassen. Außerdem saß die Astronavigation noch nicht so ganz. Und wir hatten inzwischen gelernt, daß man die Rechnung ohne Petrus, Neptun und Fortuna macht, wenn man ausschließlich geplante Seemeilen und Rumpfgeschwindigkeit in die Gleichung einsetzt.

Zum ersten Mal keimten leise Zweifel in uns, ob die Atlantiküberquerung in diesem Jahr überhaupt noch zu schaffen war. Laut Ocean Pilot, Seehandbüchern, Wetterkarten, Seglerberichten und anderem Routenmaterial galt: „Atlantiküberquerung in den Monaten November, Dezember, spätestens Januar... Nur dann günstige Passatwinde... Keine Hurrikangefahr in der Karibik... Weiterfahrt in den Pazifik über die Karibische See möglichst schon im Januar oder Februar. Nur dann ausreichend frische Passatwinde bis in den sonst sehr flauen Golf von Panama."

Das Informationsmaterial hatten wir genau studiert und wollten die darin erwähnten Chancen wahrnehmen. Also genossen wir doch keine grenzenlose Freiheit? Es war klar, daß Wind- und Wetterkarten unsere Route um den Globus bestimmen würden. Für jedes Teilgebiet mußten klimatische Gegebenheiten berücksichtigt, Zeitplan und Ziele darauf abgestimmt werden. Aber war das nicht schon ein Stückchen vom „Leben mit der Natur"?

Ab dem „32. September" beginnen wir, uns an der spanischen Küste voranzukämpfen. Dieser absurde Stempel in Peters Paß treibt dem Einklarierungsbeamten von Ampuriabrava verzweifelte Schamröte auf die offiziellen Wangen. Viel Papierkram und Warten ist nötig, um daraus den 2. Oktober zu machen. Wir amüsieren uns köstlich: In Spanien fängt Afrika an... Aber das macht es auch so sympathisch!

Endlich ist der Mistral vorbei. Sommerliche Wärme untermalt die Feststimmung am Kai von Barcelona und läßt die goldenen Posaunen der kleinen Musikkapelle blitzen. Sie ist aufmarschiert zu Ehren des spanischen Nationalfeiertags und in Erinnerung an „Don Cristobal Colons" Entdeckung der Neuen Welt. Unsere Mädchen staunen.

Überwiegend Rückenwind hatte 1492 Kolumbus' Schiffe SANTA MARIA, NINA und PINTA über den Atlantik getrieben, bis schließlich Inseln der Bahamagruppe in Sicht kamen. Aus dem spanischen Verb „pasar" für „hinüberfahren" entstand angeblich die Bezeichnung „Passat". In Barcelona bereitete man dem glücklich Zurückgekehrten einen triumphalen Empfang, denn das neu entdeckte Land versprach märchenhafte Reichtümer. Und Gold brauchten die Herrscher Europas zum Kriegführen und zur Entlöhnung ihrer Söldnertruppen. Lang andauernde Kriege gegen die Mauren auf spanischem Boden hatten die Kasse der katholischen Könige Ferdinand und Isabella völlig erschöpft. Aber die Kolonialisierung „Westindiens" erwies sich als schwierig. Vergebliches Hoffen auf schnellen Reichtum ließ den Ruf des großen Seefahrers Kolumbus bald verblassen.

Heute aber, am 12. Oktober, soll seiner wieder mit allen Ehren gedacht werden. Ein Nachbau der SANTA MARIA im Hafen von Barcelona weckt die Erinnerung an vergangene Zeiten und Triumphe. Nur seltsam, daß sich manchmal Geschichte und Gegenwart ungewollt zu einem bizarren Bild mischen: Unweit des schmucken Westindienseglers hat nämlich an der Pier die feldgraue, moderne FEARLESS festgemacht, jener britische Zerstörer, der die Falklandflotte forsch angeführt und im sogenannten „Operettenkrieg" gesiegt hatte. Aber das interessiert in Spanien keinen. Energisch wird ihr Kommandant gebeten, die Pier für den Ehrengast, ausgerechnet den argentinischen Windjammer LIBERTAD, freizumachen. Ein köstliches Zusammentreffen, wie von Meisterhand inszeniert.

Ist es Zufall oder Absicht der gekränkten Briten? Als sich die FEARLESS schließlich verabschiedet, füllt sich das Hafenbecken mit einer unvorstellbaren Menge von Exkrementen. Unter dieser

Hinterlassenschaft haben allerdings nur die Yachten zu leiden, die nun wie in einer riesigen Toilettenschüssel schwimmen. Der Auftritt des weißen argentinischen Schwans erleidet dadurch keine Einbuße. Wie weiße Perlen reihen sich die Matrosen säuberlich an der Reling des prächtigen Windjammers, auf den Aufbauten und selbst hoch droben auf den vielen Rahen. Das ist beeindruckend und komisch zugleich. Die Kinder können ihre Augen von der Unmenge „kleiner Männlein" in schwindelnder Höhe nicht losreißen. Welch ein tolles Schauspiel! „Aber bitte nicht nachmachen, ja?"

Während das Empfangskomitee die obligatorischen Hymnen trällert, werfen wir unsere Leinen los und laufen aus mit Kurs Mallorca. Das Wetter ist günstig, wir erreichen die Insel in schneller Fahrt und ankern, von Nostalgie getrieben, in dem landschaftlich wunderschönen Naturhafen Soller an der bizarren Nordwestküste. Hier haben wir einige Jahre zuvor unsere Flitterwochen verbracht, nun kehren wir mit Schiff und Kindern zurück. Ein Winter auf Mallorca – warum nicht? Wir machen endlich Schluß mit dem gehetzten Weiterziehen und erholen uns von der Hektik, die uns in Stuttgart wochenlang belastet hat: Arzttermine, Impfungen, Behördenkram, Verproviantierung, Wohnungsauflösung, Innenausbau... Noch drei Wochen vor der Abreise war die SARSAS ein einziges Chaos aus Werkzeugen, Leisten, Brettern, Kisten und Schleifstaub. Also gut – die Würfel sind gefallen: Wir bleiben.

An der Hafenpier promenieren Urlauber und nehmen gern die Gelegenheit wahr, mit so exotischen Menschen wie uns Seglern zu plaudern. „Was, Sie sind schon drei Monate unterwegs? Mal ehrlich: Da muß man doch Millionär sein! Oder wie kann man sich das sonst leisten?" Das ist Standardfrage Nr. 1. Standardfrage Nr. 2 lautet: „Was machen Sie, wenn die Kinder schulpflichtig werden? Die müssen doch irgendwann in die Schule?" Kein Problem: Ihre Lehrerin ist an Bord!

Mit unseren Erläuterungen über die Finanzierung der Reise müssen wir den Urlaubern wie Wesen von einem anderen Stern vorgekommen sein. Dabei ist die Rechnung doch so einfach: Was man üblicherweise als vierköpfige Familie für einen Monat Auslandsurlaub mit Flug und Hotelkosten ausgibt, reicht uns zum Leben für ein ganzes Jahr. Wir haben ein schwimmendes Haus, der Wind bläst uns gratis über die Meere, unsere Ausgaben beschränken sich auf Bootsinstandhaltung, Hafengebühren, Lebensmittel und ein paar Extras. Klar, wir müssen uns gewaltig bescheiden, und der Spartopf schrumpft dabei.

Deutsche Rentner warten mit einem anderen Vorschlag auf: „Warum machen Sie es nicht wie wir: erst arbeiten und dann im Alter reisen, wenn man eine schöne Rente bekommt?" Ein holländisches Paar hat sich dazugesellt. Nun mischt sich der Mann entschieden ein: „Machen Sie das ja nicht! Reisen Sie jetzt, solange Sie jung und kräftig sind!"

Darüber fällt uns eine Erzählung von Heinrich Böll ein: Ein gemütlich schlummernder Fischer erwacht vom Klicken eines Fotoapparats. Der Tourist erkundigt sich neugierig, warum er denn nicht fischen gehe. Antwort: weil er morgens schon hinausgefahren und mit einem kleinen, aber ausreichenden Fang zurückgekehrt sei. Das aber stellt den Fremden nicht zufrieden; wie schnell ließe sich erst der Ertrag erhöhen, wenn der Fischer mehrmals hinausführe, argumentiert er. In ein paar Jahren hätte er dann einen großen Kutter, bald eine ganze Flotte und später vielleicht eine große Fischfabrik... Ja, und dann bräuchte er nicht mehr zu arbeiten und könnte sich ausruhen! Der Fischer lauscht den eifrigen Ausführungen seelenruhig und meint schließlich: „Ausruhen? Aber das kann ich doch jetzt schon!" Und schlummert friedlich wieder ein.

Etwa in diesem Sinne begann für uns nun eine herrliche Zeit. Immergrüne Orangenplantagen, Zitronenbäumchen, Kiefernwälder, Eichen, Palmen und Olivenhaine ließen den nahenden Winter nicht trist wirken. Denn Nordisches und Subtropisches verbindet sich auf Mallorca zu einem harmonischen Bild. Spaziergänge, Radausflüge, der Strand, Freunde und vor allem das Lieblingselement Wasser füllten unsere Zeit aus. Auch an Bord sollten es die Kinder schön haben. So hatte der Papa am Großbaum eine Schaukel montiert, die begeistert angenommen wurde.

Doch leider währte die Freude nicht lange. Kopfüber zu schaukeln war ja noch viel toller, fand Sarah. Aber dabei kam die Travellerschiene plötzlich in den Weg, und das Resultat war eine fünf Zentimeter lange Platzwunde am Hinterkopf. Verzweifelt beobachtete ich, wie sich Sarahs weißes Hemdchen schnell blutrot färbte. Die panikartige Suche nach einem Arzt blieb erfolglos, denn natürlich war es am Wochenende passiert, und einen Notdienst gab es hier nicht. Wir durften nicht länger zögern, sondern mußten die große Wunde selbst versorgen. Das war ein harter Einstieg in die Bordmedizin! Aber wenn wir eine so weite Reise um den Globus planten, mußten wir Probleme dieser Art meistern lernen.

Ebenso tapfer wie unser kleiner Patient machten wir uns an die heikle Arbeit. Zunächst war es gar nicht einfach, die Wunde zu lokalisieren, denn das geronnene Blut hatte den ganzen Haarschopf verklebt, und wir wollten das kleine Fräulein nicht durch einen Kahlschnitt verunstalten. Behutsam legten wir die Stelle frei, rasierten einen kleinen Bereich, stets peinlichst darauf bedacht, die klaffende Wunde nicht durch Fremdkörper wie Haarstückchen zu infizieren, strichen eine antibakterielle Salbe auf und verschlossen die Wunde schließlich mit einem Klammerpflaster. Was sich hier jedoch so professionell anhört, war immerhin eine schweißtreibende Prozedur von drei Stunden!

Kaum hatten wir unter höchster Anspannung das unbekannte Handwerk begonnen, wurden wir durch lautes Poltern und einen Aufschrei hochgeschreckt. Mein Gott – wo war Saskia? Die hatten wir ja ganz vergessen! Ein Unglück kommt eben selten allein. Saskia war kopfüber durch die offene Vorderluke nach unten gestürzt. An ihrer Stirn prangte nun eine Beule von nie gesehener Größe. Jetzt hatten wir zwei Patienten!

Sarahs Platzwunde heilte glücklicherweise schnell und war bald vergessen. Es sollte ihre einzige Verletzung bleiben. Saskia kam „ungeschoren" um die Welt. Aber als wir am Ende unserer Reise wieder ins Mittelmeer zurückkehrten, mußten wir zum zweiten Mal Notarzt spielen und einen Klammerverband anlegen: Saskia hatte sich an einem Konservendeckel geschnitten.

Auch wir Großen blieben in der Anfangsphase unseres Bordlebens nicht von kleineren Unfällen verschont. Wir waren noch kein perfekt eingespieltes Team, und zum Beispiel Ankermanöver waren ein Problem für sich. Verständigungsschwierigkeiten und Mißverständnisse führten zu Pannen, die sich wiederum in Schürfungen und Quetschungen dokumentierten. Die veränderten räumlichen Gegebenheiten, etwa „Zimmer" ohne Stehhöhe, mußten erst verinnerlicht werden. Beulen, blaue Flecken und fehlende Fußnägel verrieten, daß wieder einmal etwas im Weg gewesen war. Aber damit erschöpfte sich auch schon das Spektrum der „lebensbedrohlichen Gefahren", und wir konnten später unsere Bordapotheke großzügig an bedürftige Insulaner verteilen.

Es ist voreilig zu behaupten, das Bootsleben beinhalte automatisch eine Fülle von Gefahren. Womit sollten wir denn tauschen? Mit verkehrsreichen Straßen, die jährlich Tausende von Kindern das Leben kosten oder sie zu Krüppeln machen? Statt nach links und rechts zu schauen, mußten unsere Mädchen nun eben lernen, sich festzuhalten und nicht über Bord zu fallen. Die Gefahren waren allenfalls auf ein anderes Umfeld verlagert. Wir aber waren überzeugt – und die Reise hat es bestätigt: Das Leben an Bord ermöglicht Kindern ein gesünderes, freieres und kreativeres Leben, als dies in unseren kinderfeindlichen Städten möglich ist.

Sarah und Saskia hatten eine glückliche Kindheit. Während der Jahre unseres Umherzigeunerns waren sie immer gesund und strotzten vor Energie und Ideen. Das brachte ihnen Spitznamen wie „Wildkatzen" oder „Donner und Blitz" ein. Und ein australischer Junge meinte später: „They must have nuclear power", und zog sich müde in seine Koje zurück.

Saskia und ihre ein Jahr ältere Schwester hatten zwar keine Kernenergie, aber ein günstiges Alter für unsere Unternehmung. Sie waren noch klein genug, um die permanente Wellenschaukel zu lieben, andererseits aber schon vernünftig genug, um sich nicht pausenlos selbst in Gefahr zu bringen. Sie waren recht selbständige Persönchen und standen schon auf festen Beinchen. Für die Sicherheit an Deck war zu beiden Seiten ein langes Stahlseil angebracht, in das wir unsere Sicherheitsgurte einklinken und somit unbefangen laufen konnten. Das Relingsnetz bot zusätzlichen Schutz und war ein unbedingtes Muß, weil sich Kinder nämlich nicht gern an die Leine legen lassen oder heiße Schwimmwesten tragen. Natürlich kann man die Sprößlinge nicht jede Sekunde im Auge behalten. Die Angst vor einem Unfall saß uns ständig im Nacken – ob an Land oder auf See -, und es gab immer wieder Situationen, in denen wir erleichtert aufseufzten: „Da hast du aber einen Schutzengel gehabt!"

Doch Schutzengel kann man auch überstrapazieren. Viel später sollten wir eine sehr traurige Geschichte hören: Ein vierjähriger Junge war in Fiji über Bord gefallen, während seine Mutter das neugeborene Geschwisterchen stillte. Sie bemerkte das Unglück nicht. Das Kleinkind war weder angeleint gewesen, noch hatte es Schwimmflügel getragen oder war durch ein Relingsnetz geschützt gewesen. Es wurde nicht mehr gefunden. „Göttliche Fügung", meinten die Eltern. Als wir später neben ihnen ankerten, war die Frau erneut schwanger, und auf dem ungesicherten Deck lief wieder ein kleiner, blondgelockter Knabe umher. Auch er war schon fünfmal über Bord gefallen, hatte jedoch zum Glück überlebt.

„Wann legen wir denn endlich ab?" pflegte Leichtmatrose Saskia zu fragen, wenn wir mit der uralten Straßenbahn von Puerto Soller zum Gemüsemarkt fuhren. Und an jeder Haltestelle moserte sie ungeduldig: „Warum haben wir denn schon wieder angelegt?" Sicherheitsgurte im Auto wurden schnell zu „Ankergeschirr" umfunktioniert, und während der Fahrt zeigte Sarah oft aufgeregt nach draußen: „Guck, jetzt überholt uns ein großer Frachter!", wenn sich ein Laster durch die schmalen Gäßchen quälte. Das Seglerlatein war den Mädchen schon in Fleisch und Blut übergegangen. Sie hatten den Sprung ins neue Leben problemlos geschafft.

Wir bewunderten die Kinder, die jedem Tag mit frischem Tatendrang begegneten, glücklich und ohne Vorbehalt. Sie lebten in einer fortdauernden Gegenwart, und das dank ihrer großen Anpassungsfähigkeit voller Freude, Energie und Phantasie. Es war ein Vergnügen, sie zu beobachten und mit ihnen die Welt zu entdecken, ihr Verzeihen zu spüren und ihren Lebensmut zu teilen. Sie waren uns Hilfe und Vorbild zugleich, obwohl wir das so manches Mal vergaßen.

Denn zu unserer Eingewöhnungsphase gehörte bald auch der Alltagsfrust, den nicht zuletzt die wesentlich umständlichere und zeitraubendere Hausarbeit auslöste. Unzufriedenheit keimte auf. Wir hatten weitgesteckte Pläne und diese in Form von Büchern, Farben und Leinwand, Gitarre, Fotoausrüstung, Sprachkassetten und anderem mit an Bord genommen. Wenig davon wurde verwirklicht. Es klingt paradox, aber Fahrtensegler haben kaum Zeit.

„Ihr werdet euch zu Tode langweilen", hatten Bekannte geunkt. „Was wollt ihr bloß in den vielen Tagen und Wochen auf dem Meer anstellen?" Sie sollten unrecht behalten. Denn wo man sich für die Verwirklichung vielfältiger Ideen mehr Freizeit und Muße wünscht, ist Langeweile ein Fremdwort. Und wer mit Kindern reist, kann über Mangel an Beschäftigung, an Spaß und Turbulenz sowieso nicht klagen.

Unterdessen hatte auch unser Skipper, der zeitweise „ausgestiegene" Werbefachmann, alle Hände voll zu tun. Er optimierte und reparierte an Bord, konservierte Maschine und Geräte, überwachte Festmacher und Anker. Dies war dringend nötig, denn neu eintreffende Yachten pflegten regelmäßig die Anker der bereits vertäuten Boote zu ziehen. Böen begannen von den Bergen herunterzufauchen, Leinen mußten gefiert werden, Schwell stand in die Bucht. Die Saison war vorüber, der Winter kündigte sich an.

Es wurde ein langer, bitter kalter Jahrhundertwinter. Schnee auf Mallorca – ausgerechnet! Dank unseres voreilig erstandenen „Kap-Hoorn-Ofens" hatten wir wenigstens ein warmes, trockenes Schiff. Doch als es selbst im April noch nicht Frühling werden wollte, fiel uns und den anderen Yachties langsam die mallorquinische Decke auf den Kopf. Wir waren froh, Anfang Mai endlich von dannen segeln zu können, in eine hoffentlich sonnige Welt.

# 2 Das große Ozeanerlebnis

*Nebel in der Straße von Gibraltar – Rezepte gegen „Kakis" – Wir besuchen Kolumbus in Sevilla – Fressen und gefressen werden – Gipfelstürmer auf Madeira – Inselhüpfen in den Kanaren – Die Atlantiküberquerung*

Auf dem spanischen Festland begegneten wir dem einbeinigen Jeff, der soeben, vom Roten Meer kommend, den Kreis seiner Weltumsegelung auf einem Katamaran geschlossen hatte. Er stöhnte: „Meine Güte! Da bin ich nun um die ganze Welt gesegelt, aber erst hier habe ich so richtig eins auf den Hut gekriegt!"

Mit dieser Erfahrung stand er nicht allein. Und auch wir sollten erst ganz gegen Ende unserer rund 45 000 Seemeilen langen Reise zum ersten Mal im östlichen Mittelmeer unsere leuchtend orangefarbene Sturmfock setzen müssen und unser erstes und einziges „Mayday" durch den Äther schicken.

„Oh, wenn sie nur wüßten!" sagte ich zu Peter. Denn als schließlich festgestanden hatte, daß wir für ein paar Jahre „umsteigen" würden, da legten uns die Eltern warm ans Herz, wir sollten doch lieber im Mittelmeer verweilen, statt gleich um die Welt zu segeln. Wir aber wollten nur raus aus diesem teuflischen Revier und so schnell wie möglich in den verheißungsvollen Atlantik!

Aber zunächst: Ohrenbetäubende Schüsse den ganzen Vormittag in Altea. Eine Revolution? Krieg? Ein Fest? „Kommt, wir machen eine Pause und gucken, was da los ist!"

Einem „Araber" mit Schnabelschuhen und prächtigen Pumphosen laufen wir nach, dem Geknalle entgegen. Immer mehr Exoten mischen sich ins Stadtbild. „Puh, stinkt das!" zetert Sarah.

Die Luft ist von Pulverdampf erfüllt, wie Nebel hängt er in den Gassen. „Schau mal, der Ritter mit Helm da drüben! Und da die Prinzessin!" schreit Saskia. Wir müssen uns die Ohren zuhalten, denn wir sind nun mittendrin im „Kampf der Christen gegen die Mauren". Säbel rasseln, Gewehre ballern, Schönheiten lächeln den Siegern zu. Die Pluderhosen müssen fliehen. „Au, toll!" freuen sich die Kinder über das Spektakel. Wieder ein spanisches Fest für unsere Sammlung.

Die spanische Küste mit ihren Bollwerken aus eintönigen Hotelblocks war – abgesehen von einigen Hafenstädten mit malerischer Altstadt und prächtigen Burgen – für uns wenig ansprechend gewesen. Man mußte schon die Betonmauer durchbrechen und eine Reise ins Hinterland unternehmen, um den Reiz der andalusischen Landschaft und ihrer frohen, kinderlieben Menschen zu entdecken. Dann aber wurde man augenblicklich in Bann gezogen von den urigen, weißgetünchten Dörfchen mit den verschachtelten Häusern und schattigen Tavernen, den gewundenen Flußtälern mit leuchtend violett blühenden Oleandersträuchern, den Sonnenblumenfeldern und Olivenhainen auf feuerroten Erdhügeln, den blitzenden Schneegipfeln der Sierra Nevada und den großartigen Städten mit gemütlicher Siesta und turbulentem Kulturleben...

Begegnete man einmal nicht dem ruhmvollen Kolumbus in Form von Statuen, Goldtafeln oder Touristenhinweisen, so stolperte man auf Schritt und Tritt über das historische Kapitel der Maurenherrschaft und der Befreiung durch die katholischen Könige. Wunderschöne Paläste, Wasserspiele und herrliche Gärten zeugten von der glanzvollen Ära „heidnischer" Regenten. Besser als Washington Irving, dessen *Erzählungen von der Alhambra* uns sehr beeindruckten, kann man die Zartheit, Vielfalt und Phantasie dieser wohlproportionierten Palasträume nicht beschreiben. Sarah und Saskia liebten die Geschichten von schönen Prinzessinnen und unglücklichen Prinzen, die sie hinter geheimnisvollen Fenstern und begrünten Arkaden wiederzuentdecken glaubten: ein Märchen aus tausendundeiner Nacht! Noch wochenlang bedurfte es keiner neuen Spielanregung: Mit vielen

Ketten und zarten Tüchern verkleidet, gelang es den beiden schnell, die SARSAS in ein Prunkschiff zu verwandeln, mit einem „Sultan" an der Pinne und dem „Großwesir" am Herd.

In Ceuta, einer spanischen Enklave auf marokkanischem Boden, warten wir auf Ostwind für die Straße von Gibraltar. Zum ersten Mal sind wir auf einem fremden Kontinent: Afrika! Aber der Skipper hat leider eine böse Entzündung am Knie, und der erhoffte Landausflug durch Marokko muß deshalb entfallen. Eine herbe Enttäuschung!

Der Hafen ist völlig ölverschmutzt, und entgegen unserem Segelführer gibt es hier weder Diesel noch Wasser an der Pier. Unvermindert kräftig weht es aus Westen. Wir können dem Hafen nicht entkommen, der abends plötzlich in Bewegung gerät. Sämtliche Fischerboote und Kriegsschiffe sind ankerauf gegangen und formieren sich zu einer endlosen Schlange, die schließlich im Hafen zu kreisen beginnt, Leuchtraketen in die Luft steigen läßt und ohrenbetäubend hupt: eine Parade zu Ehren der Meeresschutzheiligen Maria Carmen. Aha! Endlich ist das Tabu für unser verlockendes Signalhorn aufgehoben, und Sarah darf aus Leibeskräften mittröten. Saskia entzündet ein paar Wunderkerzen vom letzten Weihnachtsfest. Ein Mordsspaß!

„Hello, girls!" ruft am folgenden Morgen eine vertraute Stimme.

„Die SJÖJUNGFRU und der Karl!" jubeln die Mädchen zurück.

Karl ist einer unserer Mitüberwinterer von Mallorca. Er führte die lange Reihe der Einhandsegler an, die – ihres Einsiedlerdaseins überdrüssig – auf der Insel nach einer Partnerin suchten. Der schlanke, fast zwei Meter lange Deutschamerikaner hatte sich von seinen bescheidenen Ersparnissen ein achteinhalb Meter langes Bötchen gegönnt, um seinem Leben eine neue Nuance zu geben. Doch spätestens beim knurrenden Magen hörte die erhoffte Romantik auf. Karl sehnte sich unsterblich nach gutem holländischem Käse, den er auf seiner Fahrt von Schweden ins Mittelmeer in glücklicheren Stunden genossen hatte: „O Mann, endlich mal wieder Dutch Cheese essen und nicht ewig nur Potatoes und Leber!" (Leber und Kartoffeln gab es auf Mallorca fast gratis, sie standen tagaus, tagein auf Karls Tisch). „Mein Leben lang habe ich gearbeitet und immer nur geschafft, geschafft... Aber nie war meine Frau zufrieden", stöhnte er und fügte nur halb im Spaß hinzu: „Jetzt suche ich jemanden, der auch mal für mich bezahlt. Wenigstens Dutch Cheese!"

Gemeinsam setzten wir Zeitungsannoncen auf und formulierten diverse Antwortschreiben. Aber die Partnersuche erwies sich als schwierig. Dabei konnte der schüchterne Karl durchaus charmant sein. Zum Abschied schrieb er in unser Gästebuch: „Gute Winde für das Schiff, das – pro Tonne – mit der größten Anzahl weiblicher Schönheit in die Freiheit segelt!"

Die Fortsetzung seiner Lovestory erleben wir nun in Ceuta. Der offenbar glückliche und rundherum zufriedene Karl erscheint mit SJÖJUNGFRU und Bordfrau! Seine lebenslustige Annie bildet nach Temperament, Länge und Breite das krasse Gegenteil zu ihm. Doch wenn die beiden bei Vino Tinto und Dutch Cheese unter Deck kichern und grölen, dann explodiert die SJÖJUNGFRU beinahe.

Ein paar Tage später können wir endlich auslaufen – denken wir. Der Wetterbericht hat Ostwind angekündigt. Beim Hinausfahren grüßen wir zu den freundlichen Fischern hinüber, die allerdings äußerst seltsam zurückwinken. Na ja, vielleicht eine marokkanische Variante? Das Wetter ist gut. Nur gegenüber, an der spanischen Küste, wirkt der Himmel ziemlich dunkelgrau. Und diese graue Wolke kommt schnell näher und hat uns bald vollkommen eingehüllt: Nebel! Auf einer Yacht ohne Radargerät zählt er wohl zu den unangenehmsten Erfahrungen.

„Bleib exakt auf Kurs, dann sind wir bald durch!" ordnet Peter an, während er Wache am Bug bezieht. Als ich aber selbst ihn da vorn im Nebel kaum noch erkennen kann und die Signalhörner der großen Schiffe unablässig wie aus dem Nichts dröhnen, wird es mir zuviel: „Laß uns um Himmels willen umkehren! Noch finden wir vielleicht zurück in den Hafen!"

Das Näherkommen dumpfer Schraubengeräusche überzeugt den Skipper. Wir machen eine Kehrtwende um 180° und motoren zurück nach Ceuta. Wollen nur hoffen, daß uns die Strömung nicht versetzt hat und wir auf dem neuen Kurs den Hafen wohlbehalten erreichen. Plötzlich taucht unmittelbar vor dem Bug eine schwarze Kante auf, dann eine große dunkle Fläche – ein Frachter!

„Mein Gott, wir werden überlaufen!" schreie ich. Doch Sekunden später erkennen wir in der drohenden Erscheinung die Ufermauer. „Backboooord!" Dann ist wieder nur schauriges Weiß um uns herum. Schweißperlen stehen mir auf der Stirn, und die Augen brennen vom angestrengten Ausschauhalten.

„Hej, hej... Rocas, rocas! Cuidado!" Die Warnrufe eines Unsichtbaren würzen unsere gespenstische Fahrt mit panischem Entsetzen. Dann sehen wir: Nur wenige Meter vor unserem Bug tanzt auf einem Felsbrocken ein Angler aufgeregt hin und her. Erst jetzt tauchen die schwarzen Steine bedrohlich dicht aus der Milchsuppe auf. Und wieder schallt es: „Backboooord!" vom Bug.

Endlich mischt sich in die gebieterische Skipperstimme und mein lautes Herzklopfen plötzlich ein zartes, erlösendes Klingeln: die Hafenboje! Angestrengt steuern wir auf den akustischen Wegweiser zu. Dann ein schwacher Lichtschein, die Silhouette der Hafenmauer – die Einfahrt! Puh, wir haben es geschafft! Der ölige Liegeplatz kann uns nun nicht mehr schrecken, wir fühlen uns darauf wie neugeboren.

Dies war sicherlich unser bis dahin unangenehmstes Segelerlebnis. Kein Sturm, keine Wellenberge hatten uns unsere Ohnmacht je so deutlich spüren lassen. Kaum haben wir jedoch an Ceutas Pier wieder festgemacht, da klart es auch schon auf, und die Sonne blitzt vom tiefblauen Himmel, als habe es den Nebelspuk nie gegeben. Aber keiner meutert, als das Auslaufen noch einmal verschoben wird.

Am nächsten Tag weht es noch immer aus Ost. Diesmal aber läßt sich weit und breit keine graue Nebelwolke sehen. Es ist ein stürmischer Levante, der uns in rauschender Fahrt durch die Straße von Gibraltar peitscht. Die See wird steil und ruppig. Tarifa können wir daher nicht anlaufen, wir fegen gleich weiter bis Cadiz, wo wir um Mitternacht endlich Ruhe finden.

Zum ersten Mal waren unsere Mädchen den ganzen Tag sich selbst überlassen. Doch weit gefehlt, daß deshalb Langeweile oder gar Angst und Schrecken ausgebrochen wären. Sooft unsere besorgten Blicke nach unten wanderten: Sarah und Saskia waren stets putzmunter, und die heftigen Schiffsbewegungen lösten bei ihnen höchstens Jubelschreie aus. Mit dem größten Spaß ließen sich die beiden von den Bänken kullern, um sich dann in den ulkigsten Stellungen auf dem Boden halb tot zu lachen. Verständig hielten sie sich daran, daß das Deck heute tabu war, daß Mama und Papa sich ganz auf Wind, Wellen, Kurs und andere Schiffe konzentrieren mußten. Mit ihren fünf und fast vier Jahren war die Welt für sie noch ganz in Ordnung. Sie bestand heute eben aus Äpfeln, Salamibroten, Puppen, Büchern und einer tollen „Schiffschaukel". Beneidenswert!

Wir dagegen fühlten uns ausgelaugt und registrierten nur verschwommen, daß wir uns endlich im Atlantik befanden. Ja, Cadiz – von dem manche Geschichtsschreiber sogar behaupten, daß es Teil der sagenumwobenen Insel Atlantis sei – war unser erster Hafen im Atlantik! Von hier war Kolumbus 1492 zu seiner ersten Entdeckungsfahrt aufgebrochen. Ein weiterer Meilenstein unserer Reise vom Abendland ins Niemandsland war geschafft.

Nachts war es nicht einfach gewesen, in dem überfüllten Hafen einen Liegeplatz zu finden. Schließlich gingen wir an einem großen Fischerpäckchen längsseits und hofften, nicht allzu früh geweckt zu werden. Daß sämtliche Boote rundherum frisch gestrichen waren, registrierten wir natürlich nicht. Als wir endlich am späten Vormittag ausgeruht und gutgelaunt aus unseren Kojen krochen, hatten die freundlichen Fischer schon alles für einen herzlichen Empfang vorbereitet: Leitern und Planken zum bequemeren Überqueren des klebrigen Päckchens waren ausgelegt, Einkaufstaschen und Kinder wurden hilfsbereit und fröhlich ans Ufer balanciert.

Auch in der Stadt herrschte diese freundliche Atmosphäre, für die Cadiz berühmt ist. Die Menschen wirkten wohltuend heiter, und immer wieder glitt eine liebevolle Hand über den Haarschopf unserer Mädchen: „Que bonita!" Sarah und Saskia bestaunten ihrerseits die hübschen schwarzhaarigen Spanierinnen in ihren puppenhaften Rüschenkleidchen, die wie Trophäen hoch droben auf den Armen ihrer stolzen Väter thronten: „Guck mal, wie niedlich. So ein Kleid hätte ich auch gerne!"

Aber unser Einkaufsbummel galt nicht der Garderobe, die ab jetzt ohnehin nahezu überflüssig werden sollte, sondern frischem Gemüse, Brot und einer wirksamen Kakerlakenvernichtung. Schließlich hatten wir die sterilen Pfade der Zivilisation schon eine Weile hinter uns gelassen und wollten auf einen Angriff der allgegenwärtigen Käfer vorbereitet sein. Mehrmals schon hatten wir die SARSAS an jenen malerischen Piers vertäuen müssen, deren Stilleben aus Fischköpfen, Gräten, Unrat und Ungeziefer jeden Segler schrecken.

Gleich zu Beginn unseres Bordlebens hatte uns der Schweizer Wilhelm Telle auf Mallorca einen eindrucksvollen Vortrag gehalten. Seine beschwörenden Ratschläge klangen uns noch in den Ohren, und wir beherzigten sie peinlich genau: „Keine Mülltüten an Bord lassen, Geschirr sofort spülen, keine unsauberen Töpfe und Pfannen oder Speisereste stehenlassen, Eierverpackungen genau kontrollieren und möglichst noch im Laden unter jedes Ei schauen. Keine Kartons mit an Bord nehmen, Verpackungen noch an Land oder im Dingi entfernen, Obst und Gemüse vor dem Verstauen gründlich waschen, vor allem Bananenstauden längere Zeit ins Salzwasser hängen. Lebensmittel gut verschließen, das Spülbecken trockenreiben, nicht an dreckigen Molen festmachen, möglichst nicht bei Fischern längsseits gehen, Einkaufstaschen nicht auf dem Boden abstellen, Straßenschuhe nicht an Bord bringen, das Boot peinlich sauber halten..."

Wir versuchten, diese schwindelerregende Vielzahl von Ratschlägen in unseren grauen Zellen zu speichern. Sie dienten entweder dazu, das Einschleppen von versteckten „Kakis" oder ihrer Eier zu verhindern oder ihre Überlebenschancen – sprich Nahrungsquellen – an Bord zu vermindern. Schließlich konnte man noch kleine Schachteln mit Boraxpulver verteilen, dessen Genuß Kakidamen unfruchtbar machte. Der Erfolg der „Backpulvermethode", bei der die unliebsamen Gäste nach Verzehr platzen sollten, wurde von Wilhelm Telle stark angezweifelt, da sterbende Kakerlaken noch schnell ihren Eierkokon fortschleudern.

38

Kurzum: Die Erläuterungen während eines langen, gemütlichen Abends auf Wilhelms DAPPER DAM zeigten uns deutlich, wie verheerend das Auftauchen dieses Ungeziefers an Bord war. Es vermehrte sich unter günstigen Umständen rasend schnell und konnte die Lebensqualität an Bord drastisch senken. Wilhelm hatte dieses Fiasko selbst erlebt. Als letzter Rettungsversuch war ihm nur noch die Entfernung der gesamten Holzverkleidung auf seiner Yacht und die Gasbombe geblieben. Seither herrschte absolute Schweizer Gründlichkeit auf der DAPPER DAM. Ein kräftiger 200-Volt-Staubsauger plus Generator und Freundin taten regelmäßig Dienst.

Da unser mickriger Autostaubsauger zwar für das Bordnetz perfekt, jedoch für den geforderten hohen Reinlichkeitsstandard ungeeignet war, besorgten wir uns in einer Farmacia Boraxpulver und das allgemein gebräuchliche Cucarochaspray. In der Karibik wurde unsere Sammlung später noch durch sogenannte Love-Traps oder Cockroach-Hotels erweitert: kleine Pappschachteln mit Liebesduft und klebrigem Boden. Wir waren für jeden Kampf gerüstet.

Als wir dann trotz aller Vorsichtsmaßnahmen – Kakis können nämlich auch fliegen! – irgendwo in der Karibik tatsächlich unsere ersten Exemplare der Spezies periplaneta americana und blatella germanica an Bord identifizierten, waren wir mächtig enttäuscht und ratlos. Aber noch konnten wir die intelligenten, flinken braunen Tierchen zählen und gingen entschlossen gegen sie vor. Ein guter Freund, auf dessen Yacht sie sogar am hellichten Tag nur so herumwuselten, meinte zwar halb tröstend, halb entschuldigend: „Die kriesch' so oder so früher oder später. Und loswerden duscht se au' net mehr. Do kannscht mache, was de wilsch'!" Aber wir setzten auf Wilhelm Telles Rat und erlegten bereits in Panama die drei letzten der insgesamt 25 Kakis unserer Reise um den Globus.

Lange konnten wir nicht im schönen Cadiz verweilen, denn wir hatten uns spätestens zum 26. Juli mit Freund Ulrich von der PELIKAN in Sevilla verabredet. Trotz erschwerter Kommunikation mit poste restante hier und poste restante dort war unser Kontakt seit Mallorca nicht abgebrochen. Wir wußten also, daß er in zwei Tagen mit seiner Azorencrew in Sevilla ablegen würde.

Diese großartige Stadt ist für Segler direkt erreichbar. Ohne für Brücken den Mast legen oder lästige Schleusen passieren zu müssen, kann man bei günstigem Wind den Guadalquivir bis Sevilla hinaufsegeln: ein ganz phantastisches Erlebnis! Lediglich die Tide muß berücksichtigt werden und bestimmt den Fahrplan.

An der Flußmündung warten wir also auf die Flut. Gegen Mittag können wir starten und schwingen uns auf dem braunsandigen Guadalquivir durch die schilfbewachsene Landschaft. Ein frischer Südwest von 40 Knoten bläst uns nicht nur flott voran, er ist bei 42 Hitzegraden im Cockpitschatten auch äußerst erquicklich. Am Abend läßt die Kraft der Flut nach. Wir haben die halbe Wegstrecke zurückgelegt und ankern im Seitenarm Rio Guadiamar. Noch immer ist es unerträglich heiß. Wie herrlich wäre jetzt ein Sprung ins erquickende Naß! Doch wir sehen die Abwässer der Riesenstädte Cordoba und Sevilla unappetitlich an uns vorbeiplätschern, und das hält uns zurück. Mit Hilfe einer Sprühflasche aus der Gärtnereibranche, eigentlich für Insektizide bestimmt, benetzen wir unsere ausgedörrten Körper mit kostbarem Frischwasser und genießen die Verdunstungskälte des sparsamen, doch äußerst effektiven Strahls.

Unweit von uns ankert eines der typischen Krabbenfischerboote. Das an langen Stangen trapezförmig ausgespannte Netz ist nach oben gezogen und hängt weit ausladend wie eine Waagschale über dem dämmrigen Fluß. Das scherenschnittschwarze Gewirr aus Seilen, Stangen und Netzrauten malt eine großartige Silhouette gegen den orangeroten Abendhimmel. Ähnliche Grundnetze, wenn auch stärker dimensioniert, sahen wir später erst in Südindien wieder. Dort waren sie fest am Ufer verankert und wurden mit schweren Steingewichten und vereinten Manneskräften gehoben und gesenkt.

Drei Krabbenfischer kommen in einem kleinen Holzkanu längsseits und überraschen uns mit einer randvollen Schüssel „gambas" und starkem Weißwein. Ich bin auf das unverhoffte

Abendessen aus winzigen Krabbeltierchen seelisch nicht vorbereitet. Diesmal muß Peter kochen. Die drei lustigen Fischer machen es sich auf der SARSAS gemütlich und strahlen selig, als sich die kleine Saskia gierig auf die „Hm-schmatzi-Krabben" stürzt. „Gell, wenn die armen Tierchen schon sterben mußten, dann freuen sie sich doch wenigstens, wenn sie uns schmecken!" tröstet sie sich. Glücklicherweise fällt es nicht auf, daß der Rest der weiblichen Crew dezent fastet.

Am nächsten Morgen segeln wir mit dem Flutstrom und einem unvermindert kräftigen Südwest weiter stromaufwärts bis Sevilla: eine rauschende, wunderschöne und absolut genußvolle Flußfahrt. Wie wohltuend, ohne störendes Motorgebrumm durch Felder und Wiesen zu gleiten! Allerdings bleibt die Hebebrücke vor den Toren der Stadt wegen Reparaturarbeiten vorläufig geschlossen. Als wir an einem rostigen Schlepper festmachen, erblicken wir die gefangene PELIKAN unserer Freunde im noblen Club Nautico gleich hinter der Brücke. Das muntere Plätschern und Planschen in seinen Swimmingpools dringt bis zu uns Ausgesperrten und steigert noch unsere Hitzequalen. Aber Freund Ulrich hat uns inzwischen entdeckt und die Lage sofort erkannt. Mit dem Schlauchboot holt er uns zu einem paradiesischen Abend im Club Nautico ab. Die Mädchen sind aus dem Kinderbecken nicht mehr herauszulocken und paddeln mit ihren aufblasbaren Flügeln glücklich über den illuminierten, südseeblauen Wasserhimmel.

Die nächsten Tage gehören der turbulenten, reizvollen Stadt mit ihren malerischen alten Vierteln, den schattigen Gärten und Spielplätzen und den vielen Sehenswürdigkeiten. Die mächtige Kathedrale, die drittgrößte Kirche der Welt, beherbergt das Grab von Kolumbus. In dem erhöhten Sarkophag, an dem zahlreiche Touristen in obligatorischer Prozession vorbeimarschieren, scheint der neugierige und ehrgeizige Seemann allen Schmähungen und Leiden seiner letzten Lebensjahre zu trotzen.

Die dritte und vierte Reise, bei denen Kolumbus nicht mehr als der große, gefeierte Mann in seine „neue Welt" zurückkehrte, endeten für ihn unglückselig. Ein intriganter Rivale ließ ihn in Ketten legen und – sämtlicher Titel und Ehren beraubt – nach

Spanien zurückbringen. Auf seiner vierten Reise wurden die Segelschiffe vom Bohrwurm befallen und waren bald untauglich. Kolumbus litt unter Gichtqualen und tiefen Depressionen, als er 1504 die Heimreise nach Spanien antrat. Dort war seine Gönnerin Königin Isabella gestorben und sein Ruhm verblaßt. Zwei Jahre später starb auch er, ohne daß die Öffentlichkeit davon Notiz nahm.

Doch heute huldigen die Touristen in Urlaubsbermudas und mit Kameras dem berühmten Seefahrer, der Amerika entdeckte und bewies, daß unsere Erde doch rund ist. Ob sie auch über die Schattenseiten seiner Entdeckung nachdenken, ist fraglich: die verheerende Goldgier der Europäer, die Ausrottung der indianischen Urbevölkerung, das Massensterben, die Versklavung, Seekriege und Piraterie... Langsam strömen die Besucher zwischen gewaltigen Säulen in die Seitenschiffe, Kapellen, Nebenräume und Seitenhallen. Die Fülle der Kostbarkeiten in diesem architektonischen Wunderwerk ist beinahe erdrückend. „Hat verdammt wenig mit Jesus zu tun", schießt es mir durch den Kopf.

„Ich will hier raus!" reißt uns plötzlich ein verzweifeltes Stimmchen aus unseren Gedanken. Sarahs Äuglein sehen ganz unglücklich aus. Die mächtigen Dimensionen und das gespenstische Dämmerlicht der Kathedrale müssen ein Kind ja verängstigen. Wir kehren zurück in die Gegenwart, die uns mit grellem Sonnenschein und charmanten Zigeunerinnen vor dem Portal begrüßt. Man sagt ihnen nach, daß sie Touristen mit dem berühmten „Rosentrick", bei dem sie ihnen in hautnahem Kontakt eine Blume ins Knopfloch oder Haar stecken, geschickt und unbemerkt um ihre Geldbörsen erleichtern. Eine Weile schauen wir dem Schauspiel zu, erleben aber kein Spektakel.

„Wer als erster oben ist, hat gewonnen! Kommt, wir flitzen den Turm hinauf... Oder sollen wir uns das Pferdchen da drüben schnappen und hinaufreiten?"

„Reiten geht gar nicht! Denk doch mal an die Tausenden von Millionen von Treppen!" protestiert Saskia.

„Doch, doch! Diesen Kirchturm ist einmal ein König voll Stolz hinaufgeritten. Er hatte die maurischen Herrscher besiegt und aus Spanien vertrieben. Der Turm gehörte zur Moschee der Al-hambra-Prinzen. Die hat man aber abgerissen und statt dessen diese Kathedrale gebaut."

„Warum?"

„Na ja, weil die Mauren eben den Propheten Mohammed ver-ehrten, die Christen aber Jesus Christus."

„Na und? Deshalb müssen sie doch nicht gleich die Kirche ka-puttmachen!" empört sich Klein-Sarah. Erfrischende Kinderlogik.

Von der Turmspitze genießen wir einen großartigen Rundblick über die verschachtelte Dächerlandschaft von Sevilla, durch die sich das blaue Band des Guadalquivir schlängelt.

„Seht ihr dort unten die SARSAS? Schaut mal genau hin!"

„O ja, die SARSAS, die SARSAS! Gehen wir jetzt nach Hause?"

Inzwischen läßt das ewige „Mañana, mañana" der Brückenarbei-ter unsere Freunde und deren zeitknappe Azorencrew unruhig werden. Für eine Stunde schließlich wird die Brücke ein wenig angehoben, so daß die PELIKAN gerade entweichen und mit uns den Guadalquivir hinunterfahren kann. Diesmal müssen wir auf die Ebbe warten, die gegen Mittag einsetzt und bis nachts um 22 Uhr spürbar ist. Danach suchen wir uns einen Ankerplatz. Es ist eine herrliche, friedliche Vollmondnacht. Aus dem Schilf erklingt ein gewaltiges Konzert von Grillen, Fröschen und Nachtvögeln. Die langen Halme am Ufer stehen schwarz vor dem hellen Nacht-himmel, das Wasser funkelt silbrig.

Bei dem Südwestwind müssen wir auch am nächsten Tag in den Flußwindungen streckenweise motoren. Doch schon gegen Mittag ist die Temperaturanzeige im roten Bereich, und ein fremdes Geräusch signalisiert: Da stimmt was nicht! Das sand-durchsetzte, trübe Flußwasser hat dem Impeller geschadet. Im Schlepp der PELIKAN erreichen wir einen Ankerplatz an der Flußmündung und können den Motor in Ruhe reparieren. Dabei entdecken wir am schlammigen Ufer unsere ersten wirklich wilden Wildschweine. Sie muten uns ebenso aufregend an wie der Anblick des ersten Krokodils unmittelbar neben der SARSAS Jahre später in Nordaustralien.

Langsam lassen wir nun die spanischen Gewässer hinter uns. Auf unserer Reise um die Welt sollen wir später seltsamerweise nur zwei spanischen Yachten begegnen, auf den Marquesas-Inseln im Pazifik und in Aden am Roten Meer. Wir wunderten uns, daß die Erben der berühmten Seefahrer und Entdecker nicht reisefreudiger waren, aber in der vielleicht schönsten Bucht der Welt, in der Hana Vave Bay auf Fatu Hiva, erklärte uns die heimwehkranke Carmen dieses Phänomen: „Wir müssen keine fremden Paradiese suchen, weil Spanien schon das Paradies ist!" Auch wir liebten Spanien: Mallorca, Andalusien... Doch wir sollten noch viele Paradiese kennenlernen. Das nächste lag nur 500 Seemeilen entfernt im Atlantik: Madeira, unsere erste Ozeaninsel.

Nun würden wir also das Blauwassersegeln kennenlernen. Lampenfieber und ein Gefühl wie Prüfungsangst breitete sich aus. Täglich hantierte Peter jetzt mit dem Sextanten und erprobte seine theoretischen Astronavigations-Kenntnisse in der Praxis. Er war nervös: Würde sein Können ausreichen, um uns sicher nach Madeira zu steuern? Würden wir die kleine Insel überhaupt finden? Wie sollten wir die nächtlichen Wachen einteilen, wie im Seegang kochen oder mit den Kindern spielen? Würden wir genügend Schlaf finden und alle Manöver meistern? Fragen, Fragen... Aber noch hatten wir eine kleine Galgenfrist: die Algarve bis zum Kap Vicente, dem südwestlichsten Zipfel Europas.

Unser Wunsch, in enger Verbundenheit mit der Natur zu leben, hatte uns nicht nur auf unnötigen technischen Ballast verzichten lassen, von nun an wollten wir uns auch teilweise aus dem Meer ernähren. Zwei Schleppangeln bescherten uns prompt das ersehnte Petriglück. Drei prächtige Makrelen gingen an den Haken. Doch nun ereignete sich etwas, das sich später noch oft wiederholen sollte und unsere Familie schließlich fast zu Vegetariern werden ließ. Keine Rede davon, daß die krabbenschmausende Saskia angesichts des nahrhaften, gesunden und leckeren Fangs in Begeisterungsstürme ausgebrochen wäre. Der um sein Leben kämpfende Fisch, das verzweifelte Zappeln, die flehenden großen Augen und seine letzten Zuckungen unter dem Hammer riefen bei ihr tiefstes Mitleid hervor und entlockten ihr bittere Tränen:

„Oh, der arme, arme Fisch! Nun muß er sein gutes Leben lassen!"
Mit dieser Reaktion hatten wir nicht gerechnet. Trotzdem wollten wir auf die Mahlzeit nicht verzichten, denn auf langen Seereisen oder an einsamen Inselstränden würden wir vielleicht dringend auf Frischfisch angewiesen sein. Also mußten wir jetzt und hier eine Lösung suchen. Zunächst fiel uns nichts anderes ein, als den Kindern zu erklären, daß die Makrele selbst ein ganz großer Räuber war und täglich viele kleine Fische verschlang.

„Wirklich?" Das mußten wir erst mal beweisen! Peter begann mit dem Sezieren – und tatsächlich kamen im Magen der Makrele mehrere winzige Fische zum Vorschein. Ein Hinweis auf die spitzen Zähne und den großen Räuberrachen beendeten dann die erste Lektion über das Naturgesetz vom Fressen und Gefressenwerden. Etwas beruhigt nahm Saskia dann auch am Essen teil.

Doch wo Kinderlogik aufhört, denkt man als Erwachsener vielleicht noch einen Schritt weiter. Natürlich ist es tröstlich, daß der Mensch am Ende der Nahrungskette steht und die Zeit der wilden Kannibalen überwunden ist. Dennoch wendet sich inzwischen das einzige mit Vernunft und Gewissen ausgestattete Lebewesen gegen sich selbst und seine Nachkommen. Mit unglaublicher Überheblichkeit und raffinierter Technik wird der Menschheit wohl gelingen, was ein französischer Biologe so formulierte: „Wir sind dabei, unsere Enkel zu ermorden." Will sagen, wir entziehen kommenden Generationen die Lebensgrundlage. So etwas hat es trotz verheerender Kriege, Seuchen und Naturkatastrophen in der Menschheitsgeschichte noch nicht gegeben. Wen wundert es, wenn junge Leute dies ihren Nachkommen nicht antun möchten und deshalb ihren Stammbaum fällen? Andererseits: Worin liegt überhaupt noch Hoffnung für die Menschheit, wenn nicht in ihren Kindern?

In der landschaftlich schönen, wenn auch stark verunreinigten Ankerbucht von Portimao feiern wir Saskias vierten Geburtstag und warten auf gute Wind- und Wetterverhältnisse für die Überfahrt nach Madeira. Die Grillparty mit Freunden am Strand wird bei stürmischer Springtide ein spannendes Erlebnis. Immer wieder heißt das Kommando: „Ofen höher auf den Strand!", und bald sitzen wir wie Affen oben in den Felsen. Die Kinder bauen begeistert und wichtig Dämme aus schwarzen Steinbrocken gegen die Flut, aber schließlich macht ein großer Schwapp dem Grillfest doch ein Ende. Dabei fällt es uns ein, und wir erheben unsere Gläser darauf: Genau vor einem Jahr sind wir in Stuttgart zu unserer großen Reise ins Unbekannte aufgebrochen. Inzwischen haben wir das Seglerleben ein wenig genauer kennengelernt, haben uns dem fremden Alltag – wenn auch etwas widerspenstig – angepaßt und einige unserer Klischeevorstellungen korrigiert. Langsam beginnen wir die buddhistische Weisheit zu begreifen, die uns eine frustrierte Bordfrau ins Gästebuch geschrieben hat: „Wenn jemand sucht, dann geschieht es leicht, daß sein Auge nur noch das sieht, was er sucht; daß er nichts zu finden vermag, nichts in sich einzulassen vermag. Weil er ein Ziel hat, weil er vom Ziel besessen ist. Suchen heißt: ein Ziel haben. Finden aber heißt: frei sein, offenstehen, kein Ziel haben."

Drei stürmische Wochen vergehen, bis wir endlich den Absprung nach Madeira wagen können. Trotzdem stoßen wir auf der Höhe des Kap St. Vicente auf zunehmend steilen Seegang und heftige Sturmböen. Das erinnert uns an eine Episode in unserem Spanien-Segelführer, wo Autor Neumann vom Schiffsjungen angesichts der erschreckenden Wellen an diesem Kap mit dem Küchenmesser zur Umkehr gezwungen wird. Auch wir wenden und suchen einen Schlupfwinkel unter Land – ohne gezücktes Messer. Der Seegang spricht für sich selbst.

Wieder tagelanges Warten, die Nervosität steigt. Endlich gibt der Wetterbericht erneut grünes Licht. Die Wellen am Kap sind immer noch beeindruckend, wirken jedoch nicht mehr bedrohlich. Aber der Start ins Blauwassersegeln fällt herber aus als geahnt: Schwell aus allen Himmelsrichtungen baut eine unangenehme Kreuzsee auf. Der nördliche Wind ist zu schwach, um das Wellensystem einheitlich auszurichten. Folglich rollt die SARSAS teuflisch, und die Selbststeueranlage liefert Kursschwankungen von mehr als 30 Grad. Wenn wir die Kompaßnadel beobachten, wird uns ganz schwindlig. Peter schießt tapfer die Sonne auf dem bockenden Deck und berechnet noch tapferer unseren Standort am schaukelnden Kartentisch. Wenn irgend möglich, lassen wir uns zur Sicherheit über Funk die Position eines vorbeifahrenden Frachters geben und fühlen uns meist wunderbar bestätigt: Die unter Balanceakten, Bauchkrämpfen und Schweißausbrüchen zustandegekommenen Berechnungen stimmen! Dennoch mißtrauen wir der Windsteueranlage und nehmen die Pinne selbst in die Hand.

Als am fünften Tag – drei Tage hatten wir angesetzt – endlich das Lichtermeer von Madeira wie ein Labyrinth vor uns auftaucht, sind wir völlig übermüdet und haben Mühe, zwischen blinkenden Autos, Straßenlaternen und Ampeln die vorgelagerten Inselchen und später die Hafeneinfahrt zu erkennen. „Wie sollen wir nur den Atlantik schaffen, wenn uns die 500 Seemeilen nach Madeira bereits derart zugesetzt haben?" fragen wir uns. Zu allem Überfluß erreicht uns der briefliche Atlantikbericht eines Freundes: „Nie wieder! Drei Wochen Overallwetter, 45 Prozent von Hand gesteuert, zwei Sturmtiefs und eine Hurrikanwarnung... Den Weihnachtsbraten habe ich mir beim Steuern übers Knie geschüttet. Am Heiligen Abend kam die erste Bö pünktlich zur Bescherung, und ich weiß nicht, ob aus Wut, Enttäuschung oder Selbstmitleid, jedenfalls habe ich geheult wie ein Kind. Dabei hatten wir neun Jahre davon geträumt: unbeschwertes, sonniges Segeln und entspannen, entspannen... Nun sind wir reise- und segelmüde und wollen in der Karibik bleiben."

Am 1. September gehen wir in Funchal an der Chenoa von Pieter und Karen längsseits. Der überfüllte Hafen liegt noch in tiefem Schlaf, Nebelwolken hängen in den Bergen und berühren fast die Dächer der Stadt. Unsere Nachbarn wachen auf, und die mandeläugige Karen überreicht uns freundlich eine Papaya: die erste tropische Frucht! Dieses frische Obst – noch wissen wir gar nicht, was wir in Händen halten – weckt unsere Lebensgeister. Wir schlüpfen aus unseren salzverkrusteten Klamotten, verwöhnen uns mit Süßwasserdusche und gutem Frühstück, hängen klamme Decken und muffige Schlafsäcke in die aufgehende Morgensonne und fallen in einen tiefen Dornröschenschlaf, aus dem der Kapitän anscheinend gar nicht mehr aufwachen will.

Während der nächsten fünf Tage ist er für das Thema „Ausflüge" nicht ansprechbar, was ihn bei der weiblichen Crew in tiefe Ungnade fallen läßt. Nachdem nämlich die Einklarierung erledigt ist, der imposante Wäscheberg munter an der Reling flattert und alle Einkäufe besorgt sind, lockt die atemberaubende Schönheit der Insel zu ausgedehnten Wanderungen. Jeden Morgen beobachten wir das gleiche wunderbare Naturschauspiel, wenn die grauen Nebelschleier von wärmenden Sonnenstrahlen emporgezogen werden und den Blick auf steile Vulkanberge mit üppigen Bananenplantagen, Wäldern, Weinterrassen und feuerroten „Weihnachtssternen" freigeben. Dazwischen schwindelerregende Schluchten, Wasserfälle und bizarre Kraterspitzen. Was könnte uns da noch an Bord halten?

Doch hier beginnt die Abhängigkeit vom starken, männlichen Begleiter. Die viele Kilometer langen und oft recht schwierigen Tageswanderungen kann ich allein mit zwei kleinen, höchst unternehmungslustigen Leichtmatrosen nicht durchstehen. Außerdem macht es viel mehr Spaß, wenn wir alle beieinander sind. Endlich wacht Dornröschen auf und läßt sich „mitten in der Nacht" um fünf Uhr morgens zum Bus entführen, der uns hinauf in die Berge bringt. Die Wanderung über karge Hochebenen, durch frische Wälder und das Rasten auf den Mäuerchen sprudelnder Levadas, die von hellblau blühenden Hortensienwällen gesäumt sind, wird so großartig, daß wir fortan jeden Tag losziehen. Es gelingt uns sogar, den gehfaulen Pieter von der CHENOA zu motivieren – Karen hatte die Hoffnung schon aufgegeben –, ebenso unsere Freunde von der PELIKAN, die wohlbehalten von ihrem Azorentörn zurückgekehrt sind. Dieser muntere Trupp, die gemütlichen Vesperpausen in schwindelnder Höhe und das erfrischende Bad in den Levadas, jenem kunstvoll angelegten Bewässerungssystem, beeindrucken unsere Mädchen restlos. Wir wundern uns mächtig, daß sie die anstrengenden Wege und steilen Abstiege flink und gutgelaunt meistern, obwohl sie normalerweise auf einem Schiff und auf Höhenlinie null zu Hause sind. Noch

1 Eifrig üben Saskia und Sarah ihre
  ersten Seemannsknoten.
2 Aus Spanten und Stahlplatten ist
  allmählich ein neues Zuhause
  entstanden.

3

4

5

7

3 Nicht einmal rauhe See kann die gute
  Laune der kleinen Matrosen
  erschüttern.

4 Zeitweilig verwandelt sich die Sarsas
  für die Kinder in ein Piratenschiff
  oder Schloß.

5 In Marokko wachsen die „Bonbons"
  auf Dattelpalmen.

6 Unsere letzte große Landmarke vor
  der Atlantiküberquerung: der
  Vulkankegel des Teide auf Teneriffa.

7 Jetzt gibt es kein Halten mehr! Mit
  rauschender Fahrt geht es in die
  Karibik.

**8**

8 Die Sarsas bietet unseren Lausbuben ungeahnte Klettermöglich-
 keiten. Bewegungsmangel?
 Kein Problem!

9 Im gemütlichen Schiffsbauch fühlen
 wir uns auch bei stürmischer See
 geborgen.

bis in den Pazifik hinein wird Madeira als ihre erklärte Lieblingsinsel gelten. Erst die Erlebnisse auf den paradiesischen Südseeinseln werden die Erinnerung an das portugiesische Eiland im Atlantik allmählich verdrängen.

Doch wie so oft auf unserer Reise heißt es bald wieder Abschied nehmen. Die Berge Madeiras versinken hinter dem Horizont. Unsere Freunde von der CHENOA und der PELIKAN wählen eine andere Route. Nun weckt die Vulkankette der Kanarischen Inseln unsere Neugier. Die Kinder, auf sicherem Ausguck im Mastkorb, fiebern mit: „Land in Sicht! Ätsch, hab's zuerst entdeckt!"

„Stimmt gar nicht! Ich hab' nur nichts gesagt."

„Hi, hi! Is' ja nur 'ne Wolke! Angeschmiert mit Löschpapier..."

„Mama, die Sarah ist ganz blöd!"

Zum wuchernden Grün Madeiras bildet die östlichste Kanareninsel Lanzarote, deren Gesicht von gewaltigen Vulkanausbrüchen geprägt wurde, einen krassen Gegensatz. Die Erosion hat noch keine Zeit gehabt, diese Vulkanlandschaft zu formen. Nur kleine Moospolster klammern sich in hartem Überlebenskampf an die erkaltete Lava. Noch immer scheint der Koloß, der im Innern der Erde grollt, zu atmen. Das spüren wir besonders deutlich auf dem Montaña de Fuego, dessen Höhen wir auf schwankendem Kamelrücken erklimmen.

„Kinder, jetzt reitet ihr auf einem richtigen Wüstenschiff! Ist das nicht toll?"

„Nee, die SARSAS ist viel schöner!" protestiert Saskia. Ob sie Angst hat, für immer tauschen zu müssen?

Mit unvorstellbarer Anstrengung haben die Einwohner diese öde Landschaft von apokalyptischer Trostlosigkeit in kleine, terrassierte Äcker verwandelt. In grellem Weiß heben sich die hübschen Häuser und rechteckigen Einfassungen der Felder ab, die ein Nichts einzurahmen scheinen. Doch die fruchtbaren Lavasteinchen speichern den morgendlichen Tau – oft die einzige Feuchtigkeitsquelle der Insel – und ernähren so die zartgrünen Pflänzchen. Ähnlich gierig saugen auch wir die neuen Eindrücke auf und genießen das Farbspiel aus den vielen Schwarz-, Rot- und

Ockertönen der Erde vor dem intensiven Blau von Himmel und See. Ein gemütlicher Tagestörn bringt uns zur nächsten Insel, Fuerteventura. Wie ihr Name besagt, wehen hier kräftige Winde, und besonders der Ost hat zum Entstehen großartiger Sanddünen am Fuß der Vulkanlandschaft beigetragen: ein Luftpostgeschenk der nahen Sahara. Still und friedlich ruhen die weißen Sandwogen mit ihren zarten Kräuselungen und verraten nichts von der Heftigkeit ihrer Geburt. Die Gewalt solcher Sandstürme werden wir später erst auf unserer Reise durchs Rote Meer erleben.

Die Feriensiedlungen auf Fuerteventura – fest in deutscher Hand – sind kleine Reservate, in die mit viel Mühe blühendes Grün gezaubert wurde: eine hübsche, aber gekünstelte und letztlich lächerliche Inszenierung – wie überall auf der Welt, wo das Theaterstück „Tourismus" auf dem Programm steht. Die Ortschaften der Bewohner wirken dagegen verkommen und verstaubt.

In dem winzigen, schmucklosen Fischernest Morro Jable beobachten wir, wie Einheimische Unmengen riesiger Tunas mit Gaffhaken von weiter draußen ankernden Booten durch die tosende Brandung zum Strand ziehen. Halb schwimmend, halb watend hieven auch Kinder die mächtigen Fischleiber durch das blutrote Wasser. Wir wundern uns über diese Methode, denn lockt nicht der leiseste Geruch nach Blut Haie wie magisch an? Aber hier scheint niemand sie zu fürchten. Günstig erstehen wir einen kleineren Thunfisch, und Peter läßt sich sogleich von einem Fischer in die Kunst des Filetierens einweisen: Das Fleisch wird zu beiden Seiten der Wirbelsäule abgetrennt, ohne daß der Fisch zuvor ausgenommen werden muß: praktisch für unsere hoffentlich großen Fänge im Atlantik.

Im turbulenten Las Palmas auf Gran Canaria beginnen wir mit den ersten Vorbereitungen für unsere Atlantiküberquerung. Der Schock der Überfahrt nach Madeira scheint überwunden zu sein. Peter fühlt sich in Astronavigation jetzt sicher, auch ich habe mir das einschlägige Lehrbuch vorsichtshalber zu Gemüte geführt. Handgriffe und Manöver sind eingespielt, und ein Freund hat uns bezüglich der Selbststeueranlage beruhigt: Kursschwankungen von 30 Grad seien kein Grund zur Besorgnis. Ein anderer Segler gibt uns den berühmten Tip: „Wenn ihr nicht mehr wißt, wo ihr seid, dann schaltet einfach das Radio ein und navigiert nach Samba und Calypso." – „Und wie geht das?" – „Na, Calypso ist okay, aber bei zuviel brasilianischem Samba haltet ihr einfach mehr nach Norden!"

Wir gehen auf die Jagd nach Ersatzteilen. Die Wasserpumpe in der Kombüse muß neu installiert, das Topplicht ausgewechselt und ein Vorrat neuer Brenner für den Petroleumherd besorgt werden. Wir kopieren ergänzende Seekarten der westindischen Inseln und machen uns daran, die zahlreichen Flaggen der Karibik zu nähen. Besonders die kleinsten Inselstaaten legen bekanntlich Wert darauf, daß ihre Gastlandflagge ordnungsgemäß gehißt wird – ein Ritual, das zu vergessen teuer kommt. Vorsorglich haben wir Stoffe in verschiedenen Grundfarben, eine Nähmaschine mit Handkurbel und diverse Stoffarben an Bord. Vor jedem weiteren Landfall soll sich fortan diese Nähstunde wiederholen.

In der Mitte unseres Sonnen- oder Regendachs über dem Cockpit muß noch ein Stutzen mit Schlauch angebracht werden, damit wir auf dem Atlantik notfalls Wasser sammeln können. Unsere drei Edelstahltanks fassen zwar insgesamt 800 Liter, bei voraussichtlich vierwöchiger Reisedauer also knapp sieben Liter pro Tag für jeden von uns – aber man weiß ja nie...

Für den umfangreichen Obst- und Gemüsevorrat fertige ich aus Gardinenstoff und zwei Längsstangen ein Netz an, das an die Decke geschraubt wird und der luftigen und sicheren Lagerung der wertvollen Fracht dient. Außerdem stehen Ölwechsel und eine lange Liste von Weihnachtsbriefen auf dem Programm. Unterdessen geht der erste Regenschauer seit unserer Abreise von Mallorca nieder und entlockt den Kindern Jubelschreie. Bis heute zählen Regenschauer für sie zu den größten Sensationen, denn auf der sogenannten Barfußroute um den Globus schien die Sonne oft monatelang ohne Unterbrechung.

Stadtaufenthalte sind für Sarah und Saskia eine Qual. Es gibt keinen Strand, kein sauberes Wasser zum Baden, die langen Einkaufsmärsche sind anstrengend und todlangweilig. Die Luft stinkt, Mama und Papa sind gestreßt, blitzschnelle Autos fegen wie gefräßige Haie vorbei. Glücklicherweise liegt in der Nähe des Hafens ein kleiner Park mit Spielplatz. Und im „Pueblo Canario" schauen die Mädchen begeistert den Volkstänzen zu. In einem Kolumbushaus können wir uns noch einmal gründlich über den wagemutigen Entdecker informieren, ehe wir uns in sein Kielwasser begeben. Goldtafeln an verschiedenen Gebäuden erinnern: „Hier übernachtete Kolumbus zum letzten Mal" – „Hier speiste er zum letzten Mal" – „Hier betete er zum letzten Mal"... Das sind Pilgerstätten für die von Bussen ausgespuckten Touristen, deren Augen der Reiseleiter lenkt. Klick – schnell ein Foto als Beweis und dann weiter, Parkplatz frei für den nächsten Bus.

Zugegeben: Auch wir sind Touristen. Doch wir fühlen uns nicht so und benehmen uns auch nicht so. Wir haben uns das große Geschenk fast unbeschränkter Zeit gemacht. Wohin wir auch gelangen, wir sind nicht mal eben für zwei Wochen freigelassen, sondern wir leben am Ort und versuchen uns so weit wie möglich zu integrieren. Die Fremde ist unser Alltag in einer sich ständig wandelnden Umgebung: Zigeunerleben, Nomadentum. Unser schwimmendes Heim begleitet uns wie ein Schneckenhaus zu den entlegensten Flecken der Erde, wir können uns unabhängig von den Quarantänestationen des modernen Hoteltourismus bewegen.

Ein weiterer Westhüpfer bringt uns nach Teneriffa, und dort wartet im Hafen Darsena Pesquera ein großer Stapel Post auf uns. Wir freuen uns immer sehr darauf, wieder etwas von Eltern und Freunden zu hören. Dies ist nun die letzte Postadresse vor unserer Atlantiküberquerung, und deshalb nehmen viele Briefe Bezug auf das bevorstehende große Ereignis. „Wie werdet ihr das nur aushalten, wochenlang bloß Wasser um euch herum – wochenlang nur Oooooooooozean?" schreibt meine Schwester.

„Fragen über Fragen beschäftigen mich vor allem nachts, wenn ich schlaflos auf den Globus schaue und meine Phantasie alles mögliche in Erwägung zieht..." seufzt brieflich meine Mutter. „Dabei bildete ich mir ein, ich hätte mich auch in meiner Besorgnis abgenabelt." Wie Tränenperlen fädeln sich ihre Ängste auf eine endlose Kette, und es tut mir leid, daß sie sich so unnötig quält. Unnötig deshalb, weil aus geringerer emotionaler und räumlicher Distanz die Fremdartigkeit unseres Vorhabens gewichen wäre. Aber unter den Briefen sind auch solche, die darauf vertrauen, daß wir wohlbehalten und voll großartiger Erfahrungen heimkehren werden. Das muntert uns auf.

Von der Spitze des Teide haben wir einen phantastischen Rundblick: Endlos breitet sich das Blau des Atlantiks aus, über dem bilderbuchmäßige Passatwölkchen gen Westen ziehen. Wie eine Fata Morgana schweben ringsum die hellblauen Silhouetten der Inseln Gran Canaria, Palma, Gomera und Hierro zwischen Wasser und Himmel am fernen Horizont. Bald werden auch wir uns dem Spiel des Windes ausliefern und irgendwo dort in der Ferne gen Westen entschwinden.

Hier sind wir auf jeder Meile von Schicksalsgefährten umgeben. In allen Häfen rüstet man sich gewissenhaft für den Blauwassertrip in die Karibik. Allein in Las Palmas warten über 200 Yachten auf den Starttag zur Trans-Atlantik-Rallye. Für uns ist das Leben an Bord trotz aller Unbequemlichkeiten bereits die selbstverständlichste Sache der Welt geworden. Während für Bodenständige das Meer und die große, weite Welt nur aus Risiken und Gefahren besteht, erleben wir in den Jahren unserer Weltumsegelung ganz im Gegenteil eine vergleichsweise paradiesische Zeit: heile Natur in faszinierender Vielfalt und Überschwenglichkeit, freundliche, frohe Menschen, Ruhe und Gelassenheit: die Passatroute. Dagegen wundert uns oft, wie selbstverständlich die Menschen im fernen Deutschland ihre alltäglichen Gefahren akzeptieren oder verdrängen: den Autoverkehr, die schadstoffbelastete Umwelt, das Wettrüsten, den Streß...

Unsere Gefühle sind gemischt, als wir schließlich Mitte November startklar an der Pier von Valle Gran Rey auf Gomera festmachen. Sämtliche Stauräume sind bis zum Rand gefüllt mit Konserven und gut verpackten Lebensmitteln für etwa ein halbes Jahr. So brauchen wir uns wegen der hohen Preise in der Karibik keine grauen Haare wachsen zu lassen. Nächster Verproviantierungsort wird erst Venezuela sein – ein Käuferparadies, wie wir erfahren haben. In unseren Gemüsenetzen ruhen viele Kilo Zwiebeln, Äpfel, Zitronen, Gurken, Tomaten, Karotten, Weißkohl, Paprika, Orangen, Avocados, Mangos, Melonen, Kürbisse – Sorten, die zwei bis drei Wochen haltbar sind und uns mit genügend Vitaminen versorgen werden. Außerdem haben wir große Vorräte an Mungbohnen, Kresse- und Luzernesamen gebunkert, die wir nach Bedarf keimen lassen. Ein 20-Kilo-Kartoffelsack ist rutschfest unterm Salontisch verzurrt. 60 frische Eier, mit Vaseline konserviert, wandern in unseren „Kühlschrank", die Bilge, und bleiben dank Großmutters Rezept über einen Monat wohlschmeckend. Ein guter Tip aus alter Zeit ist es auch, einige Lorbeerblätter in die Mehlpackungen zu geben, als wirksamer Schutz gegen Ungeziefer.

Die Wetterlage ist günstig, das Unterwasserschiff gründlich von Seepocken und Algenbewuchs gereinigt. Doch plötzlich haben wir es nicht mehr eilig, uns auf das große, weite Meer zu begeben. Das malerische Flußtal und die herrlichen Berge Gomeras stellen eine große Versuchung für Wanderer dar, und da wir drei oder vier Wochen Bewegungsmangel auf dem Atlantik fürchten, toben wir uns noch einmal richtig aus. Jeden Tag wandern und klettern wir auf die felsigen Höhen und genießen den überwältigenden Rundblick auf die terrassierten Felder, Palmenhaine, Bananenplantagen, auf die üppigen Kakteen-, Mango- und Avocadowäldchen, auf Bambusschilf am Wildbach und pechschwarzen Sandstrand. Dazwischen leuchten wie hingetupft ein paar weiße Natursteinhäuschen: Privatparadiese für einige ausgestiegene Deutsche, die sich hier mit künstlerischen Arbeiten, Restaurants und Bars über Wasser halten. Von Massentourismus sehen wir keine Spur, denn Gomera liegt abseits der Flugroute.

Sarah und Saskia lieben diese Ausflüge, denen sich auch Einhandsegler und Kinderfreund Werner vom Katamaran TORTUGA anschließt. Besonders freuen sie sich, wenn sie eßbare Früchte finden und diese beim Picknick stolz aus ihren Rucksäcken hervorkramen. Bauersleute in den Bergen stopfen viele Eßkastanien dazu und können gar nicht glauben, daß solch kleine Beine schon so weite, anstrengende Touren bewältigen. Wenn wir ihr Lob

übersetzen, dann leuchten die Augen der Kinder, und sie versichern: „Wir wollen ja auch später mal Wandermädchen werden!"
Die Bewegungsfreude unserer Töchter ist nicht zu übersehen. Im Gegensatz zu Peter, der Probleme lieber erst dann anpackt, wenn sie tatsächlich auftauchen, und der sich so eine Menge „prophylaktischer" Sorgen erspart, hat mir der beschränkte Auslauf der Kinder während der Atlantiküberquerung schon wochenlang Kopfzerbrechen bereitet. So habe ich neben allerlei seefestem Spiel- und Bastelmaterial auch Ringe und eine Turnstange besorgt. Diese Sportgeräte erweisen sich jedoch als völlig überflüssig, werden nie montiert und dienen allenfalls zum Gespött des Kapitäns. Schon längst haben unsere beiden Mädchen jedes Detail des Bootes auf seine „Turnqualitäten" hin untersucht. Großbaum, Mastkorb, Wanten, Handläufe, der Tisch und die Maststütze im Salon – überall sieht man sie schaukeln, hängen, klettern, schwingen. Klimmzüge am Niedergang, Kopfstand und Purzelbaum in den Kojen... Die SARSAS ist für sie riesengroß und bietet ungeahnte Möglichkeiten.
Doch wird der Atlantik diese Aktivitäten nicht ersticken? Wie auch immer: Wir haben uns darauf geeinigt, die geplante Weltumsegelung abzubrechen, wenn sich das wochenlange Blauwassersegeln für die Kinder als unzumutbar erweisen sollte.
Am 28. November nehmen wir Abschied von Gomera und der TORTUGA, die wir in der Karibik wiedertreffen wollen. Wir ahnen nicht, daß es sie schon bald nicht mehr geben wird. Ihr Skipper möchte über die Kapverden segeln und ist noch nicht startklar. Sein größter Anker aber ist wohl das befreundete Nachbarboot mit den blondschöpfigen Zwillingsbuben, deren Eltern sich in einer tiefen Krise befinden. Die Crew ist den Reizen Gomeras verfallen und möchte die geplante Weltumsegelung hier beenden, leider unter getrennten Dächern. Wir aber setzen Klüver, Fock und Großsegel und schweben mit leichten südöstlichen Winden von dannen.

In der Vorstellung der Seefahrer und Kosmographen aus der Zeit vor 1492 gab es eine sagenhafte Insel namens Antilia, die sie westlich der Azoren vermuteten. Sie ist auch in die Seekarte des Italieners Toscanelli eingezeichnet, die Kolumbus mit sich führte. Nach den damaligen geographischen Kenntnissen lag sie etwa zwischen Portugal und Japan. Von der Barriere des amerikanischen Kontinents auf dem Weg nach Westen beziehungsweise Indien wußte man ja noch nichts. Heute erinnert der Sammelbegriff „Antillen" an diese legendäre Insel.

Die Kapitäne der Kolumbusroute machten bald die Erfahrung, daß zuverlässige Passatwinde das ganze Jahr über aus derselben Richtung wehen. Routine trat an die Stelle des Abenteuers, und heute ist eine Atlantiküberquerung eine ganz alltägliche Sache. Alljährlich nehmen bereits über 600 Yachten an der Trans-Atlantik-Rallye teil, von zahlreichen Einzelseglern ganz zu schweigen. Dennoch ist es ein beunruhigendes Gefühl, wenn man seine eigene „Erstüberquerung" in Angriff nimmt. Die innere Anspannung und Angst vor dem Scheitern sind ebenso groß wie die unbezähmbare Vorfreude auf ferne Welten und Ozeane. Selbstvertrauen paart sich mit Zweifeln, und eine gelungene Atlantiküberquerung stellt für jeden Segler eine große sportliche und psychische Leistung dar.

Kurzgefaßt liest sich das große Ozeanerlebnis der SARSAS-Crew etwa so: „Unsere Atlantiküberquerung dauerte 24 Tage. Die Zeit war überraschend kurzweilig. Während der ersten Woche ließ uns der Wind im Stich, wir dümpelten in der Flaute auf einer sanft schwingenden See. Dann aber setzte der Passat ein und blies uns mit rauschender Fahrt dem fernen Ziel entgegen. Da rollte das Boot ganz schön! In der Nacht zum 23. Dezember kamen wir in Martinique an – gerade rechtzeitig, um in einer geschützten Bucht Weihnachten feiern zu können. Die Kinder waren großartig und immer beste Laune..."

Hundertmal sagen wir dieses Verslein auf, wenn man uns fragt: „Na, wie war's? Wie lange habt ihr gebraucht? War es schlimm? Wollt ihr weiterfahren, oder habt ihr die Nase voll?"

Nur manchmal bekommen wir die Gelegenheit, mehr von unserem großen Atlantikerlebnis zu erzählen, das keine spektakulären Abenteuer, keine Gefahrensituationen, keinen Sturm enthielt, auch keine Monsterwellen, keine Zerreißprobe: also keine Schlagzeilen. Dafür sammelten wir einen stillen, reichen Erfahrungsschatz und neues Selbstvertrauen. Und so begann es: Am 28. November hören wir wie an jedem Tag den Wetterbericht: „Südostwind Stärke eins bis drei, mäßiger Seegang, Barometer 1013 mb." Das klingt recht gut, auch wenn es etwas kräftiger blasen könnte. Die Sonne scheint warm zwischen Passatwölkchen hindurch. Und nach einem gemütlichen Mittagsschmaus heißt es endgültig und unwiderruflich: „Jetzt wird es ernst! Wir starten!"

Der schwache Windhauch läßt uns nur im Schneckentempo vorankommen und schläft gegen Abend ganz ein. Wir motoren und wechseln uns alle drei Stunden mit dem Steuern ab. Als ich um vier Uhr morgens meine Wache übernehme, sind die Lichter Gomeras längst verschwunden. Hierro, das letzte Stückchen Land für lange Zeit, ist achteraus gerade noch zu ahnen. Der Vollmond zaubert direkt über unserem Boot eine riesige dunkle Scheibe mit einem Ring aus Regenbogenfarben in den zart bewölkten Himmel. Magisch wirkt dieses perfekte Rund, in dessen Mitte der Nachtgefährte leuchtet, und regt zum Meditieren an: ein Blick in die Endlosigkeit. Aber mir vermittelt er auch das Gefühl, beobachtet zu werden wie unter einer Lupe oder einem Mikroskop. Die See ist vollkommen ruhig. Peter hat die Pinne arretiert, so daß ich den Kurs nur gelegentlich korrigieren muß. Der vorbeiströmende Schaum der Bugwelle leuchtet grell türkisgrün auf. Ein herrliches Schauspiel!

Während der nächsten vier Tage bleibt das Wetter ruhig. Amateurfunker auf den Kanaren informieren die Segler, daß sich das Azorenhoch zu weit östlich befindet, daß der Passat weiter südlich noch unausgeprägt ist und daß sich deshalb vorerst ein direkter Westkurs empfiehlt. Wie eine Nabelschnur scheinen uns die Ätherwellen durch unseren Weltempfänger mit lebenswichtigen Informationen zu versorgen. Allerdings nur, bis wir aus der Reichweite dieser Amateurfunker und ganz uns selbst überlassen sind, unseren Wetterbeobachtungen und -deutungen, unseren Manövern und Messungen. Leichte, variable Winde blasen uns bei Tag ein kleines Stück weiter, nachts aber herrscht totale Flaute. Der Atlantik schwingt sanft wie ein zartes Seidentuch. Ruhe vor dem Sturm? Immerhin meldet das Radio, daß im Orkantief westlich von Portugal Zwölf-Meter-Wellen donnern.

„Wie gut, daß wir schon hier sind!" stelle ich spontan fest, denn andere Segler haben sich erst jetzt auf den Weg zu den Kanaren gemacht. Doch das Tief soll sich bis 25 Grad Nord ausdehnen – und genau auf dieser Breite befinden wir uns gerade. Ein unangenehmes Gefühl! Es drängt uns in die Ferne, zum nächsten Horizont. Also schalten wir die Maschine an. Die Wolken am Abendhimmel haben sich zu zwei gewaltigen Streifen formiert, zwischen denen wir Kurs Südwest fahren. Es sind offenbar Ausläufer vom Sturmtief, das uns jedoch noch nicht berührt.

Das nächtliche Motoren geben wir in der vierten Nacht schließlich auf, denn ein Drittel des Tanks ist bereits aufgebraucht. Der Rest muß als Sicherheitsreserve und zum Batterieladen erhalten bleiben. Immerhin haben wir uns bis auf 24°46' Nord und 20°19' West vorgekämpft. Jetzt dümpeln wir wieder in der Flaute: ein gemütlicher Reisebeginn. Wir dürfen nur nicht an die verlockende Karibik und die vielen vor uns liegenden Seemeilen denken, wenn wir ihn genießen wollen. Im Grunde ist es wie Urlaub: kein Ärger mit längsseits gehenden Yachten, mit ächzenden Festmachern oder quietschenden Fendern. Kein Einkaufen. Wir freuen uns an der stillen See, den sonnigen Tagen und den zauberhaften Vollmondnächten.

Zum Frühstück werden wir jedes Mal von einer Delphinschule besucht. Die Tiere tummeln sich prustend am Bug und locken unsere Töchter aus den Kojen. „Da seid ihr ja wieder! Juchhu!"

Das Farbenspiel der aufgehenden Sonne ist wunderbar: Wasser und Himmel verändern sich von Minute zu Minute und vereinen einen großartigen Gegensatz von warmen und kalten Tönen: Rosa und Hellblau, Orangerot und Türkis, Goldgelb und Violett. Die Tage sind kurzweilig. Sarah und Saskia spielen, malen Sonnenaufgänge, planschen und turnen auf dem sommerlich warmen Deck. Kaum zu glauben, daß wir den ersten Advent haben! Zur Feier des Tages backen wir miteinander Plätzchen und Apfelkuchen. Natürlich fehlt auch der geschmückte Weihnachtsstrauß nicht, den wir auf Gomera gepflückt haben. Die Kinder öffnen das erste Türchen im selbstgebastelten Adventskalender. Er ist gleichzeitig unser Reisekalender, denn zu Weihnachten möchten wir in der Karibik sein.

Eines Nachmittags haben wir großes Anglerglück. An die Schleppangeln gehen zwei hungrige Goldmakrelen, die uns schon den ganzen Tag begleitet und unsere Lotsenfischchen gejagt haben. Die zitronengelben Räuber sehen mit ihren hellblauen Punkten sehr schön aus, doch im Augenblick des Todes färbt sich ihre Haut plötzlich silbrig weiß, strahlt hell für wenige Sekunden und verwandelt sich dann in ein stumpfes Schwarz mit fahlbraunen Punkten. Ein faszinierendes, gespenstisches Schauspiel.

„Hoffentlich haben sie keine beschwerliche Reise in den Fischhimmel", druckst Sarah mit einem Kloß im Hals.

„Komm, wir singen dem erlegten Wild ein Lied! So wie es die Indianer gemacht haben."

„Au ja! Meinst du, die Fische können das noch hören?"

„Bestimmt!"

Wir haben den Kindern von der großen Naturliebe der Indianer erzählt und von ihrer tiefen Ehrfurcht vor aller Kreatur. Indianer ehrten das erlegte Tier oder den gebrochenen Zweig, bedankten sich, erklärten die Notwendigkeit des Tötens und baten um Vergebung. So akzeptiert sogar Saskia den Fang und freut sich auf die gesunde, leckere Mahlzeit. Jeder Handgriff von Peter beim Zerlegen wird genau beobachtet. Das Töten und Schlachten der großen Tiere ist eine harte Arbeit, hart vor allem für das Gemüt. Später sind wir sogar froh, wenn die Schleppangel einmal leer bleibt oder der Fisch noch geschickt vom Haken springt.

Klar ist jedenfalls: Müßte jeder seinen Fleischbedarf selbst erlegen und zerkleinern, stünde der obligatorische Braten längst nicht mehr so oft auf westlichen Speisezetteln. Aber den sterilen Packungen aus dem Supermarkt sieht man die traurigen Augen der Schlachttiere nicht an. Die allgemeine Naturentfremdung ist ein Merkmal unserer westlichen Zivilisation – und gefährlich, denn wir sind immer noch das Vorbild für viele „unterentwickelte" Länder. So erlebten wir auf unserer Reise durch das hinduistische Indien, daß dort zum Fortschrittsimage der „modernen" Jugend neben zahlreichen westlichen Konsumartikeln nun auch der Fleischverzehr zählt. „Rubbish", sagen die jungen Leute zur vegetarischen Tradition ihres Landes. „We love chicken, meat and pop!" Verdrehte Welt! Denn von unserer progressiven Jugend plädieren viele dank neuester Erkenntnisse für vegetarische Kost.

Der Abendhimmel ist mit Sternen übersät. Auf unseren Wachen schauen wir immer wieder bewundernd in dieses rätselhafte Lichtermeer, dessen Pracht auf See ganz unbeschreiblich ist. Plötzlich taucht eine orangerote Scheibe aus dem schwarzen Wasser auf. „Aber die Sonne ist doch eben erst da drüben untergegangen! Was ist denn *das*?" staunen die Kinder. So groß und rot haben sie den guten alten Mond noch nicht erlebt. Das sieht man ganz selten und nur auf dem freien Meer.

Am sechsten Tag scheint sich das Wetter zu ändern. Nachts zieht von Südwesten eine Gewitterfront auf. Peter erdet das isolierte Achterstag und hängt die Radio- und Funkantenne ab. Merkwürdigerweise rollt die hohe Dünung von Nordwesten heran – kommt das Orkantief näher? Wir sind etwas nervös. Sekundenschnell hat sich die SARSAS in eine wild tanzende Furie verwandelt. An Schlaf ist kaum zu denken, und morgens schießt das Frühstücksgeschirr quer über den Tisch. Doch irgendwann kommt der Wind dann achterlicher ein, und wir setzen Passatsegel. Der Himmel ist grau verhangen, die See rauh. Aber wir beobachten erleichtert das schnell surrende Schlepplog: Wir machen gute Fahrt – endlich!

Auf unserem Südwestkurs befinden wir uns nun auf halber Strecke zwischen den Kanarischen und den Kapverdischen Inseln. Doch wir haben uns zu früh gefreut, der richtige Passat läßt noch auf sich warten. Während der folgenden drei Tage narrt uns der Wind und bläst mit unterschiedlicher Stärke aus fast allen Himmelsrichtungen: SW, NW, NNE, NE, Flaute, NW mit Gewitterfront, NE, Flaute, E. Zähneknirschend bewältigen wir die vielen anstrengenden Segelwechsel – Hauptsache, wir kommen voran!

Mit der Gemütlichkeit ist es jedenfalls vorbei, besonders weil die meisten Manöver nachts absolviert werden müssen und die Freiwachen erheblich gestört sind. Am Backbordhorizont tauchen drei Yachten auf, und wir bekommen auf Kanal 16 Funkkontakt mit ihnen. Bald schaukeln wir im Vierertakt, und überall wird an Bord kräftig gearbeitet: Segel hoch, Segel runter, reffen, motoren, ausbaumen, schiften, ausreffen, Segel wechseln...

Unsere kleinen Matrosen stört dies nicht. Seit die See rauh geworden ist, bleiben sie lieber unten im gemütlichen Schiffsbauch. Rettungswesten und Gurte, die sie oben anlegen müßten, sind zu unbequem. Begeistert bauen sie mit Lego. Auf Fußboden und Eßtisch entstehen wunderbare Welten aus Häusern, Booten und Schlössern, die mit kleinen Puppen und Tieren belebt werden. Toll, wie die Autos und Eisenbahnen von ganz allein kreuz und quer schießen! Vergnügt plappern und schnattern die Kinder, offenbar haben sie viel Spaß miteinander. Das ist gut so, denn wir Großen sind ziemlich müde.

Jede Flaute wird vom Smutje dankbar ausgenutzt, denn dann ist es direkt ein Genuß zu kochen. Obwohl wir uns sämtliche Arbeiten an Bord teilen wollten wie früher zu Hause, zwingt uns der Alltag schon bald in die konventionellen Rollen zurück. Tagsüber hält meist Peter draußen Wache, bedient die Segel, navigiert. Ich kümmere mich um Kinder, Essen, Haushalt und assistiere ihm als Deckshand. Nachts hat sich ein Wachrhythmus von drei Stunden bewährt. So können wir über Beschäftigungsmangel nicht klagen.

Weitere Yachten stehen in unmittelbarer Nähe, wie sich in der Funkrunde herausstellt. Dabei aalt sich der Strom der Teilnehmer an der Trans-Atlantik-Rallye schon längst unter karibischen Palmen. Der Ozean ist doch klein! Zwei österreichische Einhandsegler unterhalten sich über dieses Thema: „Mir geht's guat, i hob' nur Ongst, daß mi einer untermangelt. Sind doch ganz schön viele Yachten umanand! Und manch einer fährt halt ohne Licht. Wie mochst denn du dös nachts?"

„Jo mei, wie soll i's scho machen? I stell' halt den Wedel do hinten ein, dann leg' i mi schlofn."

Arme, bewundernswerte Einhandsegler! Obwohl rein rechnerisch die Chance einer Kollision sehr gering ist, bleibt es auch mit dem „Wedel do hinten" Russisches Roulett, nachts das Boot sich selbst zu überlassen. Immerhin begegneten uns auf unserer Atlantiküberquerung fünf Frachter auf engstem Raum. Gerammt hat uns aber schließlich eine Yacht. Doch das war viel später, vor dem Panamakanal. Sie fuhr ohne Licht.

Eine Walschule in unmittelbarer Nähe sorgt für Aufregung. Über Funk warnen nervöse Stimmen vor „riesigen Flossen und Schwänzen". Sarah und Saskia stürmen an Deck und hätten beinahe ihre Gurte vergessen. Wir fühlen uns in SARSAS' Stahlrumpf recht behaglich, uns können die Wale nicht schrecken. Als endlich die Sonne hervorblinzelt, gesellt sich auch wieder eine Delphinschule zu uns. Das ist immer ein Schönwetterzeichen. Übermütig springen die Tiere aus den Wellen und führen den jubelnden Kindern die tollsten Saltos und Schrauben vor. Pfeilschnell schießen sie dicht unter unserem messerscharfen Bug hindurch und blinzeln zu uns herauf. Wie gern möchten wir zu ihnen ins Wasser tauchen und an ihrem Spiel teilhaben.

Eine Woche sind wir nun unterwegs. Die Zeit ist schnell vergangen. Summa summarum fühlen wir uns alle pudelwohl. Aber wir haben erst 530 Seemeilen zurückgelegt. Bei dem langsamen Reisetempo glauben wir kaum noch an die Chance, Weihnachten in der Karibik zu feiern. Doch der Nikolaustag beschert nicht nur den Mädchen lecker gefüllte Gummistiefel mit vielen Luftballons. Auch uns Großen wartet er mit einem Geschenk auf: dem Passat!

Zunächst bleibt es sehr diesig, denn die Luft ist vom roten Sand der Sahara erfüllt. Der Himmel wird blaßblau, der Horizont verschwimmt im Dunst. Die Sicht ist zwei Tage lang so stark eingeschränkt, daß wir rund um die Uhr gemeinsam Wache gehen. Dennoch übersehen wir beinahe einen Frachter, der uns mit einer Seemeile Abstand achteraus passiert. Sein weißlich grauer Anstrich hebt sich nur schwach vom milchigen Himmel ab. Über Funk lassen wir uns von ihm die Position geben.

Von nun an machen wir jeden Tag rauschende Fahrt. Wie festgenagelt steht die dunkle Raute unserer braunen Passatsegel am Bug: ein riesiger Drachen, der uns hinter sich herzieht. Wir pflügen mit Rumpfgeschwindigkeit durch die stark bewegte See. Eine Woche lang kein Segelwechsel!

Die anderen Yachten sind außer Sichtweite, nur gelegentlich treffen wir uns noch am Funkgerät. Bald sind wir aus der Seekarte „Lissabon bis Freetown" hinausgesegelt, nun wird die Navigation auf dem großen, leeren Plotting Sheet gemacht, das Peter wie einen Riesenübersegler vorbereitet hat. So kann man Fortschritte besser nachvollziehen und sieht den Ozean schrumpfen. Wunderbare Etmale von 140 Seemeilen reihen sich aneinander.

An manchen Tagen sind die Wellen gleichmäßig ausgerichtet, und die Fahrt unter Passatsegeln ist begeisternd ruhig. Wie auf Schienen fegen wir über den wogenden Ozean. Traumhaftes Segeln! „Hab' ich dir nicht prophezeit, daß der Atlantik herrlich ist?" triumphiert Peter. Doch dann gibt es wieder Grund zum Kontern: „Und wo bleibt dein vielgepriesenes Zuckerschleckensegeln jetzt?" Schwell aus anderen Richtungen hat erneut konfuse Kreuzseen aufgebaut, und die SARSAS beginnt teuflisch zu rollen. Böen lassen die Windsteuerung aus dem Kurs laufen, die Segel kommen back. Jetzt wird der Seegang gefährlich, wir müssen von Hand steuern. Einzig möglicher Schlafplatz ist der Boden im Salon. Zum Glück lassen sich die Kinder von der Schaukelei nicht im geringsten stören. Komfortabel liegen sie in ihren Hundekojen und stecken neugierig immer wieder die fröhlichen Gesichtchen zum Niedergang heraus.

„Oh, toll! Endlich wieder richtig knistrige See!" freut sich Sarah. Für sie ist der aufgewühlte Ozean ein riesiges, glitzerndes Silberpapier. Bleierne Wellenberge mit großen Schaumkronen rollen gegen das Heck der SARSAS, lassen sie schwanken und sprudeln schnaufend am Bug entlang: Zischen, Tosen, Fauchen, Gurgeln, Klatschen, Hämmern. Ich höre die weißen Kämme rechts und links brechend ins Wellental donnern. „Schau nicht nach hinten!" ruft Peter. „Da sieht alles viel schlimmer aus." Aber ich vermag den Blick nicht von dem grandiosen Spektakel zu wenden; mir ist, als könnte ich insgeheim die Wellen beschwören. Die Erinnerung an einen Mittelmeertörn im Mistral ist mir nur allzu gegenwärtig. Damals brachte eine steile Wasserwand unser Charterboot zum

Kentern. Aber diese Wellen hier sehen anders aus, unser Kielwasser scheint sie sogar deutlich zu bändigen. Wie mit Wunderhand heben sie das Heck der SARSAS an, die Sekunden zuvor noch im Wellental von ihnen umzingelt und so verletzlich war. Majestätisch, unermüdlich rollen die Riesen heran: Imponiergehabe eines großen, endlosen Heeres. Unsere Winzigkeit wird wieder einmal erbärmlich deutlich.

Doch wir gewöhnen uns an dieses ewige Wogen, das seinen furchterregenden Charakter bald verliert. Wenn wir inmitten eines weißen Schaumfelds tief hinab ins Wellental rauschen und das Seitendeck von sprudelnder Gischt überspült wird, frage ich nicht mehr ängstlich: „Meinst du, daß wir kentern können?" Ich habe Vertrauen in unser Boot und die See gewonnen, mein Blick wird endlich wieder frei für die Schönheit und Einzigartigkeit meiner Umgebung. Die Sichel des Neumonds hängt waagrecht wie eine Gondel am schwarzen Firmament. Unzählige Sternschnuppen leuchten am Nachthimmel auf und regnen wie goldene Tropfen herunter. Faszinierend, daß unsere Atmosphäre soviel Widerstand und Schutz bietet! Auch in der Gischt funkeln tausend blinkende Sterne. In den Wellentälern gleiten fliegende Fische wie Vögel über die Wasseroberfläche. Manche verirren sich bei ihrem Flug auf unser Deck. Jeden Morgen liest Peter die toten Tiere auf und wirft sie ins Meer zurück, denn bis jetzt haben wir noch nicht das Verlangen, sie zu verspeisen. Es sind doch wirklich unglückselige Geschöpfe: Der Atlantik ist so riesengroß, und sie müssen ausgerechnet auf einem kleinen Segelboot landen und sterben.

Am 12. Dezember haben wir etwa die Hälfte der Gesamtstrecke geschafft und taumeln mitten im „Blauwasser". Die Stimmung ist wieder so friedlich und harmlos wie zu Reisebeginn. Das trägt dazu bei, daß man sich in der Endlosigkeit nicht verloren fühlt. Die Weite des Ozeans und die ferngerückten Küsten merkt man sowieso nur auf der Land- oder Seekarte. Die Wasserscheibe, die uns umgibt, bleibt gleich groß, Tag für Tag, im engen Mittelmeer wie in der Atlantikmitte. Wir tragen unsere Position ein: 15°56' Nord, 36°56' West. Ab heute können wir Westkurs laufen. Je nach

Windrichtung und Besegelung pendeln wir fortan in leichter Zickzacklinie zwischen dem 16. und 15. Breitengrad über den Atlantik.

Die Ruhepause tut gut. „Dürfen wir heute mal Kaufladen und Kochen spielen? Es ist doch so schön still!" betteln die Kinder. Mir ist bewußt, was es bedeutet, wenn ich dem Wunsch nachgebe. Aber die beiden haben so lieb miteinander gespielt und uns wirklich oft ausruhen lassen. Stundenlang haben sie begeistert geknetet, Perlenketten aufgefädelt und sich verkleidet. Haben gemalt, Bücher angeschaut, Puzzles gelegt, Papierpuppen angezogen und Buntpapierengel geklebt. Und wie aufmerksam haben sich eifrige Ärmchen um tanzendes Geschirr geklammert, haben flinke Händchen herumkullernde Früchte aufgesammelt, Staub gewischt, gekehrt!

„Also gut."

Der Sack mit Körbchen, Dosen, Münzen und Schachteln wird hervorgekramt. „Gibst du uns Nudeln und Reis und Haferflocken?"

„Au ja! Und bitte noch Rosinen und Wasser!"

„Und Bohnen! Und Zucker..."

Peter meint sehr skeptisch: „Muß das denn sein?" Ich weiß natürlich, welch mürrische Gedanken hinter seinen Stirnfalten hausen: Überall stolpert man über die Kindersachen. Wenn nun plötzlich Wind aufkommt? Das Schiff muß immer klar sein! Recht hat der Kapitän. Aber die Mädchen sind so glücklich. Und auch wir haben Glück, denn es brist erst am späten Abend wieder auf, zur Abwechslung aus Nord. Wir nehmen die Passatsegel weg und setzen Klüver, Fock und Groß.

Bei den Azoren liegt ein Tief, meldet das Radio. Der Wind weht nun konstant aus Nordnordost. Vier Tage lang können wir unsere Normalbesegelung stehen lassen. Die Fahrt wird immer rasanter. Auf der Karte messen wir jetzt Traumetmale von 160 Seemeilen. Die See ist stark bewegt, aber es bleibt sonnig, da sehen die Wellenriesen gleich viel freundlicher aus. Dennoch stehen diese Tage unter einem schlechten Stern: Passat-Störung! Und am Ende der dritten Woche machen uns heftige Schauerböen zu schaffen.

Einige lästige Reparaturen stehen auf dem Programm und sorgen schnell für gereizte Stimmung. Überall in der Bilge schwappt stinkendes Petroleum, die Leitung zum Herd leckt. Der Schlauch hat sich bei der ewigen Schaukelei durchgescheuert. Werkzeug raus. Ofen weg. Eimer her. Konserven aus der Bilge. „Kinder, seid so gut und spielt heute mal vorne. Hier ist einfach kein Platz mehr. Und wenn ihr Hunger habt, nehmt euch Äpfel und Kekse."

„Weißt du noch, wo ich die Ersatzschläuche habe?"

„Nee. Vorsicht, der Eimer!"

„Es ist doch jedesmal das gleiche: Wenn ich mal was brauche... Für die wichtigsten Sachen ist kein Platz da. Immer muß ich mir einen abbrechen, um an mein Werkzeug heranzukommen."

„Nun bleib' aber auf dem Teppich! Meinst du, mir geht es anders? Ich bin auf diesem Schiff nur am Wühlen, von früh bis spät, Tag für Tag. Was glaubst du, wieviel Platz wir für all die Lebensmittel, Konserven, Klamotten und Spielsachen haben?"

„Jedenfalls zuviel."

„Toll. Ab morgen kochst du mal zur Abwechslung und suchst dir das Zeug dafür zusammen. Du wirst dich freuen, wenn dein Kopf dauernd unter irgendeinem Kojen- oder Bilgenbrett hängt!"

„Übrigens: Dein Herd ist wieder in Ordnung", meint der Skipper beschwichtigend.

„Prima! Aber Besitzansprüche daran hege ich nicht im geringsten. Es ist *unser* Herd!"

Der randvolle Petroleumeimer kippt um – Katastrophenstimmung. Saskias Perlendose poltert vom Tisch. Der Boden ist jetzt auch noch mit wild kullernden Perlen übersät. „Oh, muß Einhandsegeln schön sein!" lautet Peters Fazit.

Aber irgendwann geht auch dieser fürchterliche Tag zu Ende. Am nächsten Morgen ist die Fahrt angenehm ruhig. Das beflügelt mich, den Mädchen einen gemütlichen Vormittag zu bereiten. Es ist der dritte Advent. Wenn wir wegen des starken Seegangs schon keine Kerzen anzünden können, dann wollen wir wenigstens etwas Hübsches basteln. Mit ihren vier und fünf Jahren haben sie schließlich ein Recht auf etwas Unterhaltung, besonders weil sie sich sonst so selbständig beschäftigen. Mein Gewissen plagt mich. Mit Scheren und viel Klebstoff basteln wir also Engel aus glitzerndem Bonbonpapier und Watte. Ins weihnachtliche Spiel vertieft, entgeht mir ausnahmsweise, daß Peter wie an jedem Tag Hilfe beim Sonnenstandsmessen braucht.

Und schon saust ein erbarmungsloses Donnerwetter auf mich nieder. Zum x-ten Mal lasse ich die Lektion über mich ergehen, was auf einem Schiff an erster, an allererster, an einziger Stelle zu stehen hat: die Seemannschaft. Natürlich verstehe ich Peters verantwortungsvollen Standpunkt. Doch auf einem Schiff fahren auch Menschen mit, die zu ihrem Recht kommen wollen.

Kaum habe ich mit dem Kochen angefangen, beginnt der zweite Akt. Etwa zur gleichen Zeit hat Peter nämlich beschlossen, die defekte Topplaterne zu reparieren, und steigt auf den Mast. Es gelingt uns heute einfach nicht, unsere Arbeiten zu koordinieren. Wie soll ich ihm helfen und ihn mit der Leine sichern, wenn in der Pantry bereits sämtliche Zutaten und gefüllten Töpfe umherschießen? Mein sonst so liebenswerter Göttergatte tobt im Mast wie ein Rumpelstilzchen. Aber warum konnte er mich nicht rechtzeitig informieren? Bei dieser Beschimpfung vergeht mir die Lust zum Helfen ganz. Erneut Katastrophenstimmung.

Später hantiert der Skipper übelgelaunt auf dem Vordeck. Seine Brille geht dabei über Bord – natürlich meine Schuld. „Alles muß ich alleine machen! Kein bißchen Unterstützung!"

In mir kochen Wut und Empörung über die ungerechte Behauptung. Wie kann er nur so einseitig urteilen, die Dinge so verdrehen? Und alles Positive vergessen? Ich – Kombination aus Mutter, Ehefrau und schwarzem Bordschaf – fauche zurück: „Was beschwerst du dich eigentlich? Du schwärmst doch so vom Einhandsegeln!"

Alles heilt die Zeit. Wenn der Adrenalinspiegel endlich sinkt, sind wir wieder sehr glücklich zu zweit, beziehungsweise zu viert auf dem wogenden Ozean. Aber kaum hat sich die Stimmung an Bord beruhigt, da spielt das Wetter verrückt. Heftige Schauerböen halten uns in Trab. Schwarze Wellenberge mit langgezogenen Gischtstreifen türmen sich hinter dem Heck auf. Wir müssen uns wärmer anziehen und unser Ölzeug hervorkramen (bisher reichten tagsüber Badeklamotten). Das Schiff schaukelt fürchterlich. „Vergiß ja nicht, dich anzuleinen!" beschwört mich Peter beim Wachwechsel.

Auch ich vermag vor Angst, daß er über Bord gehen könnte, oft nicht zu schlafen. Wenn ich seine Schritte über mir an Deck höre, lausche ich gespannt, ob sie auch zurück ins Cockpit führen. Oder ich blinzle immer wieder besorgt zum Niedergang, ob ich meinen Peter erspähen kann. Manchmal ist ihm der Gurt bei der Arbeit lästig, dann läßt er ihn weg, was mich zur Verzweiflung treibt. Es darf einfach keiner über Bord fallen! Die Chance, einen Schwimmer zwischen diesen Wellenbergen auszumachen, ist gleich Null. Die tägliche Entsorgung unseres Bioabfalls führt uns dies jedesmal drastisch vor Augen. Schon nach der dritten Welle können wir ihn nicht mehr erkennen.

Der Bordalltag wird unangenehmer, die Schaukelei läßt selbst das Essen in Arbeit ausarten. Wer denkt, daß der Atlantiksegler vier Wochen lang nur gelangweilt auf seinen vier Buchstaben sitzt, täuscht sich gewaltig. Auf dem Ozean geht's recht sportlich zu, auch unter Deck. Wenn ich mit Lebensmitteln bepackt von der Vorderkoje zurück in die Kombüse gelangen will, muß ich immer wieder kräftig bergauf laufen. Im Seegang wird der Fußboden zum Steilhang und schwankt auch noch nach rechts und links. Nur gekonnte Muskelspielchen verhindern, daß der Koch samt Zutaten durch die Kajüte katapultiert wird. Das Arbeiten in der Kombüse wäre ohne Haltegurt undenkbar. Unser Lebensmittelschrank bereitet mir großen Kummer, denn sein Inhalt ist trotz der Leisten an den Fächern nicht genügend gesichert. Flaschen poltern bei Schräglage heraus, Marmelade ergießt sich auf den Boden. Wegen des starken Seegangs können wir den Schrank nicht optimieren und Halterungen oder Gummis anbringen. So arbeite ich nach dem Prinzip: Krängung nach Backbord – Tür auf; Krängung nach Steuerbord – Tür blitzartig zu. Reine Nervensache! Das Essen am Tisch vollzieht sich dann unter permanenter Anspannung der abwechselnd linken und rechten Bauchmuskulatur. Wie beim Schunkeln.

Aber unsere Mädchen stört dies alles nicht. Sie haben wirklich

68

immer Feststimmung. Überall baumeln im Takt des Passats Weihnachtssterne und Glitzerengel. Selbst der Adventstrauß hat überlebt.

Aber lange kann es ohnehin nicht mehr dauern. „In fünf Tagen sind wir in Martinique!" triumphiert Peter nach seinen Hausaufgaben. „Pünktlich um Weihnachten zu feiern! Na, was sagt ihr dazu?"

Wie schnell doch die Zeit verflogen ist! Auch die Kinder fragen ganz ungläubig, ob das denn schon die große Atlantikfahrt gewesen sei. „Wir sind doch erst vor ein paar Tagen abgefahren!" Sarah und Saskia haben den Auslauf noch gar nicht vermißt. Auf der Karte zeigt ihnen der Papa, wie gut die Sarsas vorangekommen ist.

Ich bewundere sehr, wie Peter gewissenhaft und zäh Tag für Tag mehrmals den Sonnenstand gemessen und sich dann am Kartentisch mit den Berechnungen abgequält hat. Manchmal mußte er dabei fluchtartig nach draußen stürzen und sein Frühstück den Fischen opfern. Oh, ich hätte nicht mit ihm tauschen wollen. Magendrücken, Kopfschmerzen oder Müdigkeit wurden rigoros ignoriert, wenn die tägliche Pflichtübung in Navigation auf dem Programm stand. Inzwischen benötigt Peter nur noch zwanzig Minuten für eine Standortbestimmung und ist vollkommen routiniert.

Für das Finale dreht der Wind weiter auf Ost. Wir können wieder Passatsegel setzen und bergen sie erst bei unserem Landfall vor Martinique. Aber das Wetter bleibt böig und unbeständig, wir müssen oft von Hand steuern. Zahlreiche Regenschauer fegen über uns hinweg. Kurz nach Sonnenaufgang erlebe ich auf meiner Wache ein sehr schönes Naturschauspiel: prasselnde Regentropfen haben die weißen Kämme der Wellen erstickt. Das Meer verdichtet sich zu einer Berglandschaft, deren dunkle Spitzen sich aus hell dampfenden Nebeltälern erheben. Der Himmel ist ockergelb und grau gefärbt. Und das Schönste: Unser Bug zeigt in das Zentrum eines leuchtenden Regenbogens.

Zum Glück scheint jedesmal pünktlich die Sonne zwischen den Wolken hindurch, wenn Peter mit dem Sextanten auf dem schwankenden Deck balanciert. Wir messen unser absolutes Spitzenetmal von 180 Seemeilen: Martinique scheint uns mit aller Kraft anzusaugen. Während ich volles Vertrauen in Peters Navigationskünste habe, beginnt er nun immer wieder an sich selbst zu zweifeln. Die Verantwortung drückt. Und ausgerechnet an einem Tag, an dem wir uns besonders schlapp fühlen, ist der Wurm drin. Sämtliche Sonnenmessungen ergeben unterschiedliche Standorte. Dabei befinden wir uns schon auf der Zielgeraden. Also messen, rechnen, messen, rechnen – immer wieder. Reine Nervensache. Am nächsten Tag bekommen wir endlich eine exakte Position. Martinique ist zum Greifen nahe.

Am 22. Dezember ist unsere Freude und Aufregung grenzenlos. Jeden Augenblick muß die Insel über den Horizont steigen.

„Land in Sicht!" brüllt es plötzlich vom Ausguck. Direkt voraus hebt sich Martinique an der Kimm aus den Wolken: eine Bilderbuch-Ansteuerung! Jubelnd fallen wir uns um den Hals.

Wie zur Belohnung haben wir an diesem letzten Reisetag endlich wieder herrliche Segelbedingungen. Die Sonne strahlt mit Macht, lautlos und schnell gleiten wir über weiche Wasserdünen.

Nachts erreichen wir die Insel. Wir bergen die Passatsegel und tasten uns unter Maschine langsam an der Küste entlang zur großen Bucht von Fort de France. Bald tauchen in der hellen Nacht die vielen glitzernden Masten der Anse Mitan auf. Uns aber erfüllt nur noch eine Sehnsucht: schlafen. Unser Anker fällt auf den sandigen Grund der Bucht. Ganz seltsam mutet die plötzliche Stille an. Die SARSAS liegt ruhig wie ein Haus auf festem Boden. Kein Rauschen und Glucksen von Wellen mehr am Rumpf, kein Fauchen in den Segeln. Völlige Bewegungslosigkeit. Am Ufer ganz neue Klänge: helle Rufe aus dem nahen Dschungel, der sich im Mondlicht silbern abzeichnet. Wir sind sehr glücklich und stoßen mit spanischem Rotwein auf unsere gelungene Atlantiküberquerung an.

Am Morgen entdecken wir unter den zahlreichen ankernden Yachten die PELIKAN. Im selben Augenblick sieht Ulrich auch uns, springt in sein Dingi und begrüßt uns mit französischem Champagner. Wir wundern uns, daß man uns offenbar erwartet hat.

„Wieso, ihr habt doch gesagt: ‚Bis Weihnachten in der Karibik!
Ich wußte, daß ihr heute kommt!“

Soviel Glaube an unsere Seemannschaft tut gut.

*Unsere* SARSAS *(Sarah, sechs Jahre)*

# 3 Karibik: Wo die Möwen grüne Bäuche haben

*Weihnachten in Martinique – Meuterei der Bordfrauen – Ein Oster-
nest im Großbaum – „Sand ist der Schnee der Tropen" – Pelikanpos-
sen – Im Konvoi an Kolumbien vorbei – Nächtliche Kollision vor
Panama*

Mit der Fähre brausen wir über die große Bucht nach Fort de
France, der Hauptstadt der Insel. Schnell schrumpfen die glitzernden Masten in der Anse Mitan zu zahllosen winzigen Mikadostäb-
chen. Den dunkelblauen Punkt unserer treuen SARSAS haben wir
bald aus den Augen verloren.

„Eine Atlantiküberquerung in diesem Tempo: ein Traum!"

„Hör bloß auf! Dann wär's hier noch voller."

Leuchtend bunte Spinnaker schweben wie Weihnachtskugeln
all überall von den Mastspitzen. Und dann rauscht unsere Fähre
durch das Ankerfeld vor den Toren der „Festung Frankreichs". Es
ist ein Kunststück, in dem Yachten-Labyrinth irgendein vertrautes
Boot auszumachen. Dennoch entdecken wir weit draußen die
JONAS und dicht beim Landungssteg die SJÖJUNGFRU.

Nachdem uns die Fähre ausgespuckt hat und wir uns durch die
Menge der Wartenden gedrängt haben, können wir Karl von der
SJÖJUNGFRU begrüßen. „Mensch, alter Freund! Wie geht's? Daß wir
uns doch noch mal begegnen! Wo ist Annie?"

„Oh, Annie? Die ist fort, der Atlantik ist ihr nicht bekommen.
Eine Woche hinter den Kanaren wollte sie mich zum Umkehren
zwingen. O Mann, bis ich ihr klarmachen konnte, daß das nicht
geht... Na, und ihr?"

Lachen. Erzählen.

„Feierst du mit uns Weihnachten?"

„Danke, aber ich habe schon eine Verabredung. Mit einem Einhandsegler. Und vielleicht kommt ja auch Annie zurück."

Die Straßen der Stadt sind sehr geschäftig und voller Leben. Menschengedränge, Einkaufsgewühl, Autos – all dies sind wir nicht mehr gewöhnt. Obendrein ist es heiß und schwül. Mitten im Sommer freuen sich Sarah und Saskia über „verschneite" Weihnachtsbäume in den Läden. Die Schaufenster sind mit Eiskristallen besprüht, Schneemänner darin bieten Geschenke an, geschmückte Tannenzweige winken zum Gruß, und Père Noël reitet per Schlitten durch eine winterliche Landschaft.

„Echt pervers. Sie sollten den Weihnachtsmann wenigstens in ein Kanu setzen!"

„Genau. Und überhaupt – ich hab' gedacht, daß er hier schwarz aussieht", reklamiert nun auch Klein-Sarah. „Hier sind doch alle Leute schwarz!"

Wo anfangen mit den Erläuterungen, wo aufhören? Entdeckung, Kolonialisierung, Ureinwohner, Missionseifer, Verschleppung, Rassentrennung, Sinn und Mißbrauch von Religion, das europäische Weihnachtsmärchen, Kolumbus? „Ach, weißt du, eigentlich könnte der Weihnachtsmann hier auch braun oder rot aussehen. Aber in Wirklichkeit gehört er gar nicht hierher, er ist eine weihnachtliche Märchenfigur unserer Heimat. Die Eroberer haben ihn mitgebracht, und heute denkt keiner mehr über den Unsinn nach."

Die Antillen waren zur Zeit ihrer Entdeckung dicht bevölkert, mit friedlichen Aruak-Indianern und den wilden, wehrhaften Kariben, nach denen die Inseln später benannt wurden. Zwar durften auf Anordnung der christlichen Könige in Spanien „nur" Aufständische, Menschenfresser und Nichtchristen in den eroberten Gebieten zur Fronarbeit herangezogen werden, doch diese Vorschrift stand bloß auf dem Papier. Bald sorgte das Massensterben der versklavten Indianer für einen heftigen Disput über den sogenannten „gerechten Krieg". Für die Eingeborenen allerdings kam jede Lösung zu spät, das Problem erledigte sich auf traurige Wei-

73

se von selbst: Erschöpfung bei der harten körperlichen Arbeit in den Plantagen, Selbstmord, Alkohol und europäische Krankheiten wie Pocken und Tuberkulose entvölkerten die Inseln in nur einer Generation. Das so entstandene Vakuum wurde durch brutal verschleppte Schwarze aus Afrika aufgefüllt, nachdem sich auch England, Frankreich und die Niederlande zu den spanischen Eroberern gesellt hatten.

Die schönen Kreolinnen Martiniques ahnen nichts von unseren düsteren Gedanken, die traurige Geschichte ihrer Vorfahren gehört für sie der Vergangenheit an. Ihr Interesse gilt eher aktuellen Modekatalogen aus Paris. Die Straßen von Fort de France muten an wie die Laufstege einer Modenschau mit extravaganten Unikaten, meist gekonnt selbstgeschneidert, stets im Stil der französischen Metropole. Viel Gold schimmert auf der kaffeebraunen Haut. Die krausen Haare sind zu unzähligen schwarzen Zöpfchen geflochten, zu kunstvollen Knoten oder kecken Schwänzchen drapiert. Als wandelnde Statussymbole ihrer Männer haben die Schönen die ehrenvolle Aufgabe, sich ganz ihrem guten Aussehen zu widmen. Ihren aparten Gesichtsschnitt jedoch verdanken die Kreolinnen der verdrängten Vergangenheit, der fruchtbaren Verbindung weißer Herren mit ihren farbigen Bediensteten.

Die Straßen von Fort de France sind voller Motorenlärm, hupender Machos und Abgase. Peters Stimmung verdüstert sich, die Weihnachtsgefühle schwinden. Ein Truthahnessen auf der PELIKAN rettet zunächst das Fest, aber ein paar Wochen später muß die PELIKAN-Crew bei uns noch einmal als Friedensengel in Aktion treten.

Die kleine, etwas südlicher gelegene Anse d'Arlet, in der wir nach dem Fest ankern, mutet nicht sehr exotisch an, von rauschenden Kokospalmen am Strand einmal abgesehen. Hahnengeschrei am frühen Morgen und Kühe auf den Weiden erinnern an unsere süddeutsche Heimat. „Das könnten auch Berge auf der Schwäbischen Alb sein", stelle ich etwas ernüchtert fest.

„Na ja, immerhin liegen in dieser winzigen Bucht auch drei Schwabenboote nebeneinander. Da kann man sich nicht allzu karibisch fühlen", meint Peter.

Vielleicht ist genau dies die Wurzel allen Übels, das sich langsam zusammenbraut und hier und da, bei Ankermanövern, in Riffpassagen oder bei Reparaturen wie ein tropisches Gewitter an Bord entlädt.

Am zweiten Weihnachtstag ist uns endlich die langersehnte Begegnung mit unserem Schwesterschiff, der JONAS, gelungen. „Hallo, ‚Schiefbauer'!" ulkt Freund Roland wie in guten alten Zeiten auf seiner Werft. Die beiden Ex-Bootsbauer fallen sich um den Hals. Alles ist wieder gegenwärtig: das Gerippe aus Spanten und Stringern, die Elektrodenblitze und Hammerschläge, das Geheul der Winkelschleifer und unsere Träume von der weiten Welt und einem freien Leben. „Mensch, Roland! Wie geht's euch? Wann fahren wir weiter? Jetzt habt ihr euch doch genug vom Atlantik ausgeruht. Auf nach Panama!" drängt Peter, der die Karibik gar nicht schnell genug verlassen kann.

„Oh, daraus wird wohl nichts", entgegnet unser alter Freund. „Den Atlantik haben wir verdaut, aber das Leben an Bord bekommt uns nicht: zu eng, zu wenig Zeit. Ewig nur das Boot instandhalten: Aufslippen, Reparaturen, Motorwartung... Dazu der umständliche Haushalt. Immer der gleiche Trott, die gleichen Fragen: Wo gibt's dies, wo gibt's das? Dann das Segeln – Wachegehen, Steuern, Segelwechsel, Manöver, Navigation – und das leidige Ein- und Ausklarieren. Nein! Wir fahren zurück nach Deutschland, da hatten wir letztlich doch mehr Zeit für unsere Hobbys." Halb scherzend, halb resigniert schließt er: „Wir müssen zurück, sonst hauen wir uns noch die Köpfe ein."

Wir sind sprachlos. Meike weint, als ihre Karten und Bücher über die Südsee auf das dritte Schwabenboot, die SANTA LUCIA, wandern. Aus. Vorbei. „Für mich ist es auch ein Zeichen von Freiheit, diese Reise jederzeit abbrechen zu können", meint Roland.

Unsere Wege werden sich also trennen. Hätten wir damals schon gewußt, was wir später auf unserer weiteren Reise erfahren werden, dann hätten wir die JONAS notfalls sogar in Schlepp genommen. Aber wir sind selbst unsicher geworden. Die letzten gemeinsamen Wochen standen unter einem schlechten Stern. Mit Aufslippen des Bootes, Reparaturen und sonstigen Optimierungsarbeiten plätscherte die Zeit dahin. Es fehlten die Glanzlichter. Erst im Sternenmeer des Pazifiks werden wir endgültig unseren Restvorrat an Frust über Bord werfen können. Wenn sich auch unser Traum von grenzenloser Muße nicht mit dem Fahrtensegeln vereinbaren läßt, dort erkennen wir doch, daß die Reise selbst ein einzigartiges Geschenk ist. Das Segeln auf den weiten Ozeanen überrascht uns mit großartigen Impressionen und ist nicht zu vergleichen mit dem angespannten Küstensegeln.

Letztlich ist es tröstlich zu wissen, daß im Grunde alle Fahrtensegler mit den gleichen Crewproblemen kämpfen, die einen erfolgreich, die anderen vergeblich. Im herrlichen Fiji werden wir später ein unglückliches Lehrerpaar treffen, das offenbar mehr Talent für Naturwissenschaften und Mathematik besaß als für Lebenskunst und Genußfähigkeit.

„Der Pazifik hat uns doch sehr enttäuscht", begann das Klagelied. „Immer nur Städte und Behördenkram. Wir sind ständig am Ein- und Ausklarieren."

„Ja, um Himmels willen, wo wart ihr denn die ganze Zeit?" erkundigten wir uns.

Es stellte sich heraus, daß die beiden einen „Gewaltmarsch" gemacht und außer einer Handvoll Hafenstädte nichts gesehen hatten. „Wenn man so schön gewohnt hat wie wir, dann träumt man doch immer nur vom Häuschen daheim. Wir wären ja längst schon zurück, aber wir haben es vermietet", klagten die sympathischen Trauerklößchen.

Wir trafen sie dann noch einmal in Neuseeland. Auch hier hatten sie vergeblich auf eine „Erleuchtung" gewartet. Denn statt in Ruhe den wunderbaren Teil der Fiji-Inseln auf sich wirken zu lassen, hatten sie die Hauptstadt Suva fluchtartig verlassen und waren viel zu früh nach Neuseeland gelangt. Dort herrschte noch der Südwinter. „Auf Dauer ist es doch sehr langweilig hier", bekamen wir zu hören. „Was soll man auch die ganze Zeit machen? Und dann der lange Winter... Tja, wenn man ein Häuschen in Norddeutschland hat..."

Manchmal ist eben der „Schiffsbohrwurm" drin, und der hinterläßt seine zersetzenden Spuren in Alu, Stahl, Beton und Glasfiber ebenso wie in traditionellem Holz. Ja, gibt es sie denn nicht mehr, die bunt schillernde, werbewirksame Segelromantik? Ist denn nicht erstrebenswert, was da von Plakaten und Anzeigen winkt: ewiger Urlaub, strahlend weiße Segel, stolz gebläht vor dunkelblauem Sommerhimmel, braungebrannte Schönheiten lässig auf dem makellosen Deck drapiert, eine starke, männliche Rechte am blitzenden Steuerrad, den Longdrink in der Linken, ewiges Lächeln, gelassene Überlegenheit... Ach, den Langzeitseglern entlocken diese Klischees nur ein müdes Lächeln.

Beim Geldwechseln begegne ich einer Bordfrau. „Hallo, wie geht's?" grüßt sie.

„Och, ganz gut", sage ich automatisch.

„Und? Auch auf Weltumsegelung?"

„Ja, du auch?"

„Nicht mehr. Bin gerade ausgestiegen. Diesen Streß, den mein Freund mir ständig aufgeladen hat, halte ich nicht mehr aus. Ewig diese Hektik bei den Manövern und das Gebrüll! Und dann die Gehirnwäsche: Du kannst nicht segeln, du kannst nicht steuern, du kannst dies nicht, du kannst das nicht, du bist zu allem zu dumm, du bist ein Nichts. Kein Chef hätte mir das früher zugemutet. Ist es nicht schlimm, an Bord so total dem Skipper ausgeliefert zu sein?" bricht es aus ihr heraus.

Immer das gleiche Klagelied. Es erinnert mich an Jo, die amerikanische Journalistin, die ihren Frust in einem Buch mit dem Titel *Can the Skipper be my Lover?* zu Papier bringen wollte. Damals stöhnte sie: „Fred weiß einfach nicht, wann seine Autorität als Skipper enden muß. Er meint, mir überall und immer Vorschriften machen zu müssen: beim Kochen und Segelsetzen genau wie im Bett!" Ich bin sicher, daß Fred wieder unter die Einhandsegler gehen mußte.

Die Bordfrau neben mir am Schalter ist verzweifelt. „Auf einem Boot gibt es keine Tür, die man zuknallen kann, kein Eckchen zum Verkriechen. Es gibt kein Straßengewühl, in das man sich zur Ablenkung stürzen könnte. Man kann nicht einfach fortlaufen, wenn das Spielchen wieder losgeht. Und als Frau zieht man dabei immer den kürzeren, zwangsläufig. Ehrlich, ich begreife nicht, wie es Spaß machen kann, der Lebensgefährtin alle Menschenwürde zu nehmen und sie so zu entmündigen."

Womit kann ich sie trösten? „Dir geht es nicht allein so. Männer sind teuflisch ungeduldig, an Land und auf See. Und an Bord hat man als Frau besonders schlechte Karten." – „Aber dabei haben wir auf unserer Reise genau das Gegenteil gesucht: Ruhe, Frieden, Zeit, Freude... Oh, diese Perfektionisten! Schimpfen über die große Politik, dabei haben sie noch ihr Steinzeitmäntelchen an und müßten erst mal bei sich selbst mit den Reformen anfangen. Jede kleine Unsicherheit läßt ihren Macho-Thron wanken und wird unter Aggression versteckt. Wenn sie dann jemanden haben, auf dem sie herumhacken können, fühlen sie sich gleich wieder stark."

„Exakt! Vielleicht sind unsere Männer tatsächlich immer noch jene uralten aggressiven Jäger, heimatlos, emotional verkümmert, grob, angespannt und überreizt. Schließlich ist biologisch erwiesen, daß Männer Streßsituationen nur mäßig gewachsen sind."

„Und wir erhabenen Geschöpfe liefern uns ihnen auch noch freiwillig ans Messer!"

Wir müssen lachen. Reden tut gut.

„Ja, ja, stimmt ja alles", gibt Peter betroffen zu, als auch die Meuterei auf der SARSAS offenkundig wird. Aber was wegen persönlicher Befangenheit unter vier Augen oft nicht glückt, gelingt uns in freundschaftlicher Gesprächsrunde auf der PELIKAN: Selbsterkenntnis, Selbstkritik, ruhige Argumentation, Zuhörenkönnen, Aussöhnung.

„Wir Männer sind es von klein auf so gewöhnt: bloß keine Gefühle zeigen, bloß nicht weinen. Und im Berufsleben setzt sich das Ellenbogenspiel dann fort: immer oben bleiben, um jeden Preis. Ihr Frauen habt uns einiges voraus. Und da wollt ihr ausgerechnet wie die Männer werden!" - „Wir wollen nur nicht untergebuttert werden", wende ich ein. „Wir brauchen in unserem Lebensgefährten keinen Ersatzvater, der über uns richtet, uns antreibt, unsere Zeit verplant, uns bevormundet. Versuch' doch, deine Rollen ein wenig zu sortieren: Kapitän, Werbefachmann, Ehemann und Vater. Jedenfalls möchte ich mich nicht zum schwarzen Schaf machen lassen."

„Das will ich doch gar nicht. Ich verstehe auch, daß es besonders die Bordfrau nicht leicht hat. Darüber machen sich Männer viel zu wenig Gedanken. Aber die Probleme sind an Land nicht anders, glaub' mir. Nur kann man sich da besser aus dem Weg gehen."

„Wie tröstlich!"

„Denk' doch nur daran, wie selten sich manche berufstätige Landpaare sehen. Aber unsere Zeit zählt doppelt. Wir sind nämlich rund um die Uhr zusammen und haben uns trotzdem noch lieb. Oder?"

Ich überlege, wer da zu mir spricht: der zärtliche Ehemann, der passionierte Segler oder der routinierte Werbefachmann. Schließlich sage ich zu allen dreien: „Na klar, und wenn wir zehn Jahre verheiratet sind, dann können wir – sparsam wie du bist – gleich unsere Goldene Hochzeit feiern! Vorausgesetzt, unsere Reise gelingt."

„Dann fahren wir also gemeinsam weiter?" fragt Peter lausbübisch, als hätte es all den Kummer nie gegeben. Dabei hatte ich schon meinen Seesack gepackt, für mich und die Kinder und ihre Kuscheltiere.

„Ja, das tun wir", antworte ich, mich geschlagen gebend. „Ich glaube, Bär und Löwe fühlen sich an Bord doch wohler. Aber vergiß nicht: Eine Weltumsegelung ist kein kurzer Jahrestörn. Sie ist ein Stück Leben, das für *jeden* an Bord schön werden soll!"

Mit vielen guten Vorsätzen und einem „Orgienpaket" von der PELIKAN ausgestattet, lichten wir den Anker und segeln an der Kette der Windward Islands entlang gen Süden. Die Kinder haben prächtige Laune: Endlich geht die Reise weiter! Von der Meuterei haben sie keine Notiz genommen. Was ist schon Besonderes daran? Zanken und sich danach vorbehaltlos wieder vertragen, das gehört zum Kinderleben wie Essen und Trinken.

Sozusagen im Vorübergehen besuchen wir hoffnungslos überlaufene Traumbuchten auf St. Lucia, die malerische Kulisse der beiden Pitons – Wahrzeichen der Insel, mühsam auf die Gastflagge genäht – und das farbenprächtige Fischerdorf La Soufrière am Fuß der Vulkankegel. Am grellweißen Strand kuscheln sich viele Bretterhäuschen auf Pfählen zwischen die Kokospalmen; ihre Fenster und Türöffnungen sind mit leuchtend bunten Tüchern verhängt. Dazwischen trocknen Fischernetze in allen Blautönen und lustig flatternde, farbenprächtige Pareus auf der Leine. Am schmalen Sandstreifen liegen Fischerboote, deren mutige Regenbogenfarben eigentlich nur einem Kinderherzen entsprungen sein können. Inmitten dieser ausdrucksvollen Palette quirlen Menschen, groß und klein, in lebhaft gemusterte Blumentücher gewickelt.

Aus sicherer Entfernung machen wir ein paar Fotos und Farbskizzen. Die Leute in der Karibik sind empfindlich, wenn sie das Klicken von Kameras hören. Darin kommt ihr übertriebener Aberglaube zum Ausdruck, aber auch eine Absage an die Arroganz der weißen Herrenrasse. Manche bitten den Kameramann sogar aggressiv zur Kasse, was einem trotz aller Sympathie für die arme Bevölkerung das schönste Motiv verderben kann. Aber die Jagd nach dem knappen Geld nimmt auch andere Formen an:

„Gib mir deine Leine!"

„Nur zwanzig Dollars, und du kannst dein Boot an meiner Palme festmachen!"

„Hey, Madam, gib mir zehn Dollars, dann mache ich deine Leine fest!"

Plötzlich sind wir von Einheimischen umringt, und natürlich sind ihre Preise zu hoch. Aber die kostenlose Variante, das Ankern, können wir vergessen, denn das Dörfchen genießt laut Segelführer nicht den besten Ruf. Zwar reizt mich dieser erste Hauch tropischer Fremdartigkeit sehr, doch muß ich Peters nüchternes Argument akzeptieren: „In der Südsee wirst du noch Tausende dieser Motive antreffen. Und dort sind die Menschen anders."

Einen kleinen Vorgeschmack auf pazifische Lagunenparadiese erhalten wir in den Tobago Cays. Doch auch dieser Traum aus hellem Türkisgrün mit zauberhaften Unterwassergärten ist von Ankerliegern übersät. Etwas stiller wird es erst bei den nördlichen Inselchen von Grenada. Auf dem Pirateneiland Carriacou klarieren wir ein. Es soll ein Schmugglernest sein, erfahren wir später, und die „tapfere" Polizei von St.Georges, dem Hauptstädtchen der Mutterinsel, macht auf ihren Routinefahrten stets einen großen Bogen darum. Sie hat dort schon manche Prügel bezogen und dreht lieber ab, wenn ein Boot von Carriacou gesichtet wird.

Wir ankern vor Sandy Island, einer Tropeninsel wie aus dem Bilderbuch: rauschende Palmen, von einem Kollier aus schneeweißem Sand und bizarren Korallen umringt, mit etwa zehn Schritten zu durchwandern und in fünf Minuten zu umrunden. Wir aber brauchen dazu einen Nachmittag. Immer wieder bücken wir uns, um eine Handvoll dieses wundervollen Sandes zwischen den Fingern durchrinnen zu lassen. Das ist der Schnee der Tropen.

Die Kinder beginnen, erste Schätze anzuhäufen: Muscheln, sonnengebleichte Korallen, Palmwedel, Flaschen, alte Gummilatschen und Korken. „Dürfen wir das alles mit auf die Sarsas nehmen?" – „Damit sich der Müll in euren Kojen noch vermehrt?" kontert der Kapitän, doch der laute Protest seiner drei Frauen ist ihm daraufhin sicher. „Ruhe! Ich ergebe mich! Aber die Sarsas ist kein Haus, okay? Und Flaschen, Schlappen und sonstiger Unrat sind doch wirklich keine Rarität."

„Aber wir könnten doch so schön damit basteln!" wird weitergebohrt. „Klar! Dann fangt mal gleich damit an. Ich gehe solange mit der Mama spazieren."

„Wohin denn? Bleibt ihr lange weg?" Schon keimt leise Unsicherheit auf, und wir müssen herzlich lachen.

„Wohin sollten wir denn hier schon gehen? Weglaufen können wir nicht. Und ihr könnt uns immer sehen." Da kommen sie doch lieber mit und verzichten auf ihren Müll.

Strandkrabben huschen im Zickzack über den glattgebügelten Sand und peilen uns mit ihren langen Stielaugen hypnotisch an. „Guck mal, die laufen auf Zehenspitzen!" ruft Sarah und flitzt wie eine Balletteuse hinterher. Schwupp, ist die aufgeschreckte Krabbe in einem Loch verschwunden. „Sollen wir sie ausbuddeln, Mama?"

„Das würde ich lieber bleibenlassen, die kann nämlich ganz schön zwicken. Und außerdem hat sie doch Angst."

„Jetzt weiß ich auch, woher die vielen Punkte und Rillen hier kommen", stellt Saskia fest. „Die macht die Krabbe. Guck da, überall am Loch! Wie von einem Laster!"

Nun folgen Spurenspiele: Wer hat die größten Füße? Wer kann gleichzeitig vorwärts und rückwärts laufen? Wer hat links den rechten und rechts den linken Fuß? Wer hat ein Holzbein? Wer hat links nur Zehen und rechts nur eine Ferse? Und wer kann fliegen? „Ich kann's!" rufe ich gutgelaunt. „Aber ihr müßt die Augen eine Weile ganz fest zumachen. Dann geht immer meiner Spur hinterher."

Nach ein paar Schritten werfe ich mich meinem braungebrannten Göttergatten an den Hals und lasse mich ein Stück tragen. „Das gilt nicht! Das ist gemein!" tönt es von hinten.

Als alter Indianerfan muß ich nun erzählen, wie perfekt Winnetous Blutsbruder Old Shatterhand Spuren lesen konnte. „Winnetou wollte ihn einmal auf die Probe stellen. Er sollte Nscho-Nschi suchen. Aber Winnetou hat seine Schwester ein Stück weit getragen. Und stellt euch vor..."

„...Winnetous Fußspuren waren plötzlich viel tiefer. Und das hat Old Shatterhand gemerkt", klaut Peter mir die Pointe.

„Oh, du alter Spielverderber! Na warte, ich fange dich!"

Auf geht's, ins Wasser.


Am „Orgienpaket" baumeln an einem bunten Band viele geheimnisvolle Geschenke mit Zettelchen: Erst öffnen im Golf von Panama... Nach den ersten tausend Seemeilen im Pazifik... Bei Ankunft auf den Marquesas... Wenn der Fischfang mal nicht klappt... Bei Windstärke neun... Für schöne Stunden zu zweit... und: Nach dem Einklarieren in Grenada.

In Grenada sind wir noch nicht, aber wir haben einklariert. Also fühlen wir uns berechtigt, das erste Geschenk zu öffnen: das köstlichste aller köstlichen roten Tröpfchen von Martinique kommt zum Vorschein. Damit feiern wir unsere Versöhnung und stoßen auf unsere Freunde an.

Auf halber Strecke zwischen Carriacou und Ronde Island fangen wir einen prächtigen Thun, den wir abends am Strand grillen. Die Bucht ist herrlich ruhig. Wir genießen es, wieder ganz unter uns zu sein. Am nächsten Tag kämpfen wir uns mit der Machete durch das dornige Gestrüpp der Insel zur Brandung an der Ostküste. Wie „Hänschen im Blaubeerwald" krebsen wir durch das grüne Labyrinth und müssen aufpassen, daß wir einander nicht verlieren. Sarah legt Pfeile auf den Pfad, und Saskia piekst Orangenschalen an Dornen: „Damit wir wieder zurückfinden!"

Unser anschließendes Picknick besteht aus Kokosnüssen, die wir unterwegs gefunden haben. Gierig trinken die Kinder die glasige Milch der grünen Früchte. Aber Peter hat schon zu lange kein Meer mehr gesehen und drängt weiter. Tatsächlich ist es mörderisch heiß, sobald uns kein Wasser mehr umgibt. Witschwutsch! schlägt das Buschmesser unseres starken Begleiters den Weg zur Bucht frei.

Am Strand sammeln wir riesige trockene Blätter, auf die Sarah und Saskia später mit Lackstiften malen. „Wir brauchen überhaupt kein Papier mehr", freuen sie sich. „Jetzt sind wir richtige Urmenschen!"

„Na ja, von den Stiften einmal abgesehen", wende ich ein.

„Mit was haben denn die Urmenschen gemalt?"

„Mit Blut, Kohlestückchen, Erde und Kreide", erkläre ich. So macht Frühgeschichte Spaß.

„Das wollen wir auch! Drüben am anderen Strand bei der SARSAS liegen ganz viele Kohlestückchen. Aber mit Blut? Iiii!" sagt Sarah und betrachtet die feinen Risse an ihrer Wade. „Das brennt so!"

„Der Rückweg wird leichter", tröstet der Papa. „Dann könnt ihr auch mithelfen. Hier habt ihr ein paar Macheten!" Er drückt lange Riesenschoten in die kleinen Hände, die begeistert zugreifen.

„Siebzehn Mann auf des toten Mannes Kiste, ho-ho, ho-ho, und 'ne Buddel voll Rum!" Mit Gesang geht's flott zurück.

Wie ein beeindruckender Naturfilm zieht am nächsten Tag die

Kulisse Grenadas, der Gewürzinsel, an uns vorbei: üppiger Regenwald in allen Grüntönen, dazu leuchtende Farbtupfer der orangeroten Feuerbäume und hellblau verhangene Berge. Hier und da ducken sich dazwischen vereinzelte Pfahlhäuschen oder Dörfer, märchenhaft umrankt von tropischen Blüten und bunt bemalt.

Auf dem Markt in St. Georges, in den Straßen und an der Touristenpier werden die duftenden Kostbarkeiten angeboten, die überall auf der Insel wachsen. Am berühmtesten ist die Muskatnuß, das Wahrzeichen von Grenada. Immerhin ist die kleine Karibikinsel der Welt zweitgrößter Muskatproduzent, daher auch die Darstellung einer Muskatnuß auf der Nationalflagge. Doch beim Einklarieren deutet der Offizier stirnrunzelnd auf unsere selbstgenähte Gastflagge. Irgend etwas daran scheint nicht zu stimmen. Aber was? Roter Grund, oben und unten je drei gelbe Sterne, dazwischen ein großes Rechteck aus zwei gelben und grünen Dreiecken, in der Mitte noch ein gelber Stern auf rotem Kreis und links dann die Muskatnuß. O ja, pardon! Die winzige braune Nuß, die aus der gelben, aufplatzenden Schale hervorblinzelt, steht verkehrt herum. Die Öffnung muß nach unten zeigen. Wir drehen die Fahne um, und der Beamte ist glücklich.

Beim Yachtklub von Grenada liegt ein Zoll- und Patrouillenboot, aber es ist eher ein Wrack als funktionstüchtig. „Das ist auch so eine lustige Geschichte", hören wir später (offenbar gibt es davon eine ganze Menge). „Nachdem endlich das Kunststück geglückt war, dieses Boot hier fertigzustellen, ist es bei der feierlichen Einweihung gesunken. Noch während der Ehrengast seine gewichtige Rede vortrug, tauchte der Täufling hinter seinem Rücken tiefer und tiefer ein und ward schließlich nicht mehr gesehen. Man hatte vergessen, den Boden fest anzuschweißen!"

Grenada wurde zwar von Kolumbus für Spanien entdeckt, gehörte aber später dem Britischen Commonwealth an. Die Besuche der Queen sorgten immer für große Nervosität, und meist ging dabei etwas schief. So herrschte einmal schreckliche Peinlichkeit, als das einzige offizielle Schiff Grenadas keine Flaggenparade zeigen konnte. Man fand die Fähnchen nicht. Diese befanden sich in der Wäscherei, aber der einzige Mann mit Schlüssel hatte Urlaub.

„Sie sind wie Kinder", stöhnt der deutsche Ingenieur, der über unserem defekten Anlasser brütet. „Wie Kinder, die erwachsen spielen wollen und hoffnungslos überfordert sind." Sein Knowhow wird an allen Ecken und Enden benötigt, er ist ein gefragter Mann. „Gut, daß ihr den Anlasser hier nicht in eine Werkstatt gebracht habt", sagt er. „Die beteuern zwar immer, daß sie das Ding problemlos in Ordnung bringen können, aber dann gehen sie mit dem Hammer ran, und ihr könnt euer Teil hinterher todsicher wegwerfen."

Trotzdem: Grenada hat ein faszinierendes Flair. Drahtig, federnd, elastisch schweben die dunkelhäutigen, schlanken Männer wie Panther über die Straßen, den Kopf meist stolz erhoben. Übergewichtige Mammies schieben sich plattfüßig und gemächlich durch die Stadt. Auf dem Markt thronen sie wie allmächtige Königinnen unter bunten Sonnenschirmen hinter ihren Bananenstauden, Süßkartoffelbergen, Papayas und sonstigen Tropenfrüchten. Auf Schritt und Tritt werden wir freundlich begrüßt.

Irgendwo regelt ein „Bobby" in blitzender Uniform den Verkehr, gewichtig in erhöhtem Häuschen, als wäre sein Standort der Trafalgar Square in London. Doch abgesehen vom chaotischen Kleinbus-Terminal am Markt geht alles ganz gemütlich zu. Steelbandklänge, buntbemalte Holzbusse mit ohrenbetäubender Diskomusik, Woodoo-Zauber, selbstbewußte Rastas mit gigantischen Zöpfchenmähnen und überdimensionierten Häkelmützen, bettelnde Kinder, kleine Frachtensegler, chaotische Tante-Emma-Läden und rosa-schwammige Kreuzfahrtpassagiere mischen sich in das Bild. Die Frage unserer Kinder, wie denn der Osterhase in Grenada aussieht, können wir allerdings nicht beantworten. Jedenfalls versteckt er für sie buntbemalte Eier, Bonbons, Erdnüsse und Farbstifte überall an Deck: zwischen den Falten des Großsegels, in den Lüftern, hinter den Pollern, auf der Scheuerleiste, in der Pütz, an den Wanten...

Mit dem Ausklarierungsritual inzwischen bestens vertraut, begeben wir uns eines Tages endlich ins Office. An einem Freitag mittag wohlweislich, denn am Wochenende würde es Aufschlag kosten.

„Wann laufen Sie aus?"

„Morgen früh." Gemächlich füllt der Beamte Blatt um Blatt aus. Die Ruhe zu bewahren, haben wir längst gelernt. „Macht zehn Dollar", sagt er schließlich. Also doch Wochenendzuschlag?

„Wieso? Heute ist erst Freitag!" reklamieren wir.

„Aber ihr fahrt morgen, und dann ist overtime."

„Wenn das so ist, dann legen wir eben heute schon ab. Bis zum Abend können wir es schaffen."

Nun flippt der coole Beamte aus, knüllt den Papierberg zusammen und ist nicht bereit, uns weiter zu bedienen. Sein Hilfsofficer muß ran. Wir erklären ihm die Lage, denn zehn Dollar sind für uns Lebensmittel für fast zwei Tage. „Also ihr fahrt noch heute abend?" Wieder werden stapelweise Formulare ausgefüllt, gestempelt, unterzeichnet. Dann: „Zehn Dollar, please!"

Haben wir richtig gehört?

„Yes! Heute abend ist auch overtime!"

Nun geht Peter an die Decke. Aber der junge Mann auf der anderen Seite des Tisches bleibt tropisch gelassen: „Nein, ihr seid blöd, nicht ich. Warum sagt ihr nicht, daß ihr jetzt gleich fahrt, auch wenn ihr erst morgen geht? Ich muß schließlich aufschreiben, was mir gesagt wird."

Okay, all right! Die Lektion sitzt. Noch einmal das gleiche von vorn. Aber wir sind uns einig: Wenn wir ein zweites Mal um die Welt segeln, dann steuern wir gleich Grenada an. Das vielbesungene „Island in the Sun" hat uns bezaubert.

*Oh, wie schön ist Panama,* heißt eines der Lieblingsbücher unserer Mädchen. Darin wird erzählt, wie sich die dicken Freunde Tiger und Bär gemeinsam auf die Suche nach dem wunderbaren Land Panama aufmachen, wo es so herrlich nach Bananen riecht. Auch wir fiebern diesem Nadelöhr zum Pazifik entgegen. Aber Bär und Tiger erleben unterwegs so vieles, daß sie Panama nie erreichen, und uns wäre es beinahe ebenso ergangen. Wir wollen an der Inselkette nördlich von Venezuela entlangsegeln. Dort liegt auch das Inselchen Tortuga, dessen Name an unseren Gomera-Freund Werner mit seinem Katamaran gleichen Namens erinnert. Wo er wohl steckt? Bald erreicht uns ein Brief: Werner ist bei den Kapverden gestrandet. Hat die Hafenlichter mit der Taschenlampe eines Anglers verwechselt. Aus und vorbei ist es mit der TORTUGA. Doch schon baut er an der zweiten „Schildkröte", mit der er ungebrochenen Mutes in ein paar Jahren wieder in See stechen will.

Am nächsten Tag erreichen wir die Isla Margerita, wo wir uns für die kommenden Monate mit Lebensmitteln eindecken wollen. Beim Schaufensterbummel offenbart sich uns ein Schlaraffenland, so spottbillig ist alles. Endlich können wir wieder einmal fürstlich schlemmen gehen, ohne auf den Pfennig – oder den Bolivar – achten zu müssen. Sarah und Saskia tut bald der Bauch weh: Soviel Eiscreme und Cola hat es noch nie gegeben. Eine Inselrundfahrt allerdings enthüllt wenig Reizvolles, Margerita ist eben nur ein Einkaufsparadies. Dies muß uns auch für die haarsträubendsten Ein- und Ausklarierungsformalitäten unserer ganzen Reise entschädigen.

Zum Dieselbunkern verholen wir uns in eine stille, abgelegene Mangrovenbucht. Nie hätten wir ausgerechnet an diesem versteckten Fleckchen eine Zapfstelle vermutet, gab es doch in den beiden Städten Margeritas nicht eine einzige Tankstelle, die man mit dem Schiff anlaufen konnte. Für umgerechnet nur acht Pfennig pro Liter bunkern wir bei den Fischern, bis wir zum Platzen voll sind. Nur zu gut können wir uns vorstellen, was man uns dort erzählt: daß eine Aussteigerfamilie der Versuchung erlag und ihre Yacht zu einem Schmuggelkahn umfunktionierte, den Innenausbau durch Dieselfässer ersetzte und den Pendelbetrieb zwischen Venezuela und den teuren Antillen aufnahm. Daß die beiden pubertierenden Söhne vor lauter Geschäftigkeit Analphabeten blieben, störte sie wenig.

Hunderte von braunen Pelikanen umkreisen uns mit weiser Miene, knallen dann tölpelhaft im Sturzflug aufs Wasser, wobei ihr großer Körper buchstäblich steckenzubleiben scheint, tauchen aber durchaus erfolgreich und schmeißen sich den quer im Schnabel liegenden Fisch gekonnt in die dehnbare Halstasche. Kopf nach oben, Hals gestreckt, und schon zappelt das Mittagessen die Gurgel hinunter in den unersättlichen Magen. Sarah, die hier ihren sechsten Geburtstag feiert, kann sich an diesen lustigen Gästen gar nicht satt sehen. Mit dem Dingi machen wir eine Spazierfahrt in die mangrovengesäumte Lagune zu den „Pelis". Wie gespenstische Fangarme greifen die Luftwurzeln ins undurchdringliche Wasser und auch nach uns, als wir in den Gruselwald hineinrudern. Wir fühlen uns im sumpfigen Labyrinth wie gefangen und sind froh, als das Geburtstagskind doch lieber zurück zur SARSAS möchte. Das war ein verdammt unangenehmes Gefühl im Rücken.

Der Ernst des Lebens beginnt, wenn man sechs Lenze alt und somit schulpflichtig wird. Was bei unserem Aufbruch noch in weiter Ferne lag, prägt von nun an die Vormittage auf der SARSAS: Unterricht. Gern hätten wir nur *eine* Klasse eingerichtet, doch Saskia mit ihren noch nicht fünf Jahren wäre davon hoffnungslos überfordert. Sarah jedoch interessiert sich schon sehr für das Geheimnis von Zahlen und Buchstaben und ist nicht mehr zu bremsen. Wir haben Lehrpläne und Schulbücher an Bord, merken aber bald, daß dieses Material nur als Gerüst dienen kann und situationsbezogen abgewandelt werden muß. Während wir auf der Barfußroute in der Tropensonne schwelgen, ist da nämlich immer wieder von Schneemännern, Eis und Glätte die Rede. Von Frühling, Sommer, Herbst und Winter, viele Seiten lang. Von Eiche, Buche, Flieder und Tulpe, während unsere neue Heimat nur Kokospalmen, Hibiskus, Feuerbäume und Pandanus kennt. Da wird mit Mark und Pfennig gerechnet, während wir abwechselnd mit Peseta, Dollar, Bolivar und sonstigen Währungen jonglieren. Statt Amsel, Drossel, Fink und Star erleben wir Kolibris, Fregattvögel, Pelikane und Kakadus. Wir sehen andere Sterne, und der Pazifik ist uns bald vertrauter als der Neckar. Was Pkw, Lkw, ein Tachometer oder die Entfernung zum Bodensee bedeuten, bleibt unklar, nicht aber Slup, Ketsch, Log und Knoten. Und die Kinder wissen: Nach Panama ist's etwa eine Woche.

So schöne Inseln wie die Los Roques links liegen zu lassen, wäre eine Sünde – obwohl wir schon spät dran sind. Die gebraucht gekaufte Genua aus Martinique wird die SARSAS danach die verlorene Zeit aufholen lassen, trösten wir uns. Auf den Punkt genau treffen wir den südöstlichen Paß zum Atoll, der sich plötzlich wie eine Geheimtür in der Riffbrandung öffnet. Vom Ausguck auf der Saling dirigiert uns Peter durch die sprudelnde Einfahrt und an Korallenköpfen vorbei zum Ankerplatz. Hier ist das türkisfarbene Wasser still wie ein Enten-, pardon, wie ein Pelikanteich. In der intensiven Mittagssonne strahlt es so stark, daß die Möwen hellgrüne Bäuche haben und ihre Schwingen wie Smaragde vor dem tiefblauen Himmel schimmern. Peter sieht sogar grüne Wolken. Riesenschwärme von Fregattvögeln stürzen wie auf ein Signal hin in geschlossener Formation kreischend ins Wasser, das im nächsten Augenblick zu brodeln scheint. Oder sie schießen auf Möwen herab und jagen ihnen in meisterhaftem Flug die Beute ab.

Wir schnorcheln am Riff. Millionenschwärme kleiner Fische ziehen wie Wolken an den Korallengärten entlang. Zufällig entdecken wir einen Riß im Ruderblatt der Selbststeueranlage. Auf der größten Insel gibt es zwar ein Dorf und einen kleinen Flugplatz, doch auf Glasfasermatten oder gar eine Aluschweißmöglichkeit zu hoffen, hieße hier nach den Sternen greifen. Ein Einheimischer hilft uns mit einer Metallmanschette.

Irgendwann ankert eine Yacht neben uns, deutsch, dunkelblau, Stahl wie wir. Die beiden Insassen sind an Land und benehmen sich höchst merkwürdig: stieren in die Bäume, unter Blätter, rütteln an Ästen, spannen Tücher, stopfen etwas in Tüten – wie Max und Moritz beim Maikäfersammeln! Damit liegen wir gar nicht so verkehrt, denn in der Tat fangen die beiden Krabbeltiere aller Art, schicken sie an eine Uni in Deutschland und verdienen sich für ihre Weltreise damit ein Taschengeld von zehn Mark pro Tag und Person. Sie wollen auch nach Panama. Wie wir. Und sie haben Angst vor den kolumbianischen Piraten. Wie wir. Was liegt da näher, als sich zusammenzutun und mit vereinten Kräften die Gefahrenzone zu durchschippern?

Schnell nähe ich noch die Gastflagge der Niederländischen An tillen, denn die defekte Selbststeueranlage zwingt uns zu einem Stopp in Curaçao, dem „Holland in den Tropen". Nicht auszudenken, wenn sie versagte, sie ist unser wichtigster Mann an Bord. Wir fahren zum Flugplatz der Insel, und dort kann Peter das Ruderblatt zum Glück selbst schweißen. Die beiden Männer vom Fach sind abwesend, aber mit unseren verzweifelten Blicken erreichen wir es, daß man uns schließlich alle Geräte benutzen läßt.

Der „schwimmende Markt" in Willemstad lockt mit herrlichem Obst und Gemüse, doch angesichts der hohen Preise schrumpft unser Frischfuttereinkauf auf eine Tüte Tomaten und einen Salatkopf zusammen. Öltanks, vorbeibrausende Großschiffe und Lotsenboote machen unseren Liegeplatz an der Pier zu einem Folterbett: Die endlosen Schwellketten werden von der Ufermauer gischtend zurückgeworfen, knallen in ihren Hohlräumen wie Maschinengewehrfeuer, schaufeln sich durch unsere Bullaugen, lassen die SARSAS wütend stampfen, halten uns wach. Genug davon – auf nach Panama!

Unter Klüver und Groß umsegeln wir bei mäßigem Nordost mit Kurs 320 Grad Aruba, dann das Kap Gallinas an der Grenze zu Kolumbien und erarbeiten uns schließlich einen Sicherheitsabstand von hundert Seemeilen zur Küste. Wegen des starken Schiffsverkehrs gehen wir Zwei-Stunden-Wachen. Am nächsten Tag können wir endlich Kurs ändern und Passatsegel setzen. Zunächst laufen wir West, später folgen wir in weichem Bogen und mit Rauschefahrt dem Küstenverlauf zum Panamakanal. Der Seegang nimmt schnell Atlantikformat an.

Nachts fahren wir aus Angst vor Piraten ausnahmsweise ohne Licht, nur wenn Großschiffe auftauchen, schalten wir die Topplaterne an. Max und Moritz, die deutschen Insektensammler, segeln hinter uns, mal dichter dran, mal seitlich versetzt, mal sogar außer Sichtweite; durch Lichtzeichen finden wir uns wieder. Die karibische See war schon immer ein Tummelplatz kühner Piraten. Gingen einst so vornehme Nationen wie England offiziell auf Kaperfahrt, um wenigstens auf diese Weise an dem begehrten Gold- und Silberaufkommen Südamerikas und Mexikos teilhaben zu können, so versuchen heute Rauschgiftschmuggler und zwielichtige Geschäftemacher ihr Glück als Seeräuber. Dabei haben sie es auf Yachten abgesehen. Sie werfen die Crew über Bord und benutzen das Boot als Einwegflasche für den Transport ihrer lukrativen Fracht in die Staaten.

Doch mehr als Drogenhändler und Piraten fürchten wir zunehmend die Kollision mit einem der großen Pötte. Unentwegt gehen wir Wache, versuchen mit unseren Begleitern in Linie zu bleiben. Über Funk melden wir jedes nahende Schiff: „Macht euer Licht an, da kommt wieder einer!" Die beiden Insektensammler haben die Ruhe weg: „Danke für die Durchsage, aber auf unseren Wachen schlafen wir einfach am besten." Noch schmunzeln wir über solche Sprüche, doch allmählich macht uns die Aufpasserei nervös. Zu allem Überfluß bekommen wir noch eine Abfuhr von der Brücke eines Frachters: „Was soll der Quatsch? Ich habe euch seit sieben Seemeilen genau im Radar, sehe euer Licht und ändere den Kurs. Dann gibt es plötzlich noch ein Signal, klar voraus, nicht ganz eindeutig. Vielleicht Wellenreflexe, denke ich, denn ich sehe ja kein Licht. Aber dann geht dort 'ne Funzel an! Im letzten Augenblick können wir nochmals Kurs ändern. Verdammt noch mal, wenn ihr schon Konvoi fahrt, dann bitte in Linie. Und schaltet gefälligst eure Positionslichter rechtzeitig und vor allem gleichzeitig an!"

Langsam keimen bei uns Zweifel auf, ob eine Konvoifahrt wirklich erstrebenswert ist. Zuviel Arbeit, zuviel Streß, und ob im Ernstfall wirklich Hilfe zu erwarten wäre? Na ja, vielleicht bewirkt schon die pure Existenz zweier oder mehrerer Yachten eine gewisse Abschreckung. Im Roten Meer bewährt sich dies jedenfalls, haben wir gehört.

Schließlich fällt auch noch der Transmitter von Max und Moritz aus. Irgendwie machen wir uns trotzdem verständlich, vereinbaren, daß einmal blinken „Ja" und zweimal blinken „Nein" bedeutet. Als uns am fünften Tag nur noch etwa sechzig Seemeilen vom Kanal trennen, fühlen wir uns in Sicherheit. In dieser Nacht fahren wir wieder wie gewohnt unser Topplicht, weil es hier nun langsam wie auf einer Autobahn zugeht. Kein Grund mehr zum

Verstecken. Aber das Boot in unserem Kielwasser spart weiterhin Strom. Okay, muß jeder selbst wissen.

Um Mitternacht wird das Wetter plötzlich wechselhaft. Der Wind dreht zunehmend auf Nord, ist böig. Hohe, ruppige Seen beuteln uns. Lange können wir die Passatsegel nicht mehr stehenlassen. Sicherheitshalber funken wir dies nach achtern durch. Aha, verstanden! Wo stundenlang ein schwarzes Loch in der mondlosen Finsternis gähnte, erstrahlt nun eine Yacht. Etwa zwei Seemeilen an Steuerbord achteraus geht die Festbeleuchtung an, Segel werden gewechselt, Bäume geborgen. Da warten wir lieber, bis die Crew hinter uns mit der Arbeit fertig ist und sich wieder auf Fahrt und Kurs konzentrieren kann. Ihr Licht geht aus und hinterläßt abermals ein schwarzes Nichts. Nun beginnen *wir* mit dem aufwendigen Job: Decksbeleuchtung an, Steuerbord-Passatsegel runter, verstauen, Baum weg, Leinen aufschießen... Ich bin an der Pinne und Peter unter dem fallenden Backbordsegel, da sehe ich plötzlich an Steuerbord einen Schatten auftauchen.

„He, schau mal!" rufe ich Peter zu. „Bestimmt sind das Max und Moritz. Verdammt nah, meinst du nicht?"

„Schon möglich. Aber bei unserer Festbeleuchtung sehen die uns ja."

Wir machen keine Fahrt mehr. Der graue Schatten wird heller. Mein Instinkt sagt mir, daß da etwas nicht stimmt. Nochmals sende ich einen Alarmruf nach vorne. Peter rast zu mir ins Cockpit: „Himmel, du hast recht! Schnell die Maschine an!" Der helle Schatten entpuppt sich plötzlich als prall gefüllter Klüver, der einen messerscharfen Bug auf rasantem Halbwindkurs frontal auf unsere Steuerbordseite zuschießen läßt. Das sieht ungeheuerlich aus! Ich schreie aus Leibeskräften. Auch Peter brüllt. Ja, verdammt, hören die uns denn nicht? Wir kreischen, pfeifen – nichts.

In Sekundenbruchteilen schätzen wir die Gefahr ab: Der Eindringling kann im Seegang auf unser Deck gehoben werden, kann uns versenken, zumindest aber leck schlagen. Gott, die Kinder! Unsere Maschine springt an. Wenige Meter vor dem Aufprall können wir die SARSAS noch leicht nach Backbord wegdrehen, so daß uns nur die Breitseite, nicht aber der gischtende Bug der

92

schweren Stahlyacht trifft. Relingstützen knicken weg, die Farbe kriegt ein paar Schrammen ab – sonst nichts. Unsere Scheuerleiste hat den Stoß gut abgefangen.

Dann ein zweiter Aufprall. Die See schleudert die andere Yacht erneut gegen die SARSAS. Instinktiv werfen wir uns zu Boden, keinen Moment zu früh. Denn wie eine Sense saust ihr Großbaum über unser Cockpit, wandert nach achtern und reißt alles in seiner Reichweite mit sich. Unsere Windfahne fliegt krachend über Bord. Was von ihr übrigbleibt, ist total verbogen. Und man mag es glauben oder nicht: Erst jetzt erscheint drüben jemand im Niedergang. „Was ist denn los? Mensch, ich hab' euch überhaupt nicht gesehen!"

Verschlafene Bande! Die haben sich doch tatsächlich sofort nach ihrem Segelwechsel unter Deck verkrümelt. Und das trotz unseres geringen Abstands, trotz der Böen, trotz des unausgewogenen Kurses und obwohl sie wußten, daß wir beim Segelwechsel waren... „Wenn sie wenigstens die Positionslichter angelassen hätten", schimpfen wir. „Dann hätten wir sie beobachten können!"

Was hilft's? Der Schreck sitzt uns in den Knochen. Da waren also zwei einsame Yachten gemeinsam wohlbehalten an der berüchtigten kolumbianischen Küste entlanggesegelt und auch all den vielen Großschiffen unbeschadet entkommen, aber nur, um einander schließlich vor der Kanaleinfahrt beinahe den Garaus zu machen.

Der Ausgang der Havarie ist schnell erzählt. Wir steuerten von Hand bis Cristobal und warteten dort auf Ersatzteile und eine neue Windfahne für die Selbststeuerung, erfüllt von vier Gedanken:

– Gut, daß wir ein Stahlschiff haben.
– Gut, daß die Kinder so tief geschlafen und nur „schlecht geträumt" haben.
– Nie wieder Konvoi!
– Und bitte immer Licht.

*Tonganische Tänzerin (Sarah, sieben Jahre)*

# TEIL II:
# IM STERNENMEER
# DER
# GRÜNEN INSELN

# 4 Passatpoker im Pazifik

*Oh, wie schön ist Panama! – Keine Angst vor Dieben – Krokodile und Vampire – Freundliche Kanallotsen – Äquatortaufe: „Wir wollen nicht kielgeholt werden!" – Im Tierparadies Galapagos – 28 Tage bis Fatu Hiva*

Cristobal oder Colon oder Cristobal Colon (schon wieder Christoph Kolumbus!) empfängt uns dramatisch mit tiefschwarzen Wolkenballen. Ein stundenlanger Platzregen geht nieder und symbolisiert für uns das traurige Finale dieser Segeletappe und den Beginn der Regenzeit. Auf beides hätten wir verzichten können. Wochen vergehen, bis die neue Windfahne aus Deutschland eingeflogen wird und die Wetterverhältnisse eine Weiterfahrt zulassen. Vor dem Inselchen Taboga sitzen wir die Wartezeit ab.

Durchschnittlich 21 Regentage im Monat Mai, sagt das Seehandbuch. Schimmel beginnt bald an der Decke und im Kleiderschrank zu sprießen. Wir leben voll im Einklang mit der Natur: An Regentagen wird Wasser gesammelt, das beim kleinsten Hoffnungsschimmer auf Sonnenschein fix in die Bottiche wandert und uns mal wieder frische Wäsche beschert. An trockenen Tagen werden außerdem sämtliche Polster an Deck gesonnt, Kleider gelüftet, Schuhe entschimmelt. Ansonsten sind wir dem Waschküchenklima gemäß matt und tropisch gelassen. Arbeit kann hier nie zum Selbstzweck werden, jeder Handgriff erfordert eine lange Erholungspause. Allmählich können wir die Einheimischen verstehen, die friedlich und untätig vor ihren Hütten sitzen und geduldig warten, bis das Mittagessen vom Baum fällt. Zum Arbeiten im europäischen Sinn sind die Tropen wirklich nicht geeignet. Die Menschen hier scheinen ewige Muße zu haben, während

Tägliche Sonnenmessungen:
Wegweiser im Nichts.

Ein feuerroter Bewohner erstarrter
Lavamassen: Krabbe auf Galapagos.

Jeder neue Horizont lockt. Die
Passatsegel ziehen uns westwärts
den Panama.

12

13

14

**16**

Die Molas der Cuna-Indianer sind
in Fest fürs Auge.

uf den Galapagos, dem Archipel
er wundersamen Tiere.

opischer Regenwald lockt mit
erschwenderischer Schönheit.

or dem magischen Tor zur Südsee:
st vertäut in der letzten Schleuse
es Panamakanals erwarten wir den
azifik.

ie Schmetterlinge fliegen wir von
ner Trauminsel zur nächsten.

**17**

**18**

**19**

18 Am legendären Postfaß von Flor[i]
prangt nun auch ein Gruß der
SARSAS.

19 Immer wieder erheitern uns dies[e]
lustigen Gesellen, denn Pelikan[e]
lieben Beiboote.

uns Deutschen die Zeit durch die Finger rinnt und wir selbst nach einem rastlosen Programm das bedrückende Gefühl entwickeln, noch immer viel versäumt zu haben. Kann uns „ewige Muße" tatsächlich noch Erfüllung bringen? Irgendwie sind wir unzufrieden, wenn wir das Minimalergebnis unserer täglichen Aktivitäten begutachten.

„Mama, du siehst aus wie 'ne Blattschneiderameise!" ruft Sarah vergnügt.

Vor Schreck fällt mir fast die Matratze ins Wasser, die ich gerade kunstvoll über Kopf balanciere. Ist es mit mir denn schon so weit gekommen? Doch dann ruft mir Sarahs Bemerkung unseren großartigen Ausflug in den panamesischen Dschungel ins Gedächtnis, und ich muß nun auch lachen. Damals wurde uns der Weg plötzlich durch einen vibrierenden Ameisenstrom versperrt. Über ihren Köpfen transportierten Millionen der Krabbeltierchen Millionen gelber Blattstückchen. „Meinst du, sie nehmen die als Sonnenschirme?" fragten die Kinder. Achselzucken, bis das Lexikon die Antwort wußte: Blattschneiderameisen, die es nur in Mittel- und Südamerika gibt, legen in ihrem Bau aus säuberlich zertrennten Blattstückchen in zwei Meter Tiefe Pilzkulturen an, von denen sie sich ernähren.

„Panamas Dschungel hat's in sich", erzählten uns Einheimische bei diesem Ausflug. „Es gibt hier viele Giftschlangen, Pumas, Leoparden und Krokodile." Und tatsächlich sahen wir am Gatun-Staudamm die ersten Krokodile in freier Wildbahn. Tief unten, auf feuchtwarmen Steinplatten, aalten sie sich, und wie eine gigantische Rutschbahn führte die Staumauer hinab zu ihren Rachen: kein schönes Bild, wenn man neben zwei lebhaften Kleinkindern steht!

Die einst hügelige Landschaft im mittleren Teil des Kanals wurde beim Bau des Stausees überflutet, bis die Gipfel nur noch als kleine Inseln aus der weitverzweigten Wasserfläche ragten. Für nur einen Dollar im Monat kann man die Inselchen pachten, aber selbst diese geringe Investition bleibt den Reichen Panamas vorbehalten. Die Armen haben keinen Sinn für Grillpartys am Wochenende. Sie lungern in den trostlosen Gassen Cristobals herum und sind geschlagen von Dauerarbeitslosigkeit und Kriminalität.

Häufig werden Segler bei ihren Einkäufen in der Stadt überfallen, denn im Armenhaus Cristobal gelten Touristen als unermeßlich reich. So sparsam manche Crew auch haushalten muß, das wirtschaftliche Gefälle zu den Einheimischen ist dennoch riesengroß. Daß Touristen hier als Freiwild betrachtet werden, bekam ein Segler besonders schmerzlich zu spüren. Er wurde nicht nur um seine Geldbörse in der hinteren Hosentasche erleichtert, der Dieb trennte ihm mit kühnem Schnitt gleich die halbe Gesäßbacke mit ab.

Es ist nur Zufall, daß wir und unsere Kinder in einem reichen Land geboren sind, sagen wir uns, als wir unsere Körbe mit Lebensmitteln für die Kanaldurchfahrt füllen. Es ist ebenso nur Zufall, daß unsere Mädchen nicht wie die dreckigen, zerlumpten Lausbuben in den Straßen auf Beutezug gehen müssen. Wir fühlen uns unbehaglich in unserer wohlgenährten Haut. Und doch bemerken wir keinen Neid, keine Bösartigkeit. Die Armen Cristobals schauen den unbefangenen Mädchen und ihren Eltern mit warmen, freundlichen Blicken nach. Die Kinder umgeben uns mit einem unsichtbaren Schutzschild.

Ein paar Schleusenkammern geht es aufwärts, dann durch den idyllischen Gatunsee mit seinen zahlreichen Inselchen und anschließend wieder ein paar Schleusen bergab zur glitzernden Metropole Panama City am Pazifikstrand: Das ist der berühmt-berüchtigte Panamakanal. Ein Klacks im Vergleich zu dem, was wir bei der Kanalfahrt durch Süddeutschland und Frankreich an Schleusen bewältigen mußten. Zudem ist die Passage perfekt organisiert – wenn auch sehr bürokratisch –, und erschreckend sind allenfalls die faustgroßen Steine an den Tauenden, die den Yachties von den panamesischen Linehandlers auf den hohen Schleusenmauern zugeworfen werden. Jede Yacht muß mehrere Helfer engagieren, damit diese Festmacher an Bord schnell und zuverlässig bedient werden. Wir haben wenig Mühe, eine wunderbare Crew anzuheuern. Lotsen, die von manchen abenteuerlustigen Seglern gleich als „Überfallkommando" und „potentielle

Raubmördergang" bezeichnet wurden, begleiten uns als völlig seriöses und freundliches Team. Ein einziger herrlicher Tropentag, und wir sind vom Atlantik in den Pazifik gelangt.

Am späten Nachmittag nähert sich langsam das Ende unserer kurzweiligen Passage. Das Öffnen der gewaltigen Miraflores-Schleuse, unser Tor zur Südsee, erwarten wir mit großer Andacht. Dicht hinter uns schiebt sich ein riesiges schwarzes Ungeheuer in die Kammer. Die überhängenden Bordwände des Bigships wollen nicht zwischen die Mauern passen. Am Ende geht's mit Millimeterarbeit. Während des Schleusens starren die weiß umrandeten Ankerklüsen wie die Augen eines Monsters auf uns Winzlinge herunter.

Ein Phantasiemonster ist es aber nicht, was Klein-Sarah eines Morgens an ihrem Kojenfenster entdeckt. „Du hast nur schlecht geträumt", versuchen wir, noch halb im Schlaf, unser Töchterlein zu beruhigen, das von einem Vampir faselt.

„Doch, Mama, komm ganz schnell. Da hängt ein Vampir an meinem Fenster!"

Es muß wahr sein, denke ich, sonst klänge das Stimmchen anders. Tatsächlich hat sich ein südamerikanischer Blutsauger ans Moskitonetz geklammert und glotzt mit spitzen Zähnchen und Rüsselnase in die Kinderstube. Spätestens jetzt ist auch der Papa alarmiert und befreit die Familie von dem schaurigen Gast.

„Und wenn nun kein Moskitonetz dagewesen wäre?" will die Schwester wissen.

Unwillkürlich tasten meine Augen die zierlichen Hälse nach Bißwunden ab. Vampire sind in Panama eine Plage, machen sich nachts über Schafherden her und verbreiten Seuchen.

Meine an diesem Tag schon mächtig angeheizte Phantasie flackert in der Nacht nochmals heftig auf. Während ich mich, als alle schon friedlich schlummern, endlich dem Poststapel widme, höre ich plötzlich gegen Mitternacht dicht vor den Bullaugen ein lautes Schnaufen und Keuchen. „Ein Vampir! Oder ein Lustmörder!" schießt es mir durch den Kopf. Klar, was sonst?

Mit bleiernen Waden schleiche ich schwaches, hilfloses Weib

behutsam vor zu meinem Beschützer. Ach ja, gegen sinnvoll eingesetzte Urinstinkte ist doch nichts einzuwenden. Peter hört das Schnaufen auch. Gut so, wenigstens spinne ich nicht. Tatsächlich sitzt draußen, dicht vor dem Fenster, ein Mann auf unserem Dingi und ist gerade dabei, die Leine abzuknoten. Aber nach Lustmörder sieht er nicht aus, eher wirkt er hilflos und erschöpft. Seine Kleidung ist völlig durchnäßt, und sein Gestammel riecht nach zuviel Promille. Wir hören: Irgendwo draußen bei den Fischtrawlern ist nach einer Sauforgie sein Kanu gekentert. Er wollte an Land schwimmen und schaffte es nicht mehr. Aber nun springt er, noch ehe wir ihm unsere Fährdienste anbieten können, kopfüber ins schwarze Naß und verschwindet kraulend Richtung Strand. Wenigstens ist unser Dingi gerettet. Bei einem Tidenhub von vier Metern und einem derart alkoholisierten Dieb hätten wir es sicher auf die Verlustliste setzen müssen.

Seit zwei Wochen berichten die amerikanischen Trawler von Stürmen aus Südost bis Südwest vor Galapagos und sehr hohem Seegang. Sie mußten die Arbeit abbrechen, denn ihre kleinen Hubschrauber und Speedboote waren ab Windstärke sieben bis acht nicht mehr einsetzbar. Nun ankern sie wie wir und neun weitere Yachten vor der kleinen Insel Taboga und warten ungeduldig auf das Abflauen des Sturms. Das Wetter sei um zwei Monate verschoben, und auch die erwarteten Fischschwärme seien noch nicht eingetroffen. Haben wir etwa wieder ein Niño-Jahr? Tags zuvor kam eine englische Segelyacht nach Taboga zurück, die wir vor neun Tagen in Richtung Galapagos auslaufen sahen. Der Grund: nach 300 Seemeilen plötzlich Starkwind auf die Nase und sieben Meter hohe Wellen. Die Crew motorte tagelang praktisch auf der Stelle, und nachdem 500 Liter Diesel verbraucht waren, blieb ihr nur der schmerzliche Rückzug nach Taboga.

Oh, wie schön ist dieses Panama!

Aber wenn man die Schlagzeilen liest, die in diesen Tagen weltweit für Entsetzen sorgen, ist es doch nicht der schlechteste Ort zum Verweilen. In Tschernobyl ist ein Kernreaktor explodiert. Begünstigt durch die Wetterlage, ist der radioaktive Niederschlag weit nach Norden und Westen gelangt und hat halb Europa verseucht. Hautnah erleben nun nicht nur die Deutschen jene übermächtige, unsichtbare Gefahr, vor der so eindringlich gewarnt wurde. Gemüse, Milch und Fleisch müssen vernichtet, Rentiere geschlachtet werden. Überall herrscht Angst und Unsicherheit. Man hält die Fenster verschlossen und wagt nicht mehr spazierenzugehen. Und die Langzeitwirkung der Katastrophe ist noch nicht abzusehen.

O wie schön ist dagegen Panama!

Anfang Juni herrscht endlich Aufbruchstimmung, die Thuntrawler melden keine weiteren Stürme mehr. An den ersten beiden Tagen motoren wir, um den schwachwindigen Golf von Panama so schnell wie möglich zu verlassen. Die Kinder im Ausguck auf der Mastreling melden „lauter kleine schwarze Inselchen". Das sind die Panzer großer Wasserschildkröten, die an der spiegelglatten Oberfläche schwimmen. „Bald könnt ihr solche Prachtexemplare auch an Land bewundern", versprechen wir. „Nur auf den Galapagosinseln kann man die berühmten Riesenschildkröten noch in freier Natur erleben. Ihr kennt sie vom Zoo in Stuttgart, erinnert ihr euch?" Nein, die Erinnerung an unsere frühere Heimat ist verblaßt.

Welche Eindrücke unserer großartigen Reise werden sich wohl in den Kinderherzen einnisten? Werden ihnen so einmalige Stationen wie die Galapagos überhaupt im Gedächtnis bleiben? Aber vielleicht helfen ihnen dabei ihre dicken bunten Reisebücher, die sie selbst führen und die mit Ansichtskarten, Kinderzeichnungen, Fotos, Briefmarken, Münzen, Landkarten und gepreßten Pflanzen das schillernde Kaleidoskop unserer Weltumsegelung festhalten.

Die Mastreling vibriert schon wieder vor Aufregung, denn dicht vor dem Bug ist ein Merlin mit langem Speermaul aus dem Wasser gesprungen. „Vielleicht sehen wir sogar einen Wal", versuchen wir die Spannung zu steigern. „Davon gibt es hier recht viele, denn die See ist sehr planktonreich." Wir erzählen von den Tiefseeströmen, die in diesem Gebiet an die Oberfläche treten und reiches Futter zur Tierwelt der Galapagosinseln tragen. Die Nahrungskette – von Plankton und Kleinstlebewesen über riesige

Fischschwärme bis hin zu vielerlei Seevögeln und den großen Seelöwen – sorgt für Leben auf dem abgelegenen Archipel und macht ihn zum Tierparadies. Paradiesisch auch deshalb, weil die freilebenden Geschöpfe keine Furcht vor dem Menschen kennen. Wir alle sind zum Bersten gespannt darauf, dies mit eigenen Augen zu erleben.

In der Nacht fahren wir durch glitzernde Leuchtspuren, die übermütige Delphine wie mit weißer Kreide auf die schwarze Wassertafel zeichnen. Jede ihrer dynamischen Bewegungen bringt die planktonreiche See zum Glühen. Auch das Kielwasser unserer SARSAS funkelt wie ein Märchenschleier. Bewundernd blicken wir auf zum sternenübersäten Himmelszelt, von dem die Milchstraße wie eine duftige weiße Schönwetterwolke herabstrahlt. Am Horizont zuckt ringsum Wetterleuchten aus schwarzen Wolkenbänken. Zwei weitere Tage kreuzen wir gegen leichten Südwest auf und können dann den „verzauberten Archipel" ganz hoch am Wind direkt anliegen.

Jetzt lieben wir unser Traumboot von der Kielsohle bis zum Topp. Sanft setzt die SARSAS in die gegenlaufenden Wellen ein, liegt stabil, geht bis 45 Grad an den Wind und hält leicht mit einer 14 Meter langen Ketsch Schritt, die unentwegt kreuzen muß. Als wir in den Humboldtstrom segeln, wird es deutlich kühler. Im Boot sind es „nur" 25 Grad, draußen noch weniger. Unsere täglichen Standortberechnungen ergeben seltsame Versetzungen in unterschiedliche Richtungen. Manchmal kocht das Wasser um uns herum, wie von Geisterhand bewegt. Verzauberte Inseln – so nannten schon die Seefahrer des 16. Jahrhunderts den einsamen Archipel am Äquator wegen seiner geheimnisvollen Strömungen. Seine sonderbare Tierwelt war dann für sie der letzte Beweis, daß die Inseln verhext sein mußten. Und mysteriöse Geschichten auch aus unserem Jahrhundert scheinen dies zu bestätigen.

Während der letzten Nacht überqueren wir den Äquator. Die obligatorische Taufe wird wegen der Kälte auf den nächsten Tag verschoben. Aber für feierliche Worte ist immer Platz: „Meine Damen und Herren! Erst vor wenigen Tagen sind Sie mit uns vom Atlantik in den Pazifik gelangt. Nun überschreiten Sie schon wieder eine magische Schwelle: Zu Ihrer Rechten breitet sich die nördliche Halbkugel aus. Und hier links – bitte sehr – sehen Sie die südliche Halbkugel. Wenn das nicht ein Foto fürs Familienalbum ist! Aber so beeilen Sie sich, Verehrteste, sonst bekommen wir die Nordhälfte nicht mehr aufs Bild!"

Schon früh am Morgen taucht erstes Land auf. Doch wo bleiben unsere beiden Leichtmatrosen? Die Mastreling gähnt leer, dabei müßten sie längst ihren bevorzugten Ausguckposten bezogen haben.

„He, kommt raus! Da vorn seht ihr Galapagos!" Nichts. „He, steht auf! Es ist herrlich warm. Ihr dürft planschen!" Nichts. „Schaut mal, auf der anderen Yacht winken euch die drei Buben!"

„Ist uns egal!" dringt endlich ein Lebenszeichen aus dem Schiffsbauch. „Wir kommen niiiiie mehr raus!"

Verdutzt schauen wir uns an. Was in aller Welt ist mit unseren kleinen Seeräubern geschehen? Behutsam versuchen wir, das Geheimnis zu ergründen, und hören: „Nie, nie mehr kommen wir nach oben! Der Papa hat gesagt, daß er mit uns die Äquatortaufe machen will. Wir wollen aber nicht kielgeholt werden. Damit ihr's nur wißt!" donnern wütende Stimmchen aus der Kinderstube.

Wir kugeln uns vor Lachen, denn mit dieser Erklärung haben wir nicht gerechnet. Schnell beteuern wir, daß alles nur ein Spaß war und die Taufe ganz bestimmt auch mit Waschlappen und einer Schüssel voll Äquatorwasser Gültigkeit hat: „Ehrenwort! Na, dann wascht euch mal kräftig von Kopf bis Fuß. Gleich sind wir da, ihr Dreckspätzchen!"

Nach zehntägiger Überfahrt fällt unser Anker in der Academy Bay der Galapagosinsel Santa Cruz. Noch ehe uns der aus Ekuador stammende Hafenkapitän beehren kann, sind wir von einer großen Pelikanschar umlagert. Wir haben weder Visum noch Cruising Permit, dürfen aber offiziell eine Woche im Archipel verweilen. Dafür müssen wir natürlich einen entsprechenden Obolus in die aufgehaltene Tasche des Capitans wandern lassen, teuren Schwarz-Diesel bei ihm kaufen und seinen höchst ungünstigen privaten Wechselkurs akzeptieren.

Egal, der Aufenthalt ist es uns wert.

Als wir beim Hafenbüro die paar Kanister Diesel holen wollen, muß der Adjutant die scheußliche Brühe mit dem Mund aus dem großen Ölfaß ansaugen. Das Faß ist fast leer und der Schlauch viel zu kurz, ein Versuch nach dem anderen scheitert. Der Adjutant hustet qualvoll, spuckt, saugt verzweifelt, speit wieder Diesel, muß erneut probieren, schluckt und ist den Tränen nahe. Der Capitan steht hinter ihm und treibt ihn erbarmungslos an. Ein zweiter Schlauch für die komfortable „Blasmethode" oder eine Pumpe sind nicht aufzutreiben. Selbst der geplagte Adjutant lauscht ungläubig unseren Verbesserungsvorschlägen, offenbar hat man sich noch nie bemüht, ihm die Arbeit zu erleichtern. Er ist es nicht anders gewöhnt. Der Ärmste tut uns schrecklich leid, und wir möchten um nichts in der Welt mehr diesen Diesel kaufen, aber der Capitan besteht auf dem Geschäft, und irgendwann gelingt es dann auch.

Am nächsten Tag sehen wir zufällig, wie der Adjutant wegen irgendeiner Nichtigkeit von einem anderen Hilfsbeamten ausgepeitscht wird. Unsere empörten Einwände helfen dem armen Kerl nicht, man verlegt die Prügelszene nur an einen Schauplatz außerhalb unseres Gesichtsfelds. Ein eisiger Hauch vom dunklen Kontinent Südamerika weht uns ins Herz.

Wir wollen nicht sentimental werden: Was wir erlebt haben, ist nicht einmal die Spitze des Eisbergs. In weiten Teilen der Welt gehören Menschenrechtsverletzungen zur Tagesordnung. Die Medien berichten tagein, tagaus davon: Die Menschheit watet durch einen Sumpf des Elends und der Ungerechtigkeit. Und dennoch haben wir auf unserer Reise Oasen kennengelernt, haben mitunter eine Welt erlebt, wie sie ohne Macht, Habgier und Egoismus aussehen könnte. Wir haben Naturparadiese gefunden und unseren Planeten lieben gelernt. Er ist es wert, daß man mit aller Kraft versucht, ihn zu erhalten und zu retten.

Unser Capitan ist noch immer nicht zufrieden mit dem Geschäft. Mehrmals schnurrt er mit seinem Motorbötchen um die SARSAS und versucht, bei uns irgendeine lukrative Unkorrektheit zu entdecken – und sei es nur ein Fluch. Aber wir lassen uns nicht aus der Ruhe bringen, verschließen unser Schneckenhaus und entfleuchen zu ausgedehnten Wanderungen ins Inselinnere. Dabei hören wir von Pieter, einem kühlen Holländer: Er hatte ein Visum, hatte auch schon am Festland Geld gewechselt, besaß genügend Diesel und eine ordnungsgemäße Flagge. Aber der Capitan drangsalierte ihn unaufhörlich und provozierte regelrecht die endlich fällige „Beamtenbeleidigung". Pieter saß am kürzeren Hebel. Er mußte hundert US-Dollar löhnen, sonst hätte der Capitan seinen Paß einbehalten. Das Geschäft hatte wieder einmal prächtig funktioniert. Alle zwei Jahre wird ein neuer Hafenkapitän von Ekuador nach Galapagos beordert. Wie wir erfahren, reißt man sich am Festland um diesen Außenposten, denn die zahlreichen Yachten auf den Galapagos versprechen hervorragende Nebenverdienste.

Die Inseln sind weitgehend karg und zeugen auf Schritt und Tritt von ihrem vulkanischen Ursprung. Dennoch finden wir in den Bergen entlang der rotbraunen Holperpiste kleine Wildtomaten, Guaven und Passionsfrüchte. Die Hosentaschen der Kinderschar – nun um die drei Buben von unserer Nachbaryacht SYMPHONY erweitert – sind prall gefüllt. Glückliche Augen sagen: „Ja, wenn man wilde Früchte finden kann, dann ist die Welt in Ordnung!" Darin sind sich die Kinder einig, auch wenn sie verschiedene Sprachen sprechen.

Die geheimnisvolle Tierwelt läßt nicht lange auf sich warten. Bald reiten die Kinder auf zahmen Riesenschildkröten, jenen „galapagos", die dem Archipel seinen Namen gaben. An der felsigen Küste sonnen sich die vielbeschriebenen urzeitlichen Riesenechsen, und die Luft ist erfüllt von Pelikanen, die über reicher Beute im Wasser kreisen. An der südöstlich gelegenen „Seelöwen-Insel" Santa Fé ankern wir dicht am steinigen Ufer, wo sich zwischen kräftigen Kakteen eine große Seelöwenfamilie prächtig zu amüsieren scheint. Fasziniert lauschen wir ihrem Schnaufen, Husten, Bellen und Rufen. Unser Besuch stört die Tiere nicht im geringsten. Neugierig prusten sie um unser Dingi herum, von dem bereits ein Pelikan Besitz ergriffen hat. In der

Ferne, am sandigen Strand, lagert eine zweite Seelöwenherde, darunter ein mächtiger Bulle und mehrere Muttertiere. Wir wagen es nicht, an Land zu gehen, nur mit dem Beiboot pirschen wir uns in ihre Nähe und erleben durchs Fernglas einen faszinierenden Naturfilm.

Wir sind fest entschlossen, unseren Besuch auf dem „verzauberten Archipel" auch ohne offizielle Erlaubnis zu verlängern. Soll man uns auf den entlegenen Inselchen doch erst einmal finden! So steuern wir die unter Seglern berühmte „Post Office Bay" auf Floriana an: karge, rot-violette Felsen, eine faszinierende, wie ausgestorbene Marslandschaft. Ausgebleichte, kahle Bäume stehen als Gerippe in der Einöde. Leben vermutet man hier niemals, und doch befand sich in der Bucht einst eine große Walfangstation. Nahe am Strand, hinter bizarr geformten schwarzen Klippen, entdecken wir im ausgedörrten Gestrüpp alte, rostige Maschinenteile und Reste riesiger Trankessel.

Ein schmaler Pfad führt zum legendären „Postfaß", in dem die einsamen Walfänger früher ihre Briefe deponierten und auf die Weiterbeförderung durch heimkehrende Schiffe hofften. Dieser Postdienst muß leidlich funktioniert haben, und heute knüpfen einige Segler an diese Tradition an. Seinen Ruhm aber hat das alte Holzfaß vor allem deswegen erlangt, weil Weltumsegler dort seit Generationen sich und ihre Yachten verewigen. Sein hölzerner Bauch ist mit zahlreichen phantasievollen Schildern bespickt, eines scheint das andere mit seinem Ideenreichtum übertreffen zu wollen. Wir sind zunächst enttäuscht, denn die Kunstwerke sind alle neueren Datums, keines ist älter als zwei Jahre. Später erfahren wir jedoch, daß die Besitzerin des kleinen Inselhotels sämtliche Tafeln sorgsam aufbewahrt und in ihrer Eingangshalle ausgestellt hat.

Die alte Dame ist eine von jenen frühen deutschen „Aussteigern", die sich nach dem Zweiten Weltkrieg auf die Galapagosinseln zurückzogen und seither Anlaß zu zahlreichen Schauergeschichten boten. Um das Schicksal dieser Auswandererkolonie, schon längst in Buchform erhältlich und neuerdings auch auf Leinwand gebannt, ranken sich Tragödien aller Art: geheimnisvolle Todesfälle, Mord, Liebesrausch und Eifersuchtsdramen, Kannibalismus, sadistische Spielchen einer liebestollen Gräfin, Entführungen... So sollen zum Beispiel auf Floriana mehrere Menschen spurlos verschwunden sein. Suchtrupps der ekuadorianischen Armee konnten das Geheimnis nicht lüften. Ebenfalls kein Ergebnis brachten wiederholte Verhöre südamerikanischen Stils, bei denen jene Hotelbesitzerin grausam gefoltert wurde. Man beschuldigte sie der Menschenfresserei. Das letzte Unglück ereignete sich, als eine begüterte Dame hinter ihrer geführten Touristengruppe zurückblieb, um sich den Schuh neu zu binden. Sie beruhigte ihre Freundin: „Du mußt wirklich nicht auf mich warten. Die zweite Gruppe ist doch unmittelbar hinter uns und hat mich schnell eingeholt." Aber die Urlauberin wurde nie mehr gesehen. Auch geübte Suchhunde der amerikanischen Polizei fanden ihre Fährte nicht. Hatte Florianas gefräßige Urlandschaft mit ihren einstürzenden Höhlen, Erdrutschen, klaffenden Spalten und gähnenden Schlünden wieder eine menschliche Beute verschlungen?

Es versteht sich von selbst, daß die weibliche Crew der SYMPHONY und SARSAS vor Ausflügen auf Floreana zurückschreckt. Aber was wäre eine Welt ohne Helden? Und so verabschieden sich unsere Männer zu einem ausgedehnten Landgang. Ob wir sie je wiedersehen werden? Anita von der SYMPHONY und ich zermartern uns den Kopf, wie wir notfalls unsere fünf vaterlosen Kinder und uns selbst von diesem gottverlassenen Fleckchen Erde wegsegeln können und mit welchem unserer beiden Boote wir die Heimreise über den weiten Ozean antreten sollen. Schließlich wären wir ja keineswegs die ersten Frauen, denen das Kunststück gelingt, allein über die Meere zu schippern. Das wäre doch gelacht, denken wir trotzig, sind aber überglücklich, als unsere Männer nach Sonnenuntergang endlich unversehrt zurückkehren.

Am nächsten Tag prangen auch die Namen von SYMPHONY und SARSAS am Postfaß. „Ob die Tafeln wohl bis zu unserer nächsten Weltumsegelung halten?" fragt der Skipper und begutachtet zufrieden das graphische Werk. Wie bitte? Habe ich recht gehört?

107

In der Tat kristallisiert sich allmählich heraus, daß dies offenbar nicht unsere letzte große Reise sein soll.

Wo erquickender Wellenschlag das Ufer benetzt, belebt sich die Einöde, denn das Meer ist die eigentliche Lebensquelle des Archipels. Auf den wilden schwarzen Zacken erstarrter Lava tummeln sich Scharen feuerroter Krabben. Wie außerirdische Wesen starren sie uns mit ihren langen Stielaugen hypnotisch an und beschießen uns mit einem langen, feinen Wasserstrahl. Die fernsehgewitzten Buben treffen den Nagel auf den Kopf, als sie bei ihrem Anblick von „Laserkanonen, Ufos und Roboterarmen" phantasieren. Wie mutig all die kleinen Krabben-Davids den Kampf gegen uns Goliaths aufnehmen wollen! Schließlich aber spritzen sie wie feurige Funken in alle Richtungen davon und verkriechen sich in ihren bewährten Schlupflöchern.

Ein paar Schritte weiter wartet die nächste Attraktion: Winzige Pinguine und blaufüßige Tölpel geben sich am Strand ein Stelldichein und fliegen nicht fort, als wir uns ihnen nähern. In kleinen Felsentümpeln entdecken die Kinder riesige Seeigel mit langen, fingerdicken Stacheln und beginnen fachmännisch zu forschen. „Schaut nur, der kann alle seine Stacheln bewegen... Und jetzt läuft er sogar damit! Rollt der sich denn gar nicht auf? Hat er etwa gar keinen Kopf? Aber er muß doch sehen, wo er hinläuft! Und Hunger hat er bestimmt auch!" So reihen sich Entdeckungen und Fragen aneinander, und wir versuchen gemeinsam, das Rätsel der stillen Meeresbewohner zu lösen.

„Da – Seelöwen, Seelöwen!" jubelt es plötzlich begeistert. Beinahe wären wir über die braunen Körper gestolpert, die regungslos auf den warmen Steinen schlummern und sich nun genüßlich räkeln. „Oink, oink!" begrüßen sie uns und scheinen mit freundlichen Augen zu zwinkern. Ohne Hast robben sie zur Wasserkante und gleiten elegant ins erfrischende Naß. „Och, jetzt sind sie weg!" jammert Saskia, um schon im nächsten Augenblick zu jauchzen: „Nein, da sind sie wieder! Schaut nur, wie sie uns winken! Wir sollen zu ihnen kommen. Ich will mit den Seelöwen schwimmen!"

„Tut mir leid, mein Schatz, aber dazu müßt ihr erst mal

schwimmen lernen – und das habt ihr ja bisher verweigert." Ich hatte eher damit gerechnet, daß unsere kleinen Matrosen auf See das Laufen verlernen, sich aber binnen kürzester Zeit so gewandt wie Delphine im nassen Element bewegen würden. Aber weit gefehlt, selbst der sportliche Papa hat als Schwimmlehrer bei seinen Töchtern keinen Erfolg. Da müssen schon ganz andere kommen, etwa die südafrikanischen Knaben von der SYMPHONY. Ihnen zuliebe stürzen sich unsere Mädchen tollkühn in die Fluten und können auf Anhieb schwimmen. Dies sind Momente tiefen Frustes für Eltern, die mit den Freunden plötzlich nicht mehr zu konkurrieren vermögen.

Als wir zur SARSAS zurückrudern, sind wir bald von mehreren Seelöwen umringt, die offensichtlich ihre Späße mit uns treiben wollen. Wir werfen ihnen Styroporstücke zu, die wir als Auftriebskörper unter die Sitzbank gestopft haben. Wie im Zirkus fangen artistische Nasen die weißen Würfel geschickt auf und werfen sie blitzschnell zurück. Dieses Naturtalent verblüfft uns. Dann ist's im Zirkus ja gar keine Kunst, denken wir beinahe enttäuscht. Voller Begeisterung auf beiden Seiten nimmt das Ballspiel seinen Lauf, und darüber entgeht uns beinahe, daß ein Frechdachs unser Ruder stehlen will. Schon hat er es gekonnt zwischen die Zähne geklemmt und versucht nun, es aus der Dolle zu heben. Immer wieder taucht der kleine Dieb auf, um sein Glück erneut zu probieren. Unsere Freude und Aufregung ist grenzenlos, dabei haben wir große Mühe, unser Beiboot im Lot zu halten. Die Riemen haben wir sicherheitshalber auf die Bänke gelegt.

Plötzlich fegt unser Dingi, wie von Zauberhand bewegt, kreuz und quer über die Bucht. Ein Seelöwe hat sich die Leine geschnappt und entführt uns nun eifrig schwimmend erst nach links, dann nach rechts und schließlich im Kreis herum. Unsere Lachmuskeln haben sich kaum entspannt, da folgt schon der nächste Streich. Einer der Lumpen umkreist pfeilschnell unser Boot, taucht kurz auf, nimmt uns genau ins Visier und schlägt dann mit der Flosse so gekonnt aufs Wasser, daß wir von dem starken Strahl pudelnaß werden. Die Dusche kommt völlig unerwartet und ist zudem eiskalt. Klar, daß wir vier laut aufschreien.

Als hätte der Gauner genau diesen Effekt noch abwarten wollen, taucht er nun erst unter – und wiederholt sein Spielchen im nächsten Augenblick. Als wir schließlich die SARSAS erreichen, sind wir so naß, als hätten wir mit den Seelöwen gebadet. Und der Bauch tut uns weh vom vielen Lachen.

Das sind märchenhafte Tage voll Zauber und Faszination. So schön es auch wäre, länger auf den Galapagos zu verweilen – der Kalender der Natur zwingt uns zum Abschiednehmen. Denn Ende Oktober beginnt im Pazifik die Hurrikansaison, und spätestens dann sollte man ein geschütztes Schlupfloch in den Tropen gefunden haben oder die Reise in sichere Breitengrade antreten. Wir wollen die Hurrikanzeit in Neuseeland verbringen, deshalb bleiben uns nur noch magere vier Monate für unser Traumrevier, das Sternenmeer der grünen Inseln. Vier bis fünf Wochen davon wird allein die 2 950 Seemeilen lange Überfahrt zu den Marquesas-Inseln beanspruchen. Dort erst beginnt die Südsee.

Bevor wir Anfang Juli ankerauf gehen, wartet unser Kapitän diesmal besonders gründlich Taue, Blöcke und Beschläge, Winschen, Lampen, Pumpen und Motor. Wieder einmal schwimmt Öl in der Bilge. Der Öldruckmesser ist leck und muß neu abgedichtet werden. Ich sortiere unsere Lebensmittelvorräte und backe Brot für die nächsten Tage auf See. Es wird die größte Delikatesse auf dem morgendlichen Speisezettel sein, denn gutes Brot ist allerorts rar. Neben Haferflockenmüsli, Griesbrei, Pfannkuchen und Milchreis ist es eine willkommene Abwechslung auf dem Frühstückstisch.

Unser Gemüsenetz ist diesmal nicht so üppig gefüllt wie vor der Atlantiküberquerung. Auf dem bescheidenen Markt von Santa Cruz haben wir mit viel Glück nur wenige Früchte erstehen können. Für das Mittagessen muß nun unser Vorrat an Trockengemüse zum Einsatz kommen: Erbsen, Karottenwürfel, Paprikaschnitzel, Kartoffelscheiben und Brechbohnen. Daraus lassen sich schon allerlei leckere Gerichte zaubern.

Die Deutsche Welle meldet eine Tagestemperatur von 30 Grad in unserer fernen Heimat. Zum ersten Mal auf unserer gesamten

Reise ist es dort wärmer als bei uns – und das, obwohl wir uns direkt am Äquator befinden! Auf den Galapagosinseln gibt es in den Sommermonaten tatsächlich so etwas wie eine kalte Jahreszeit, die „Garua". Dann wird es neblig und regnerisch, und die Bewohner feuern ihre Kamine an. Wir haben unsere warmen Decken und Pullover hervorgekramt.

Der Himmel ist meist bedeckt, von Süden weht eine leichte Brise. Die See ist ruhig. Das ist ein Start ganz nach unserem Geschmack. Unter Klüver, Fock und Groß lassen wir uns wie Passagiere gen Südwesten schippern und finden sechs Tage lang, daß der Pazifik – der Friedliche – seinen Namen zu recht trägt. Die ersten 700 Seemeilen zu den Marquesas werden uns geschenkt. Das Leben an Bord verläuft so ruhig, als lägen wir in einer Bucht vor Anker. Sarah malt eifrig ihre Buchstaben und lernt die Geheimnisse der Zahlen bis zehn. Manchmal hat Saskia Lust, ihr auf der Schulbank Gesellschaft zu leisten. Aber eben nur manchmal. In einem Monat wird sie fünf Jahre alt.

Die friedliche Stimmung an Bord ist wie dazu geschaffen, kleine Geburtstagsgeschenke zu basteln: fünf Fingerpüppchen, gehäkelte Bänder mit Muscheln für Hals und Ärmchen und ein großes „Seeräuber-Spiel", an dem wir alle tagelang gemeinsam malen und unsere Freude haben. Darin müssen die Piraten auf dem Weg zur Schatzinsel viele Glücks- oder Pechfelder durchsegeln. Da gibt es Sturm oder gefährliche Strudel, Südseeschönheiten und Kannibalen, Mastbruch oder feuerspeiende Drachen. Ein Sextant fällt ins Wasser, der Kompaß spinnt, Haie lauern auf fette Beute. Da wartet aber auch ein leckerer Thunfisch, irgendwo gibt es ein köstliches Schlemmermahl, die Strömung ist besonders günstig oder es weht eine gute Brise. Die sprudelnden Ideen aus dem Erlebnisschatz der Kinder sind auf dem tischgroßen Karton kaum unterzubringen.

Als wir zum Schluß noch die benötigten Schiffchen basteln, wird das Wetter schlagartig unangenehm. Wir sind wohl auf ein „Pechfeld" geraten. Eine Woche lang verwandelt sich unser Luxussegler in eine Galeere. Der Wind weht nicht mehr konstant, sondern dreht von Südost auf Ost und wieder zurück. Ein Segel nach dem anderen muß fallen. An ihren Bäumen werden die braunen Tücher für den Passatkurs mühsam gesetzt, nur um wenige Stunden danach wieder zu killen und back zu kommen. Wir fühlen uns wie in einem Marionettentheater, unentwegt ziehen wir an irgendwelchen Strippen.

Dann wird es böig. Der Wind brist auf, der Seegang läßt nicht lange auf sich warten. Gemeinsam bescheren uns die zunehmende Windsee aus Ostsüdost und eine hohe Dünung aus Südsüdwest ein heilloses Wellenchaos. Die Kreuzseen nehmen schnell Atlantikformat an. Das bedeutet wieder ständiges Kontrollieren der Selbststeuerung und anstrengende Wachen. Drei Tage lang experimentieren wir geduldig mit verschiedener Besegelung, um es schließlich nur beim Klüver zu belassen. Immerhin kommen wir flott voran und haben bald die Hälfte der Gesamtstrecke geschafft.

Es gibt mehrere Strategien, um zu den Marquesas zu gelangen, welche sich jedoch im Einzelfall als die richtige erweist, ist ein reines Pokerspiel. Entweder hält man von den Galapagos aus zunächst nach Süden, kommt somit schneller in den Bereich des starken Südostpassats (falls er weht) und kann dann mit Passatbesegelung Westkurs laufen. Oder man hält sachte, aber konstant Südwestkurs, baut auf die Unterstützung des westsetzenden Südäquatorstroms bei leichten Winden und ist flexibler, was die Besegelung bei Schwachwind anbelangt. Für diese Variante hatten wir uns entschieden. Nun merken wir: Wir haben zwar nicht falsch gesetzt, denn wir machen gute Fahrt. Doch haben wir prompt die unkomfortablere Route erwischt. Wer konnte auch ahnen, daß uns streckenweise solch böiger Starkwind aus Südost beschert würde?

Aber auch das geht vorüber, und die folgenden Tage bringen uns Bilderbuchsegeln. Endlich reißt die Wolkendecke auf und gibt den lang ersehnten blauen Himmel frei. Es wird deutlich wärmer. Die Sonne strahlt nun ungehindert zwischen locker verteilten Passatwölkchen herab, die steile Kreuzsee beruhigt sich. Still und friedlich ziehen uns die Passatsegel über den leicht schwingenden Ozean. Das eine Tuch wird etwas gefiert, das andere straff gesetzt, so können wir den mäßigen Ostsüdost nutzen.

112

Zwei Wale schwimmen in unmittelbarer Nähe vorüber. Eine Zebramakrele und eine Dorade gehen an unsere Schleppangel. Wir erleben sonnige Tage und wunderbar helle Vollmondnächte. Nur noch ein Streckenviertel liegt vor uns, und schon berechnen wir kühn den Tag unseres Landfalls. „Am 27. Juli werden die ersten Inseln der Südsee am Horizont aufsteigen!" ertönt es aus der Kartenecke. Also nur noch sieben Tage... Wie viele Jahre haben wir diesem Augenblick entgegengefiebert!

Sämtliche Frischvorräte sind längst aufgebraucht, und wir freuen uns vitaminhungrig auf den ersten Landgang. Doch Wind und See werden immer friedlicher. Einen stilleren Ozean kann man sich nicht vorstellen. Höchstens einen Knoten Fahrt machen wir auf der dunkelblau wogenden Hügellandschaft. Abends beobachten wir im Cockpit den roten Mondaufgang und die funkelnden Sternenwolken. Nicht der leiseste Windhauch rührt sich. Am Morgen stehen für eine Weile die beiden großen Himmelskörper gleichzeitig am Firmament: im Westen das langsam verblassende Rund des Vollmonds und im Osten die zwischen goldgelben und dunkelvioletten Passatwolken aufsteigende Sonnenscheibe.

Am Abend ist die See spiegelglatt. In glitzernden Schlangenlinien spiegeln sich die Sterne auf dem schwarzen Wasser. Die Milchstraße setzt sich in der Tiefe des Meeres fort. Der Horizont ist aufgehoben, Himmel und Ozean verschmelzen. Uns ist, als führen wir durch das All. Mir wird schwindlig, denn die endlose Himmelskugel erlaubt keine Orientierung. Wo ist oben, wo unten? Stehen wir auf dem Kopf? Erst der aufgehende Mond malt einen winzigen Schatten um unser Boot. Das ist mein einziger Halt in der Endlosigkeit, in der wir treiben.

So wunderbar friedlich diese Stille auch ist – sie läßt in mir doch eine gewisse Beunruhigung keimen. Schließlich treiben wir in absoluter Einsamkeit, fern von Schiffahrtsrouten und Fluglinien. Wir haben keinen Amateurfunk an Bord und können uns aus dieser Isolation nicht ohne Wind befreien.

Nachts bringt eine Wolkenwand endlich eine leichte Brise. Wir setzen Vollzeug und bewegen uns für ein paar Stunden vorwärts.

Wie Verdurstende saugen wir den Windhauch auf. Doch am Morgen ist die See schon wieder spiegelglatt. „Wie lange kann das maximal so weitergehen?" frage ich Peter und berechne besorgt unseren Restvorrat an Frischwasser und Lebensmitteln.

Eigentlich besteht kein Grund zur Nervosität, denn wir könnten uns noch einige Wochen aus dem Schiffsbauch ernähren. Es sind doch nur knapp 700 Seemeilen bis Fatu Hiva! Und die Strömung schiebt uns den Inseln jeden Tag ganz sachte entgegen. Nach den täglichen Sonnenstandsmessungen können wir unser Kreuzchen jedesmal um 30 Seemeilen weiter südwestlich einzeichnen. Dennoch gelingt es uns leider nicht mehr, die herrliche Stille unbefangen zu genießen. Selbst ein Sturm hätte uns in dieser Situation wohl Jubelschreie entlockt.

Irgendwo in weiter Ferne, zwischen Panama und den Marquesas, teilt der alte Einhandsegler Grandpa George unser Schicksal. Er ist vor vielen Wochen mit uns von Taboga gestartet. Wir wollten uns schon auf den Galapagos wiedersehen, aber auch auf den Marquesas suchen wir später lange Zeit vergeblich nach dem alten Mann und seinem Acht-Meter-Bötchen. George ist unverkennbar: Mit seinen roten Bäckchen, die von einer weißen Lockenmähne und einem langen weißen Bart eingerahmt werden, sieht er aus wie ein Bilderbuch-Weihnachtsmann. Nur hat er den Purpurmantel mit einem feschen, olivgrünen Overall samt Schirmkappe vertauscht. Erst als wir nach herrlichen Wochen von den Marquesas mit Kurs auf die Tuamotus Abschied nehmen, in Nuku Hiva, taucht endlich das lange überfällige Bötchen auf. Es ist Grandpa Georges erster Landfall seit zehn Wochen! Der alte Mann ist kaum wiederzuerkennen. Sein Bäuchlein hängt in schlaffen Falten über die Badehose, die Wangen sind eingefallen. Die Stirn ist von tiefen Runzeln zerfurcht, und seine Augen haben einen jenseitigen Ausdruck. Grandpa George kann kaum noch sprechen.

Seltsame Stromversetzungen und ungünstige Winde ließen ihn die „verzauberten" Galapagos verfehlen. Er mußte nonstop in die Südsee segeln und geriet wie wir in die Flaute. Zwischendurch hatte eine Bö seiner Rollfockanlage den Garaus gemacht, deshalb konnte er nur noch mit einer unterdimensionierten Stagfock voranschleichen. Bald kämpfte er ums Überleben, denn aller Proviant war ihm ausgegangen. Doch George ist ein Original. Es dauert nicht lange, da verkündet er schon wieder freudestrahlend: „Das schönste Geschenk, das mir meine Frau je machen konnte, war nach vierzig Ehejahren die Scheidung! Ich fühle mich wie neugeboren und werde bis ans Ende meiner Tage segeln!"

„Aber George", meinen wir besorgt, „wär's nicht doch besser, eine kräftige Deckshand anzuheuern? Es gibt viele junge Burschen, die gern ein Abenteuer erleben." – „O nein!" George hebt beschwörend die Hände. „Dann schon eher eine hübsche Bordfrau."

So ein Filou, denke ich, und: Wie ungerecht doch die Natur mit den Geschlechtern umgeht!

Bald jedoch stellt sich heraus, daß George weniger an eine Verjüngungskur denkt als an eine unterwürfige Dienerin. Emanzipation ist für ihn ein rotes Tuch. Da hat es doch seine Angetraute, nachdem sie ihm nicht weniger als dreizehn Kinder schenkte, im hohen Alter von 62 Jahren tatsächlich gewagt, noch einmal zu studieren. Als der letzte Sprößling flügge war, wollte sie zum ersten Mal in ihrem Leben etwas für sich selbst tun. Das verwirrte George komplett, trotzig suchte er das Weite und begann seine Karriere als Weltenbummler.

Aber noch ahnen wir nichts von George. Eine kleine Wolkenwand kündigt uns eine Regenfront an, die am nächsten Morgen von Westen her aufzieht. Sie bringt endlich Wind, und wir können die Passatsegel setzen. Der Horizont hüllt sich in schwarze Regenvorhänge, aber wir sind überhaupt nicht böse, als der Wind bald auf Süd dreht und wir die Segel wechseln müssen. Endlich machen wir gute Fahrt. So wird diesmal auch das altbekannte Versagen unseres Taylor-Herds gnädig hingenommen. Irgendwo entweicht die in den Tank gepreßte Luft, und die Küche bleibt wieder einmal kalt. Peter stopft das Leck provisorisch mit Kleber, und es stört uns keineswegs, daß mitten im schönsten Montieren und

Werkzeugchaos eine Schauerbö das blitzschnelle Bergen der Leichtwetter-Genua erzwingt. Statt dessen setzen wir den Klüver – und machen rauschende Fahrt! Eine Regenwand geht, die nächste kommt. Der Wind dreht jedesmal so brav, wie im Lehrbuch beschrieben.

Und so geht es weiter, tagelang: Passatsegel rauf, dann wieder Klüver und Groß. Und noch einmal Passatsegel. Allmählich leidet doch die Stimmung darunter. Aber die Regenfronten verkünden Landnähe. Ein Tölpel umkreist uns mit zutraulich neugierigem Blick und will unbedingt auf der Mastspitze Wetterhahn spielen. Doch jedesmal wird sein Landeanflug von der Funkantenne behindert. Schließlich läßt er sich auf dem Heckkorb nieder. Es ist wahrhaftig ein Kunststück, wie er seine unbeholfenen Schwimmhäute um das dünne Relingsrohr klemmt und die heftigen Schiffsbewegungen ausbalanciert. Er wippt auf und ab, macht tausend höfliche Verbeugungen, kämpft gegen einen Looping und schläft endlich auf festen Seemannsbeinen ein. Am nächsten Morgen wird er trotz des Protests seiner kleinen Freundinnen vom Kapitän unsanft verjagt, denn das Cockpit sieht aus, als hätten sich zehn Seeleute darin übergeben. Und die Antenne baumelt lose von der Mastspitze.

Diesmal haben wir es mit der Antennenreparatur nicht eilig, denn ein anderes Schiff wird unseren Kurs wohl nicht mehr kreuzen. Entgegen den optimistischen Herstellerangaben hat unser Sprechfunkgerät je nach Wellenhöhe nur eine Reichweite von zwanzig Seemeilen. Meist funktioniert der Kontakt nur knapp über Sichtweite hinaus. Für den Fahrtensegler hat das Gerät bedauerlicherweise nur den Wert eines technischen Spielzeugs, sozusagen eine Art Telefonersatz im Nahbereich. Die Sicherheit an Bord erhöht es nicht wesentlich.

Bei der Abnahme am Neckarufer hatte der Beamte zwar seinerzeit dezent auf die Fehlinvestition hingewiesen und uns Amateurfunk ans Herz gelegt. Wir aber wurden durch die hohen Prüfungsanforderungen für eine Amateurfunklizenz abgeschreckt, denn was in anderen Ländern fast nur eine Formalität ist, das wird in Deutschland schier zum Vollstudium hochgepuscht.

Neben dem korrekten Umgang mit dem Gerät werden bei uns noch detaillierte elektronische Reparaturkenntnisse erwartet, und man muß perfekt morsen können. Alles geistiger Ballast, den wir für unseren Zweck überhaupt nicht benötigten. „Wer fragt schon in Übersee nach einem Zeugnis?" ermutigte man uns, aber wir waren eben noch mitten drin im Ländle, und dort geht alles mit rechten Dingen zu. Später mußten wir tränenden Auges sehen, daß wir zu den wenigen Dummen zählten, die sich von der deutschen Amateurfunkprüfung einschüchtern ließen und auf das einzige wirklich lebensrettende Gerät an Bord verzichtet hatten. Mehrfach wurden wir Zeugen, wie Segler dank des Amateurfunks aus einer Notlage befreit werden konnten: Dieter bei seiner Strandung an einem neukaledonischen Riff, George und Gerda im Hurrikan bei Cocos Keeling, Klaus mit seiner Lebensmittelvergiftung im Indischen Ozean...

Plötzlich: Land in Sicht! Am 28. Reisetag taucht frühmorgens für Sekunden die Südspitze Fatu Hivas unter den tiefhängenden Wolken auf. Wir schätzen den Abstand auf etwa 15 Seemeilen. Aber dann wird das bläuliche Mosaikstückchen unserer ersten Südseeinsel wie von Geisterhand wieder ausgelöscht. Dichte Regenvorhänge ziehen über uns hinweg, es wird kalt und böig. Himmel und Meer sind trostlos grau. So hatten wir uns die Ansteuerung eines Südseeparadieses nicht vorgestellt! Drei weitere Stunden segeln wir mit exaktem Kurs auf die morgendliche Erscheinung zu und hoffen vergebens, daß Nebel und Regenschleier Fatu Hiva wenigstens für Augenblicke wieder freigeben. Die Insel bleibt verborgen.

Gebannt stehen wir im Cockpit und halten angestrengt Ausschau nach Land, Felsen, Riffen. Regen peitscht in unsere geröteten Augen, wir schlottern am ganzen Körper. Von Fatu Hiva keine Spur. Dabei müßten wir die Insel fast schon greifen können. Haben wir im Morgengrauen nur eine Fata Morgana gesehen? Haben wir uns aus Wolkengebilden Land zusammenphantasiert? Am trostlosen Himmel steht geschrieben: *Heute leider keine Sonnenstandsmessung möglich. Bis auf weiteres bitte koppeln oder den*

117

*Satnav einschalten.* „Ja, hätten wir nur einen..." beginne ich zu maulen, denn das hilfreiche Navigationsgerät war vom sparsamen Kapitän gleich als erstes von der Wunschliste gestrichen worden. „Wo anfangen und wo aufhören?" hatte er argumentiert. „Amateurfunk, Satnav, Radar, möglichst noch Ersatzmotor? Wir sind doch keine Luxusyacht! Außerdem stört mich diese Abhängigkeit von der Technik."

Peter erzählt den Kindern, wie sich die alten Polynesier auf den Meeren zurechtgefunden haben. Sie navigierten nach den Sternen, dem Wellenmuster und der Sonne, nach Gerüchen von Pflanzen und Feuer, nach dem Flug der Vögel, nach Fischschwärmen oder den Farben und Formen von Wolken. Sie besaßen eine ganz eigentümliche Seekarte: ein viereckiges Geflecht aus Stäben, zwischen die kleine Muscheln zur Markierung geknotet wurden.

Und was wir damals noch nicht wußten: Mit Ausnahme der unglückseligen Tortuga ereigneten sich sämtliche Strandungen, die uns im Lauf der Weltumsegelung zu Ohren kamen, nur bei Yachten mit Satnav. Verläßt man sich ausschließlich auf die Technik, dann schwinden natürliche Instinkte, und die Risikobereitschaft wächst.

Prasselnde Regentropfen hämmern auf ein Meer, das inzwischen so glatt und tiefbraun wie eine Holzplatte ist. Apropos Holz: Auf dem Wasser treiben kleine Äste. Oder Enten. Oder Köpfe – Holzköpfe?

„Mensch, da schwimmen Kokosnüsse, Tausende von Kokosnüssen!" Meine Stimme überschlägt sich fast vor Aufregung. Aber von Land noch keine Spur.

Das kann doch einfach nicht wahr sein! Wir haben die Segel geborgen und tuckern langsam unter Maschine weiter. Die schwimmenden Nüsse zeugen von unmittelbarer Nähe eines Landes, das wir nicht sehen können. Wir wagen kaum zu atmen, ein unheimlicher Zauber lähmt unsere Sinne. Mit Menschenverstand ist dies nicht mehr zu erklären. Versuchen etwa die Geister der polynesischen Urahnen, die Insel vor uns Eindringlingen zu schützen? Werden sie uns vernichten oder freundlich willkommen heißen?

Da: Plötzlich leuchtet ein greller Streifen direkt vor unserem Bug auf! Er reicht von den milchigen Wolken tief herab ins braune Wasser.

Ein Blitz, denke ich, ein Gewitter. Oder eine Geistererscheinung, denn der Lichtstreifen glüht weiter. Plötzlich verdunkelt sich der helle Dunst ringsum gespenstisch. Mein Herz bleibt stehen. Und dann erkenne ich: „Da ist Fatu Hiva!" schreie ich. „Unmittelbar vor uns!" Peter reißt die Pinne herum. Der dunkle Schatten nimmt nun deutliche Konturen an: steile, bewachsene Felshänge, höchstens fünfzig Meter entfernt, und ein mächtiger Wasserfall, der von der Bergspitze in die See stürzt. Das ist der helle Streifen. Wilde Bäche spülen braun kochenden Schlamm weit ins Meer. Wir bleiben dicht an der Küste, denn wir wollen Fatu Hiva nicht wieder verlieren. Doch selbst jetzt noch verhüllen Regenschleier immer wieder das wunderbar bizarre Bild der Insel.

Wir fahren zur Hana Vave Bay, was soviel wie „Bucht der Jungfrauen" heißt. Starke Böen fauchen von den gespenstischen Bergzacken herunter, als unser Anker auf den Grund sinkt. Er gräbt sich sogleich fest ein, und wir fühlen uns wie erlöst. Noch fünf Yachten liegen in der Bucht. Freundliches Nicken und Winken ringsum, denn jeder hier weiß, wie es uns während der letzten Stunden erging.

Aber nun ist der Spuk vorbei. Ein Regenbogen bricht den Bann. Wir haben endlich Zeit für einen unbeschwerten Rundblick. Mein Gott, welche Schönheit! Steile grüne Hänge, bizarre Felsen in Form gigantischer Frauenfiguren, tiefe Schluchten, hohe Berge – zerklüftete Landschaft, die das Auge in die Ferne lockt. Zwischen den Palmen am Strand steht eine winzige Kirche mit spitzem Turm. Palmen bedecken auch die Hänge hinter der Bucht. Wasserfälle rauschen zu beiden Seiten. Saftiges Grün leuchtet grell im Sonnenschein. Blauer Himmel blinzelt zwischen den grauen Wolkenfetzen hervor, welche die Bergkämme sanft umschmeicheln. Frohe Kinderstimmen erklingen am Strand. Haben wir je etwas Schöneres gesehen?

Es ist Nachmittag geworden, wir legen uns schlafen. In zwei

Stunden geht das Tropenlicht sowieso aus. Als ich hinunter in den Schiffsbauch steige, jubeln meine Augen. Das Panorama vor unseren Fenstern hat sich wunderbar verwandelt: strahlendes Grün und wiegende Kokospalmen, wo wochenlang nur blau-silbrige Aquarelle hingen.

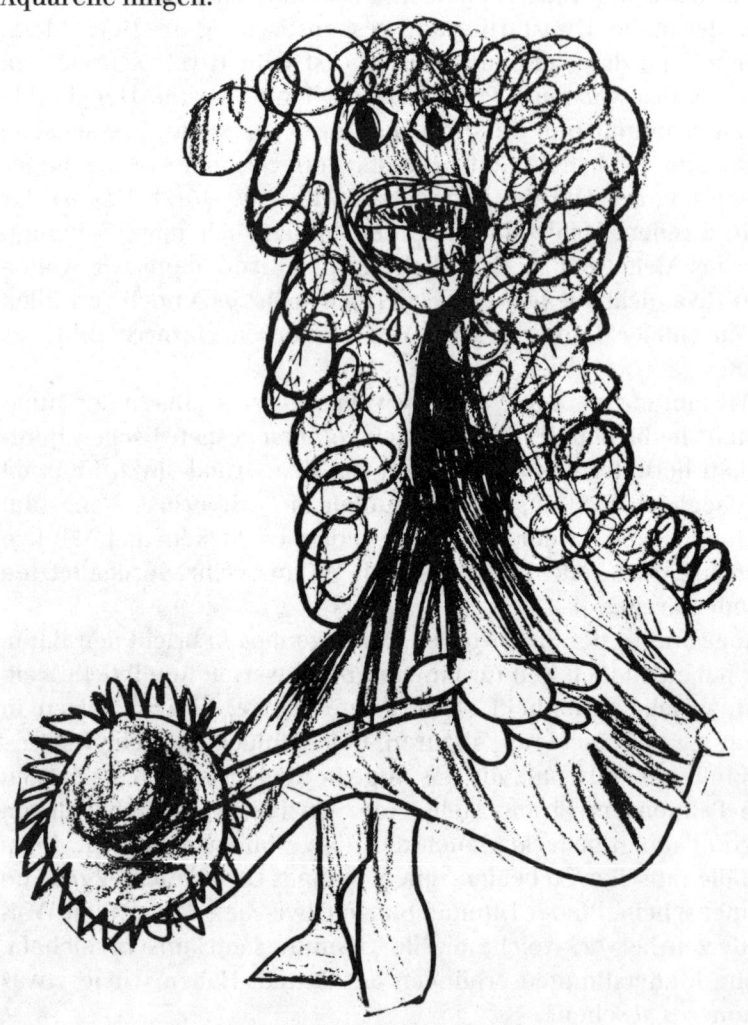

*Kannibale (Saskia, sechs Jahre)*

# 5 Inselzauber der Südsee

*Ein grünes Paradies – Abschied von den Marquesas – Aus Feuer und Korallen geboren: die Tuamotus – Bunte Schätze auf dem Riff – Spätfolgen der Atombombentests – In den Gesellschaftsinseln – Ein tonganisches Märchen*

Wir sind ins Sternenmeer der grünen Inseln gelangt. Von Horizont zu Horizont dehnt sich das endlose Blau des Pazifiks. Keine festen Landmassen engen es ein, nur zahllose winzige Inseln liegen wie hingetupft auf diesem Firmament aus Wasser: Lava aus der Tiefe der Erde, erstarrt im kochenden Ozean und umkränzt mit uralten Korallenjuwelen. Mikroskopisch kleine Polypentierchen haben sich am Fuß der erstarrten Lavakegel angesiedelt und prächtige Korallengärten bis zur Oberfläche gebaut. An ihnen bricht sich nun die Kraft der grollenden Tiefseewogen, gleitet besänftigt über die Riffmauer und ruht dann friedlich im zarten Türkis der Lagune.

Die ersten Bewohner Ozeaniens trafen etwa 300 n. Chr. ein: Polynesier aus dem asiatischen Raum, die mit katamaranähnlichen Wohnflößen auf dem Pazifik in östlicher Richtung vordrangen und dabei unvorstellbare Distanzen zurücklegten. Das „polynesische Dreieck" erstreckt sich von Hawaii im Nordpazifik über die französisch verwalteten Inseln im Osten bis weit südwestlich nach Neuseeland. Beengte Lebensverhältnisse auf den kleinen Südseeinseln zwangen das großartige Seglervolk, dessen Schönheit, Freundlichkeit und Gastfreundschaft weltberühmt wurden, immer wieder zum Weiterwandern. Im Lauf der Jahrhunderte entwickelten die Polynesier ein vorbildliches Sozialsystem, das ihnen schließlich die Ehrenbezeichnung „edle Wilde" durch die

121

europäischen Entdecker des 18. Jahrhunderts einbrachte. Dennoch scheute man sich nicht, einen politischen Kampf um den Besitz der Inseln zu entfachen, den am Ende Frankreich mit repressiven Mitteln gewann. Blutigen Auseinandersetzungen und eingeschleppten Krankheiten folgten moderne Plagen: Geld, Tourismus, unreflektierter technischer Fortschritt, westliche Konsumartikel und Atombombentests. Hat die Zivilisation inzwischen dieses Paradies entstellt, das vor 250 Jahren noch existierte? Ist unsere Sehnsucht nach der Südsee ein trauriger Irrtum?

Tahiti, das moderne Zentrum Ostpolynesiens, liegt mit seinen Tentakeln jedenfalls weit entfernt vom einsamen Fatu Hiva. Unsere Blicke schweifen hinauf zu den jungfräulichen Gipfeln der Hana Vave Bay, die mit geröteten Wangen und kühlen Nebelschleiern von der untergehenden Sonne Abschied nehmen. Ihr faltenreiches, üppig grünes Gewand fällt steil ins Meer ab. Schroffe Klippen, tausend Meter hohe Felsmassen und tiefe Täler bilden einen gigantischen Fächer, dessen Segmente nur von der Seeseite aus zugänglich sind. Wir atmen auf: Ihre verschwenderische Schönheit und ihren überwältigenden Zauber haben die Felsjungfrauen noch nicht eingebüßt. Hier blieb alles wie zu ihrer Geburtsstunde, kein Weißer scheint je Hand an sie gelegt zu haben.

Am Niedergang der SARSAS türmen sich Berge von salzverkrusteter Wäsche, genügend Arbeit für die nächsten Tage. Rauschende Wasserfälle halten Süßwasser im Überfluß dafür bereit – aber erst morgen. Oder übermorgen. Wir sind unendlich müde.

„Mein Baby, mein Baby!" gellt plötzlich der Schrei unserer jüngsten Tochter jäh über die stille, dämmrige Bucht. Die Sonne taucht schon rotgolden hinter den Horizont, da entschwindet auf den sanften Wellen die geliebte Puppe Richtung offenes Meer. Die Strömung ist ablandig.

O nein, bitte nicht schon wieder! Wir erinnern uns an so manche aufwendige „Bär-über-Bord"-Manöver, ans Löwen-Fischen und an Koala-Rettungsaktionen. Das Dingi ist noch sturmfest an Deck vertäut, die SARSAS liegt sicher vor Anker. Und ein Sprung ins salzige Naß kommt nicht in Frage, denn gerade in der Dämmerung gehen Haie auf Beutezug.

122

„Mein Baby! Holt mein Baby! Ihr seid ganz gemein!" fleht und zetert Saskia jämmerlich. Mein Mutterherz schnürt sich zusammen. Das rosige Puppenköpfchen tanzt kaum noch sichtbar in der Ferne auf und ab, denn die Strömung ist stark. Nein, Saskia, diesmal nicht! Aber es fällt mir unendlich schwer, hart zu bleiben.

Da kommt die Rettung. Die Amerikaner vom Nachbarschiff AQUAVIT haben das Unglück beobachtet und steigen in ihr Schlauchboot. Wenige Augenblicke später hält Saskia ihr salzig tropfendes Baby wieder selig in den Armen.

Früh am nächsten Morgen klopft es gegen unsere Bordwand. Es ist Marc, ein Bewohner des kleinen Dorfes, der mit seinem Holzboot längsseits gekommen ist. Er heißt uns freundlich willkommen und überreicht uns eine fußballgroße Pampelmuse. Die Schale ist grün, das Fleisch rosarot. Marc freut sich, als die Kinder gierig das frische Obst verschlingen. Seinem sprudelnden Kauderwelsch aus Polynesisch, Französisch, Englisch und Fingersprache entnehmen wir, daß er tropische Früchte gegen Schrotkugeln, Leinen, Angelhaken und Bootsfarbe tauschen will. Wir erfüllen seine Wünsche gern und geben, was wir entbehren können. Die Früchte wird er uns später frisch vom Baum pflücken.

Wir fragen Marc auch nach Eiern, denn Saskias Geburtstag steht bevor, und ein leckerer Kuchen darf dabei natürlich nicht fehlen. Hühner hätten sie genug, meint Marc, aber mit Eiern sei das so ein Problem: „Die Chicken laufen alle frei herum, und ehe wir die Eier finden können, sind schon neue Küken draus geworden." Doch auf der Nachbarinsel Nuku Hiva gebe es eine große Hühnerfarm, tröstet er uns. Und eigentlich müßte auch der längst überfällige Kopraschoner, dieser schwimmende Supermarkt, jeden Tag eintreffen. Einmal monatlich versorgt er die einsamen Insulaner mit den wichtigsten Grundnahrungsmitteln und nimmt die prall gefüllten Koprasäcke mit. Der Handel mit dem getrockneten Mark der Kokosnuß bringt ihnen zusätzliches Taschengeld zur staatlichen Unterstützung.

Auf Fatu Hiva gibt es keinen Laden, keine Bank, keine Post, kein Telefon, keine Bar. Zum ersten Mal in unserem Leben begegnen wir jenem herrlichen Urzustand, in dem Geld keine Rolle spielt und alles nur im Tauschhandel abgewickelt wird. Wir benötigen dringend frisches Obst und Gemüse, möchten aber auch ein paar polynesische Handarbeiten mitnehmen. Deshalb klaren wir schnell das Schiff auf, setzen das Beiboot ins Wasser und machen uns auf zum ersten Landgang.

Die anmutigen, offenherzigen Frauengestalten am Ufer wirken vertraut, denn solche Bilder strahlen daheim von den Südseeplakaten herab, zieren so legendäre Geschichten wie die *Meuterei auf der Bounty* und haben in den farbglühenden Gemälden Gauguins Unsterblichkeit erlangt. „Hallo! Bonjour! How are you?" begrüßen sie uns lächelnd, drehen ihren Kaugummi im Mund und fragen nach Ohrclips, Haarspangen, Musik-Kassetten, Zigaretten, Shampoo und Parfüm. Wir schauen uns verwundert an: Diese Wünsche klingen grotesk. Mit Staunen vernehmen wir, daß noch vor wenigen Wochen bis zu fünfzig Yachten in der engen Bucht ankerten, meist Amerikaner, die finanziell gut gepolstert und mit vollen Taschen hier ihr erstes Fernziel erreichten. Die Insulanerinnen haben sich an die von ihnen stammenden Luxusartikel gewöhnt. Längst zieht es sie auch zum glitzernden Magnet Tahiti, wo es dies alles gibt und man einen Beruf erlernen kann. Die Schönen Fatu Hivas fühlen sich in ihrem Inselversteck vom Gang der Zeit ausgesperrt.

„Was möchtet ihr denn gern arbeiten?" erkundigen wir uns.

„Oh, wir wollen in einem Laden stehen und schöne Dinge verkaufen."

Verdrehte Welt!

Unsere Blicke tasten bewundernd über die grünen Hänge, die den Ankerplatz mit dem tiefen Blau des Himmels verbinden. Welch ein Glück, hier leben zu dürfen! Doch ehrlich: Könnten wir es wirklich? Wir erinnern uns an das Ende von Thor Heyerdahls Buch *Fatu Hiva*, wo er erzählt, wie sehnsüchtig er nach einem einsamen Inseljahr auf die Ankunft des Frachters und seine Abreise wartet.

Etwas zögernd betreten wir den aufgeweichten Weg, der an der Kirche vorbei durchs Dorf führt. Zu beiden Seiten stehen zwischen Zitronen- und Mangobäumen, Bananenstauden und Pa-

124

payapflanzen bunte Bretterhäuschen. Auf Schritt und Tritt flüchten gackernde Hennen und flaumige gelbe Küken ins undurchdringliche Grün. In einem Schuppen blinkt es metallisch hell, dort steht ein funkelnagelneues, supermodernes Geländemotorrad. An der Hauswand gegenüber lehnt noch solch ein Fahrzeug. Insgesamt zählen wir fünf dieser schweren Maschinen und überlegen ratlos, was die Besitzer in dem engen Talkessel damit anfangen wollen.

Wir fragen uns nach dem Haus von Marc durch. Als wir seine Familie finden, erschrecken wir, denn traurige, teilnahmslose Augenpaare blicken uns entgegen. Die Kinder sind abgemagert, ihre Haare stumpf und spärlich. Die Füße wirken verkrüppelt. Marcs junge Frau strahlt uns mit zahnlosem Mund an. Das sind Anzeichen von mangelhafter Ernährung, denken wir: Skorbut! Doch wie konnte dies geschehen – hier im Garten Eden, wo alles so gut wächst und gedeiht? Tatsächlich ist Marcs Familie eine traurige Ausnahme, die anderen Dorfbewohner sehen gesund und kräftig aus.

Am folgenden Tag regnet es in Strömen, tropische Güsse füllen die Waschbottiche an Deck, in denen unsere 28-Tage-Klamotten weichen. Wieder einmal muß sich Peter dem Herd widmen. Die Sarsas ist ein Chaos aus Spielsachen, Wäsche und Werkzeug. Sarah liest brav im Schulbuch, während die Bordlehrerin in stiller Verzweiflung am Boden kniet und Petroleum aus der Bilge schöpft. Die Enge zehrt an meinen Nerven.

Saskia betrachtet ihre ältere Schwester mit besorgter Miene, besonders wenn diese herzhaft lacht. „Sag, Papa, hat Sarah auch Skorbut? Sie hat doch vorne im Mund eine sooo große Lücke!"

Als wir ihr noch einmal den Grund für den Ausfall von Sarahs Milchzähnen erklären, ruft sie entsetzt: „Na, *ich* jedenfalls will niiiie sechs Jahre alt werden!"

Wenigstens gelegentlich blinzelt am kommenden Morgen die Sonne zwischen Regenschleiern durch. Wir rudern zum Dorf, waschen an der Wasserstelle unsere Wäsche und tauschen ein paar Habseligkeiten gegen Früchte und handgebatikte Pareus. Das ist für uns ein großer Schatz! Shampoo, Seife und Duftwässerchen müssen eine strenge Riechprobe bestehen, ehe sie als Tauschmittel akzeptiert werden. Die Nasen der Polynesier sind überempfindlich.

Eine alte, weißhaarige Frau stellt noch Tapas her. Dazu wird die Bastschicht des Papier-Maulbeerbaums eingeweicht und mit einem Holzschlegel breitgeklopft. So entstehen zarte, tuchähnliche Stücke, die mit klebrigen Knollen übereinandergeheftet und später bemalt werden. Wir besuchen die Frau in ihrem abgelegenen Häuschen, wo sie im Schneidersitz vor einem Erdofen kauert und Brotfrüchte zerkleinert. Bereitwillig holt sie eine Rolle Tapas aus dem Schuppen. Darauf reihen sich seltsame schwarze Konturen, Gesichter von Tiki-Gottheiten mit riesigen Brillenaugen und abstrakte Zeichen wie Geheimschrift aneinander. Die Frau wünscht sich für ihr Kunstwerk Parfüm. Vorsichtig öffnet sie eine Flasche Kölnisch Wasser und reicht sie angewidert zurück. Glücklicherweise gelingt der Handel dann mit zwei Flaschen französischem Aftershave.

Wir tragen unsere Schätze zurück zur Sarsas, da stoßen wir am Strand auf einen großen Menschenauflauf. Heute haben die Fischer nicht nur Meeresfrüchte mitgebracht, sondern auch ein Dutzend Ziegen, die sie in den Bergen geschossen haben. Jeder im Dorf bekommt seinen Anteil Fleisch. Die Männer hier sind Fischer, Jäger, Kopra-Arbeiter, Metzger, Sänger und Schreiner in einer Person. Am Wasser sind einige Frauen damit beschäftigt, die erbeuteten Fische auszunehmen, leuchtend rote und orangefarbene Exemplare, die im Sonnenlicht auf den schwarzen Kieselsteinen aufglühen. Heitere Feststimmung spricht aus den Gesichtern. Plötzlich reicht uns jemand eine große Ziegenkeule. „Ein Geschenk", versichert der grauhaarige Mann. „Für die Kinder."

Wir laden den Spender auf die Sarsas ein, trinken Dosenbier und unterhalten uns, so gut das eben geht, über Fatu Hiva, den Rest der Welt und das Paradies. Er singt dazu polynesische Lieder und entlockt meiner verwaisten Gitarre wunderbare marquesische Rhythmen. „*Hier* ist das Paradies", sagt er mit leuchtenden Augen. „Jeden Tag danke ich Gott für das große Geschenk. Aber die jungen Leute glauben nicht mehr so recht daran." Wir fragen ihn nach den brandneuen Geländemotorrädern. „Die hat die französische Regierung bezahlt, denn zum Nachbardorf Amoa ist eine Verbindungsstraße geplant. Die Burschen können es kaum erwarten, daß sie endlich losbrausen dürfen. Aber es wird noch Jahre dauern."

Wenn es nicht gerade wie aus Eimern gießt, wandern wir am Bach entlang hinauf zum Wasserfall und staunen über die Vielfalt der Pflanzen, deren Formen und Farben ein lebendiges Bild malen. Silbrig schimmernde Palmenhaine, gelbgrüne Farne, saftige Grasfelder mit wilden Pferden und sanft rauschendes Schilf säumen unseren Weg. Glasklare Bäche stürzen in kleinen Kaskaden über schwarze Lavafelsen und stillen unseren Durst. Im undurchdringlichen Dschungel versinken steinerne Tikis. Ihre Zeit ist vergangen.

Wie der Gesang einer Sirene lockt uns die Schönheit des gewundenen Weges magisch weiter. Hinter jeder Biegung entdecken wir einen neuen phantastischen Ausblick, eine weitere Strophe im bezaubernden Lied. Der Auslauf tut uns gut. Die Kinder planschen im frischen Wasser, bauen Dämme und basteln aus Kokosschalen und Blättern lustige Segelboote. Es gibt hier keine Giftschlangen, keine Raubtiere, auch keine gefährlichen Insekten. So fern vom Dorf brauchen wir auch keine Hakenwürmer oder sonstigen Tropenparasiten zu fürchten. Tief unter uns ruht die Bucht, und unsere SARSAS ist nur ein dunkler Punkt auf ihrem silbernen Teller. Alle anderen Yachten sind fort. Auch die drei französischen Hippieboote sind ankerauf gegangen, nachdem die Crews mit den Einheimischen heftigen Streit bekommen hatten. Als wir Marc nach dem Grund fragen, erklärt er wütend und traurig zugleich, daß sich die Franzosen jedesmal als Herrscher aufführen und die Polynesier wie unmündige Kinder behandeln. Und dann die Atombombentests in den Tuamotus! „Natürlich nehmen wir die Geschenke gern, aber wir mögen die Franzosen nicht." Wir können uns mit Marc nur sehr schwer verständigen, doch irgendwie bringt er die Krankheit seiner Familie mit den Tests in Verbindung. Er hat wohl einmal auf dem Versuchsgelände gearbeitet.

Auch wir müssen weiterziehen. Der Höhepunkt der Segelsaison ist bereits überschritten, wir aber befinden uns noch im Ostpazifik. Wohl zum hundertsten Mal verfluchen wir die Havarie vor Panama, die uns wertvolle Wochen raubte. Das Wetter ist gut, die Bergspitzen sind wolkenfrei und stoßen mit ihren grünen Zacken ins Himmelsblau. Polternd hüpft die Ankerkette über die Winsch. „Anker frei!" Mit leiser Trauer erledigen wir die Routinehandgriffe. Als wir langsam an der Küste entlangtuckern, braut sich schon das nächste Unwetter zusammen. Vor zwei Wochen hat uns Fatu Hiva mit einem prächtigen Regenbogen begrüßt – und mit einem ebenso leuchtenden Farbenspiel verabschiedet sich unsere Trauminsel nun. Ob wir jemals wiederkommen werden?

Am folgenden Nachmittag erreichen wir Nuku Hiva, ankern in der Taiohae Bay und klarieren ein. Im kleinen Kramladen von Maurice, einer einschlägigen und absolut zuverlässigen Postadresse für Segler, holen wir Päckchen und einen Stapel Briefe ab. Für uns grenzt es beinahe an ein Wunder, daß all die Grüße von der anderen Seite des Erdballs ihren Weg hierher gefunden haben. Glückwünsche und kleine Geschenke zu Saskias Geburtstag sind darunter. Morgen wird sie fünf Jahre alt.

„Weißt du noch, wo wir deinen letzten Geburtstag gefeiert haben?" will der stolze Papa wissen. „Das war in Südportugal, in Portimao!" Und schon hat er das große Jahresetmal ausgerechnet: „Stell' dir vor, Saskia, seit dem letzten 14. August bist du zehntausend Seemeilen gesegelt und hast zwei Ozeane überquert!"

Bei Maurice kaufen wir Eier von der Hühnerfarm, das Dutzend für neun Mark. Teuer, aber der Geburtstagskuchen ist es wert. Für die bangenden Eltern in Deutschland wird unser Anruf nach wochenlangem Schweigen eine große Freude. Wenigstens ein paar Tage lang haben sie nun das Gefühl, uns sicher orten zu können, wenn ihr Finger auf dem winzigen Inselpunkt im Atlas ruht, der Nuku Hiva heißt. Wir geben gerade einige Briefe an Freunde und Verwandte auf, da schlängelt sich ein kleines Segelboot suchend in die Bucht. Es ist ganz unverkennbar die FRANCES des alten Grandpa George. Als hätte er geahnt, daß es einen Festtagsschmaus gibt!

128

Doch als wir ihn gutgelaunt begrüßen, stellen wir erschrocken fest, daß der zum Gerippe Abgemagerte selbst zum Essen zu erschöpft ist. Bruchstückweise erfahren wir nun von seiner 70 Tage währenden Horrorreise, vorbei an den Galapagos. Auch der Franzose auf einer anderen Nachbaryacht sieht übel zugerichtet aus. Weißes Verbandmaterial häuft sich an Deck, bis schließlich sein zum Bersten geschwollenes, rotes Bein zum Vorschein kommt. Verbrennung, raten wir, aber Jean erklärt: „Non, non! Das waren Nonos! *Nonos*! Alles infizierte Stiche."

Wir haben schon von den winzigen schwarzen Fliegen gehört, die auf Nuku Hiva in riesigen Wolken angreifen. Also verzichten wir schweren Herzens auf Planschvergnügen und Wanderungen und fassen unser nächstes großes Reiseziel ins Auge: die Tuamotus.

Gegen Mittag verabschieden sich die Marquesas mit der beeindruckendsten Silhouette, die wir jemals aus dem Meer aufsteigen sahen. Wie eine gewaltige gotische Kathedrale erheben sich an Backbord querab die erstarrten Felsfontänen von Ua pou. Zunächst schieben sich gemäßigte Hänge als Auftakt aus den Wogen, um dann im Zentrum von einem gigantischen Orchester aus Stein überragt zu werden.

Unter Großsegel und Genua steuern wir Manihi in den Tuamotus an, einen Archipel, der sich drastisch von den Marquesas unterscheidet. Dort die mächtigen dunklen Zackenkronen vulkanischer Berge, hier flache, zerbrechliche Ringe aus dem weißem Kalk der Korallen, die sich auf versunkenen Vulkanen angesiedelt haben, schutzlos preisgegeben der Allgewalt von Stürmen und Wogen.

Am vierten Segeltag zieht von Südosten her eine Schlechtwetterfront auf und beschert uns starken Seegang. Wir müssen schließlich beidrehen, denn bei diesen Verhältnissen ist das Anlaufen eines Atolls nicht empfehlenswert. Die Distanz beträgt nur noch 55 Seemeilen. Als der Wind etwas abflaut, segeln wir mit „angezogener Handbremse" weiter, um bei Tageslicht unseren Landfall machen zu können. Aufmerksam halten wir Ausschau nach Unregelmäßigkeiten an der Kimm oder fremden Geräuschen, gewarnt vor den starken Strömungen in diesem Archipel. Gegen 05.30 Uhr können wir mit dem Fernglas leichte Erhebungen am Horizont erkennen: Land! Die See ist wieder ruhig, wir haben Bilderbuchverhältnisse für die Ansteuerung unseres ersten Atolls, das ohne seine Palmenkrone nicht auszumachen wäre.

Achteraus taucht im Morgengrauen eine zweite Yacht auf: die WASA mit alten Bekannten von Taboga. Gemeinsam segeln wir der grünen Palmenkette entgegen und sind sicher, am Südwestende den in der Karte eingetragenen Paß vorzufinden. Doch der Korallenring öffnet sich nicht. Inzwischen ist es Mittag geworden. „Wir brauchen dringend eine Standlinie", meint Peter nervös und verwünscht sich, daß er am Vormittag nicht die Sonne geschossen hat. Ich versuche ihn zu beruhigen, immerhin haben unsere Freunde doch einen Satnav. Aber auch dort scheint sich an Deck Ratlosigkeit breit zu machen. Aufmerksam studieren wir die Detailkarte der Tuamotus und bemühen uns, die Umrißlinie unseres Atolls zu entschlüsseln. Stehen wir überhaupt vor Manihi – oder liegt vor uns Ahé? Wir brauchen unbedingt Gewißheit, denn wenn die Sonne untergeht, sind wir dem Labyrinth der Atolle ausgeliefert. Wir sehen, daß die WASA weitersegelt, sich langsam mit Westkurs entfernt, aber das ist uns zu riskant. Wenn sich das Wetter verschlechtert, würden wir dort in der Falle sitzen.

Also wenden wir und fahren in nordöstlicher Richtung am Riff entlang zurück, bis Peter den Sonnenstand messen kann. Seine Rechnung bestätigt unsere Ahnung: Das hier ist Ahé, nicht Manihi! Während der Nacht hat uns die Strömung gut zehn Seemeilen nach Südwesten versetzt. Gegen 15.00 Uhr finden wir schließlich den Paß am Nordwestende des Atolls. Stellenweise scheint das Wasser in der engen Durchfahrt zu kochen, und nur Peter kann die Pinne noch halten. Wir orientieren uns an den dünnen Markierungsstangen, die zwischen Korallenfeldern einen Weg durch die türkisgrün schimmernde Lagune weisen. An der Betonpier des Dörfchens Tenukupara legen wir an, erwartet von einer großen Kinderschar.

Die Begrüßung ist stürmisch. Hunderte brauner Händchen

strecken sich unseren Gastgeschenken entgegen, und die Münder schnattern aufgeregt: „Ich auch! Ich auch!" Ihre dunklen Körper sind mit kleinen Geschwüren übersät, entzündeten Mückenstichen, weil sie sich mit schmutzigen Fingern kratzen. Unsere Namen wollen sie wissen und wie alt wir sind, woher wir kommen, ob die Mädchen zur Schule gehen und ob wir Beckenbauer und Rummenigge kennen. Das seien prima Spieler, und der deutsche Fußball gefalle ihnen besonders. Wir schauen uns belustigt an: hier in Ahé? „Oui, oui, television!"

Hinter ein paar Bretterhäuschen am Strand können wir das neue Gemeindehaus erkennen, auf das die Kinder zeigen. Dort gebe es einen Fernseher, berichten sie stolz. Am Ufer liegen nicht urige Einbäume, sondern Motorboote mit starken Außenbordern. Sarah und Saskia finden es großartig, daß sie mit einem Sprung übers Relingsnetz schon mitten in der Kinderschar sind. Sie genießen ihre Selbständigkeit. Außerdem besitzen die Tuamotu-Sprößlinge etwas, das wir den beiden nicht bieten können: funkelnagelneue, blitzende Geländeräder! Sie ziehen unsere Matrosen magisch an.

Auch uns hält nun nichts mehr an Bord, wir wandern auf dem Riff von Motu zu Motu, den winzigen Inseln auf dem Korallenring. Jeden Tag taucht der Riffdamm bei Ebbe für einige Stunden auf und bildet zwischen ihnen eine Brücke. Der Sand ist schneeweiß und an manchen Stellen zauberhaft rosa und zartorange. Welch eine Kostbarkeit! Saftig grüne Palmen spiegeln sich im stillen Wasser der Lagune, während uns die Brandung am Außenriff in den Ohren dröhnt. In flachen Tümpeln ruhen schwarze Schlangensterne mit filigranen Armen, fette Seegurken, hinreißend schöne Porzellanschnecken und die leuchtenden Münder von Riesenmuscheln. Seeanemonen wiegen ihre Arme in der Strömung. Bunte Fischlein schießen pfeilschnell durch das Tümpellabyrinth und huschen zielsicher in winzige Felsspalten, wenn wir sie in ihrem Reich aufschrecken.

Behutsam setzen wir unsere Schritte, um die bewegungslosen Tiere nicht zu gefährden. Wir tragen feste Badeschuhe, denn die Korallen sind messerscharf. Außerdem sind viele Riffbewohner giftig: Moränen, Steinfische, manche Seesterne, Seeigel und die meisten Schnecken. Viele tarnen sich und sind schwer zu erkennen. Überall auf dem bräunlichen Damm leuchten violette und gelbe Polster wie in einem prächtigen Steingarten: „blühende" Korallen. Es sind winzige Polypen, die ihre Kalkbäume so farbenfroh bewohnen. Manchmal entdecken Sarah und Saskia ein verwaistes Schneckenhaus und wollen es freudestrahlend in den Rucksack schieben. Doch jedesmal wird es schon von einem kleinen Einsiedlerkrebs bewohnt, der sich schnell zurückzieht und die Tür mit seinen Zangen verriegelt. Dann legen die Kinder ihr heißbegehrtes Fundstück liebevoll, wenn auch enttäuscht zurück.

630 Seemeilen südöstlich dieses Paradieses liegen die Atolle Mururoa und Fangataufa. In den Schoß ihrer unschuldigen Lagunen versenkte die französische Regierung Jahr um Jahr nukleares Material und zündete Atombomben. Weltweiter Protest zwang die Franzosen 1974 zwar zu unterirdischen Tests, doch die Wucht von über hundert Detonationen hatte die Atolle längst durchlöchert wie einen Schweizer Käse. Ihr massiver Basaltkern ist rissig geworden und läßt radioaktives Material in den Pazifik austreten. Mururoa beginnt bereits zu sinken und wird schließlich den Stillen Ozean bis in alle Ewigkeit verseuchen.

Endlos weit und frei wirkt das „Sternenmeer der grünen Inseln" auf der Karte. Doch die politischen Grenzen zeigen ein enges Netz der Besitzverhältnisse, und solange die Insulaner nicht unabhängig sind, kämpfen sie vergebens gegen die permanente Bedrohung und ökologische Zerstörung ihrer wundervollen Heimat. Die meisten Inseln unterstehen der Hoheit anderer Mächte: USA, Großbritannien, Frankreich und Neuseeland. Der Pazifik ist gespickt mit Militärstützpunkten und nuklearen Flottenverbänden. Mit Ausnahme Neuseelands, das die Charta für einen atomwaffenfreien Pazifik unterzeichnet hat, dient die Südsee den Großmächten als Testgelände für nukleare Schießübungen, wie das folgenschwere „Star War Project" auf den Marshall Inseln, und wird als Müllkippe für atomare und chemische Abfälle benutzt.

Alle Proteste ignorierend, testete Frankreich weiter und scheute sich nicht, im Sommer 85 die RAINBOW WARRIOR der Greenpeace-

Bewegung im neuseeländischen Auckland durch einen Spreng-stoffanschlag zu versenken. Ein Crewmitglied starb dabei. Für uns ist das erst ein Jahr her, und daß sich französische Agenten dazu mit einer Segelyacht von Neukaledonien nach Neuseeland einschlichen, wird uns zwei Monate später beinahe zum Verhäng-nis. Wegen miserabler Wetterverhältnisse kommen auch wir so-zusagen durch die Hintertür nach Neuseeland, und die gesamte Küstenwache ist bei unserer Ankunft alarmiert.

Unsere Tage auf Ahé gehen zu Ende. Am letzten Abend sind wir bei Ose und seinen Mormonenfreunden zum Essen eingeladen. Dies hätten wir aus hygienischen Gründen gern vermieden, doch ist das Fest für Ose die einzige Möglichkeit, sich für eine Gefällig-keit zu revanchieren. Der alte Mann hat nämlich höflich ange-fragt, ob wir ihn zu seiner Familie nach Tahiti mitnehmen kön-nen. Obwohl die SARSAS für einen weiteren Passagier nicht ausge-stattet ist, wollen wir ihm den großen Wunsch nicht verwehren.

Ose und seine Freunde wohnen in einem neuen Sperrholzhaus. Ganz Tenukupara besteht aus diesen frisch gezimmerten Bretter-buden, wo wir Palmenhütten erwartet hätten oder zumindest ein Baumaterial, das die Insel bereithält. Aber drei Jahre zuvor stand hier kein Haus mehr, kein Baum. Ein Hurrikan hatte das Atoll überrollt. Nur ganz selten verirren sich Wirbelstürme in diese Re-gion. Doch 1983 war das berühmte Niño-Jahr, in dem alle Wetter-kapriolen möglich sind. Die Bewohner überlebten die meterhohe Flutwelle, indem sie sich in die stabiler gebaute Post retteten. Da-nach schuf die französische Regierung schnell ein neues Dorf, nur das Chaos aus herumliegenden Stämmen und Wurzelballen am Strand erinnert noch an die Katastrophe.

Wir haben gehört, daß man in Polynesien auch Hunde verzehrt, und unsere Angst, einen der streunenden Köter auf Oses Speise-karte vorzufinden, ist riesengroß. Welch eine Erleichterung, als wir auf dem reich gedeckten Tisch eine Platte mit unverkennba-ren Hühnerschenkeln entdecken. Sarah und Saskia strahlen: „Endlich wieder Hiiienchen!"

Die Männer häufen mir für die Kinder einen Berg Keulen auf

den Teller, doch aus der Nähe betrachtet sieht das Fleisch nicht sehr appetitlich aus. Sarah und Saskia haben plötzlich keinen Hunger mehr. Peter auf seinem Ehrenplatz am Kopf der Festtafel schmunzelt erleichtert, als man ihm zunächst nur ein Hühnerbein kredenzt. „Na, dann guten Appetit!" grinst er schadenfroh zu mir herüber, als das lange Tischgebet der Mormonen mit einem „Amen" endet. Verzweifelt würge ich die blutigen Schenkel hinunter, stets um ein höfliches Lächeln bemüht. Die Männer haben wahre Reichtümer geopfert, um dieses Festmahl zu zaubern. Wenn das mal gutgeht, denke ich.

Am Nachmittag des nächsten Tages legen wir ab und können im Morgengrauen die beiden Atolle Arutua und Rangiroa im Westen klar erkennen. Ose hat als Reiseproviant einen Sack voll Trinknüsse und Papayas mitgebracht. Er bittet uns, Rangiroa anzulaufen, dort gebe es noch eine Menge Fisch. Das Atoll sei das größte im Archipel und Ahé praktisch schon leergefischt. Wir begreifen Ose nicht: Warum möchte er auf seinem Trip nach Tahiti noch fischen gehen? Und warum ausgerechnet in einer Lagune, obwohl das offene Meer doch Fische im Überfluß bereithält? Nur allmählich verstehen wir seine Erklärung. Erstens möchte er uns nicht auf der Tasche liegen, sondern ein paar Mahlzeiten beisteuern. Zweitens kann man nicht mehr auf offener See oder am Außenriff fischen, weil die Beute dort nicht einwandfrei ist. Die Tiere haben Krankheiten, die sie auf den Menschen übertragen.

„Meinst du Ciguatera?" fragen wir Ose und beschreiben ihm die Symptome der gefürchteten Fischvergiftung. Zu bestimmten Jahreszeiten, wenn die Korallen „blühen" und sich vermehren, wird ein noch wenig erforschtes Gift freigesetzt, das durch die Nahrungskette in den Körper größerer Raubfische gelangt und dort gespeichert wird. Aber Ose wehrt ab. Nein, diese Krankheit meint er nicht. Raubfische und große Schwärme legen weite Distanzen im Ozean zurück, und viele werden dabei von Mururoa verseucht. Nur die standorttreuen Fische innerhalb der Lagune kann man sorglos essen. Ose erzählt von entfernten Atollen, wo die Bewohner schwer erkrankt seien, an Mißbildungen, Leukämie und Tumoren.

Wir sind tief betroffen und schämen uns, der weißen Rasse anzugehören, die mit ihren Kernwaffenversuchen so viel Unglück über den Pazifik gebracht hat.

Beim Frühstück gibt uns Ose Unterricht in Polynesisch. Wir schreiben eine lange Liste von Wörtern auf, und die Kinder lernen polynesisch zählen: „Oe, piti, torn, maha, bae, ono, hitu, vau, igna, ahurn..." Mit dem „tipi" streichen wir nun Erdbeer-„hapaina" und Dosen-„bata" auf unser „fraoa". Ose trinkt aus seinen mitgebrachten „iitas" und bittet uns gelegentlich um etwas „pope" aus dem Wasserhahn. „Haere mai – komm her!" fordern Sarah und Saskia den Onkel schon auf polynesisch auf, ihre Spielsachen, Puppen und Schulhefte anzusehen. An Deck zeigen sie ihm ihre Kletterkunststücke und gehen wie zwei Äffchen an den Wanten hoch.

Die See ist ruhig, der Wind kommt achterlich. Klüver und Groß haben ihre weißen Schmetterlingsflügel ausgebreitet und schweben durch das endlose Blau des Himmels und des Meeres. Peter ist seltsam still geworden und hat sich nach unten verkrümelt. Zum Mittagessen möchte ich unseren Gast mit einem tropischen Gericht erfreuen und koche „Papaya-boats" nach einem karibischen Rezept. Es ist die letzte warme Mahlzeit, die es in diesen Tagen geben wird, denn der Herd streikt wieder einmal. Peter ist inzwischen sterbenskrank und kann ihn nicht reparieren. Wenn er nicht regungslos in der Koje liegt, hängt er über der Reling oder thront auf dem Topf. Ose wirkt unsicher. Denkt er, daß sein Abschiedsessen etwas damit zu tun hat, oder fürchtet er, auch die „Pest" zu bekommen? Bald klagt auch Sarah über Bauchschmerzen und Übelkeit. Nur Saskia und ich bleiben verschont. Für Ose ist es peinlich, daß er nun ausschließlich mit mir, einer Frau, die Arbeit teilen und Konversation betreiben muß. Am schlimmsten aber sind fortan die Mahlzeiten an Bord, denn wir können morgens, mittags und abends nur Haferflocken, Pudding, Kekse und Dosenobst servieren.

Verzweifelt versucht Ose stundenlang, einen Fisch an die Angel zu bekommen. Der Wind weht nur ganz leicht, und die leidige Überfahrt zieht sich in die Länge. Ich danke dem Himmel, daß mir der dubiose Hühnerberg nichts anhaben konnte. Mit letzter Kraft kann Peter immerhin die Sonne messen und am vierten Reisetag das Ankermanöver auf Tahiti überwachen. Ose hilft mir, das schwere Holzdingi ins Wasser zu setzen, und zögert keine Sekunde, das „Pestschiff" zu verlassen.

Wir ankern am Mareva Beach, unweit der Hauptstadt Papeete. Mit dem Bus fahren Saskia und ich am nächsten Morgen in die Stadt, um Brot und frisches Obst zu besorgen, aber die Preise sind gesalzen. Auf den Straßen herrscht lebhafter Autoverkehr. In der Ladenebene der modernen Betonbauten ist alles wieder erhältlich. Reisebüros preisen Inselrundflüge per Hubschrauber an, und in einem Fotoladen können wir unsere Diafilme innerhalb von 24 Stunden entwickeln lassen. Es gibt Kinos, Discos und Restaurants.

Die Franzosen sind nicht beliebt, aber die Polynesier wissen genau, daß im Falle ihres Rückzugs von den Gesellschaftsinseln auch alle scheinbaren Vorteile des modernen Lebens verschwinden würden. Einem Tahitianer, der einen bequemen Job hat und in seinem modernen Haus sitzt, das Auto vor der Tür und ein Bier in der Hand, würde dieser Verlust wenig behagen, also findet er sich mit der Grande Nation ab.

Im Hafen treffen wir Grandpa George, der wieder blendend aussieht, und unsere Freunde von der WASA.

„Was war denn damals los mit euch vor Manihi – äh, vor Ahé? Wieso seid ihr weitergesegelt?" will ich wissen und erfahre, daß die beiden über zehn Stunden lang keinen verläßlichen Standort bekommen haben und voll Gottvertrauen eben weitergesegelt sind.

Peter gelingt es am nächsten Tag endlich, den Herd einigermaßen zu reparieren. Am Steg machen wir Wäsche und bunkern Frischwasser. Doch mit der Laune des Skippers ist es nicht gut bestellt. Ihn stören die Autos, Touristen und Betonhotels. Beharrlich verweigert er einen Ausflug auf die Insel. Aber die alpine Silhouette von Moorea im Westen, die wie ein magisches Zeichen schwarz vor dem Flammenmeer des Abendhimmels steht, zieht ihn doch in ihren Bann. Also legen wir frühmorgens mit Kurs auf diese Nachbarinsel Tahitis ab und ankern am Nachmittag in ihrer Oponuhu Bay. Der Hauptreisestrom der Fahrtensegler ist schon lange abgeebbt – wenigstens *ein* Vorteil unserer verspäteten Ankunft. Wir sind fast allein in der herrlichen Bucht mit ihrem überwältigenden Panorama.

Kaum trauen wir unseren Augen: Eines der ankernden Boote ist die südafrikanische SYMPHONY! Sarah und Saskia sind außer sich vor Freude, die geliebten Jungs endlich wiederzusehen, und haben es eilig mit der Begrüßung. Platsch, platsch... Alles springt ins Wasser und fällt sich um den Hals. Unsere Töchter schwimmen mit den Buben um die Yachten herum, als hätten sie nie etwas anderes getan.

Am nächsten Morgen steht hüben und drüben Schule auf dem Programm. Paul muß Deutsch büffeln, Kepler lernt das kleine Einmaleins, Steve und Saskia malen Boote und Buchstaben, und Sarah rechnet jetzt im Zehnersystem. Mit deutschem Spielgeld lassen sich die Aufgaben gut nachvollziehen. Endlich dürfen die Briefmarken von Opa und Omas Umschlägen ausgeschnitten und ins Heft geklebt werden: 10 Pf + 30 Pf = 40 Pf. Am meisten Spaß macht es aber, mit polynesischen Francs zu rechnen, denn auf den Münzen sind Muscheln, Palmen, Kanus, Blüten, Früchte und geheimnisvolle Tiki-Gesichter abgebildet. Die kann man mit dem Bleistift im Heft durchrubbeln. In der Sachkundemappe halten wir fest, wie die Inseln entstanden sind, wovon die Menschen hier leben und welche Tiere die Riffe bewohnen: „Heimatkunde"! Als Bordlehrer muß man allerhand Phantasie entwickeln, um den deutschen Lehrstoff sinnvoll der jeweiligen Situation anzupassen.

Moorea wird umringt von einer hitzeflimmernden Strandstraße, auf der das Leben zirkuliert: Dörfer, Hotelanlagen, Kirchen und Läden reihen sich wie Perlen auf dem Teerband, das in der Mittagssonne glüht und uns Wanderer peinigt. Die Trinkflaschen sind längst leer. In unserer Not klopfen wir an ein hübsches Bretterhaus und bitten die freundliche Besitzerin um etwas Wasser für die kleinsten, aber durstigsten Kehlen in unserer Schar. Françoise verwöhnt uns alle, überreicht jedem zum Abschied eine Handvoll eisgekühlter Mangoschnitze und beteuert nach alter polynesischer Sitte, daß sie von Herzen gern mit uns teile, denn sie sei sehr glücklich, liebe die Menschen und danke Gott für alles. „Haere mai", winkt sie und bittet uns, ihr Haus anzusehen.

Überall liegen bunte Kissen mit ausdrucksvollen Blütenapplikationen herum, die Françoise selbst angefertigt hat. Ob sich außer dem unübersehbaren Bett in dem Zimmer auch noch sonstige Möbel befinden, ist daher nicht festzustellen. An den Wänden hängen Bilder mit süßlichen Jesusmotiven und kostbar gerahmte Fotos vom Mururoa-Atoll: gewaltige Atompilze mit der lächelnden Familie im Vordergrund. Eine makabre Montage! Aber Françoise findet nichts dabei. Ihr verstorbener Mann hat auf dem berühmt-berüchtigten Atoll gearbeitet. Nein, Einwände gegen die französischen Aktivitäten habe sie nicht. Die Sache sei bestimmt unbedenklich, und man könne jetzt doch so gut leben, n'est-ce pas?

Eine Tagesreise weiter nordwestlich wartet die Insel der „schönen Schwangeren", Huahine. Ihre Silhouette erinnert an eine liegende Frau, deren Antlitz, Busen und fruchtbarer Bauch von der bergigen Landschaft gemalt werden. Wir ankern in der Bucht von Fare, wo das Wasser einem hellblauen Swimmingpool gleicht, so weit das Auge reicht. Am Ufer können wir die ersten Palmenhäuser der Südsee ausmachen. Leuchtende Bougainvilleen und feurige Hibiskussträucher, duftende Frangipanis und Tiaren, das Wahrzeichen Französisch-Polynesiens, schmiegen sich an ihre geflochtenen Wände. Kleine Laternen, erquickliche Brunnen und die große Sonnenterrasse mit feingekleideten Leuten beim Abendessen weisen das Ganze als Hotelanlage aus. Touristische Einrichtungen, die wenigstens optisch daran erinnern, wohin man geflogen ist, liegen im Trend. Doch auch uns gefällt der traditionelle Touch. Denn wenn schon die Einheimischen ihre Geschichte vergessen haben, bleibt wenigstens auf diese Weise ein wenig Vergangenheit lebendig.

Im Hotelfoyer erleben wir eine polynesische Tanzvorführung. Die Schönheit und Anmut der Tänzerinnen, die ekstatischen, mitreißenden Rhythmen der Trommler, die sie mit vibrierenden Hüften unter raschelnden Baströcken umsetzen, lassen uns schnell vergessen, daß dies eine inszenierte Darbietung ist. Mit der Sprache ihrer Hände und Blicken voller Freude, Leid und Hingabe begrüßen die Frauen das Licht der Sonne, wiegen ein Kind in ihren Armen, spielen mit Wellen und Wind, deuten den Lauf der Gestirne an, danken für reichen Fischfang, nehmen Abschied.

Auch Sarah und Saskia haben duftende Blütenkränze im langen Haar. Die beiden sind glücklich, endlich einmal ihre hübschen Kleidchen tragen zu können, denn dazu ist bei Matrosen und Lausbuben selten Gelegenheit. Allerdings fällt das Stillstehen den beiden vornehmen Damen unendlich schwer. Es zuckt und kribbelt in ihren Gliedern, und auf der SARSAS gibt es fortan zum Nachtisch Tanz à la Polynésie wie im Hotel.

Bei einer Fahrradtour stoßen wir auf steinerne Überreste der alten polynesischen Kultur. Die mythischen Steingebilde der Maraes sind die letzten Zeugen einer vergangenen Zeit, denn alle Schätze der Südsee schlummern längst in den Museen der westlichen Welt. Die Menschen hier sind ihrer Geschichte beraubt. Dafür stellen sich die neuen Lehrmeister um so vehementer dar: Kirchen und Sekten. Wir radeln durch winzige Ansiedlungen, die aber nicht weniger als sieben Kirchen vorweisen können! Alle Glaubensrichtungen sind vertreten: Protestanten, Adventisten, Zeugen Jehovas, Katholiken, Mormonen... Der missionarische Eifer ist wahrlich beeindruckend.

Huahine – Tahaa – Bora Bora: Scheinbar schwerelos und still fliegen wir wie Schmetterlinge von Blüte zu Blüte. Kaum vorstellbar, daß dieses ruhige Meer auch wüten kann! Später erzählt uns ein Segler, daß ihm ein kurzes Sturmtief sämtliche Segel zerfetzt habe und er nur mit viel Glück durch die brechende Passage von Bora Bora gelangt sei. Wir aber segeln dicht an der täuschend friedlichen Korallenbarriere entlang, wo grüne, glasige Brecher steil auflaufen, schäumend zerplatzen und in das stille Lagunenrund hinübergleiten. Wir genießen die großartige Kulisse, in deren Mitte ein mächtiger Felsenkoloß thront, trotzig, unvergänglich und wunderschön. Wie ein Mahnmal zeugt er von der Inselgeburt durch Feuer und Korallen. Problemlos gelangen wir durch die breite Passage, haben aber Mühe, uns angesichts dieser Orgie in Blau auf den Kurs zu konzentrieren. Peter ist in den Mast geklettert und dirigiert mich zwischen dunklen Korallenfeldern hindurch zu einem paradiesischen Ankerplatz. Neben uns liegt nun wieder die SYMPHONY, startklar für den gemeinsamen Trip nach Tonga. Peter nutzt die letzten Stunden, um den dicken Bauch der SARSAS von Algen und Seepocken zu befreien: eine mühsame Arbeit, die gute Lungen erfordert. Aber für die bevorstehenden 1370 Seemeilen nach Tonga brauchen wir ein schnelles Unterwasserschiff. Das Bürsten und Schrubben am Rumpf ist ein unwiderrufliches Signal, daß unsere Zeit in Französisch-Polynesien zu Ende geht. Die letzte Septemberwoche ist bereits angebrochen.

Doch das Wetter verschlechtert sich. Langgezogene weiße Streifen am Westhimmel warnen davor, jetzt weiterzusegeln. In der Nacht erleben wir, wie blitzschnell sich unser Paradies in eine Hölle verwandeln kann. Heftige Sturmböen, die mit aller Macht am Sonnendach über dem Cockpit zerren und das Schiff erschüttern, schrecken uns auf. Rhythmische Schläge durchzucken den Rumpf. Wir stürzen nach draußen in den peitschenden Regen. Undurchdringliches Schwarz ringsumher, keine Sterne, keine Lichter, keine Orientierung. Nur ohrenbetäubendes Windgeheul. Und dann plötzlich unten dieses Krachen, im Takt der Wellen. Wir stranden! Ehe wir reagieren können, sitzen wir auf der Sandbank vor dem Ufer. Ist der Anker geslipt?

Peter rast zum Bug, will die Kette einholen, aber weil uns der Wind seitlich versetzt hat, droht sie von Bugrolle und Winsch zu rutschen. Wir versuchen unter Maschinenkraft freizukommen. Doch das Ruder läßt sich nicht mehr bewegen, und der Kiel hat sich schon zu tief eingegraben. Unsere einzige Rettung ist die SYMPHONY, die zum Glück in Rufweite liegt. Nach minutenlangem Hupen und Scheinwerferblinken wachen unsere Freunde endlich auf und kommen uns zu Hilfe, bevor uns die Ebbe noch tiefer in den Sand rutschen läßt. Peter befestigt oben in Salinghöhe eine starke Leine und wirft den Tampen zur SYMPHONY. Simon holt dicht. Die SARSAS krängt, zieht ihr langes Bein aus dem schlüpfrigen Sand – und entkommt. Zehn neugierige Kinderaugen spähen derweil durch schmale Lukenritzen und beobachten das spannende Schauspiel. Selbstverständlich ist für sie das Deck jetzt tabu.

Für den Rest der Nacht gehen wir bei unseren Freunden längsseits, denn in der Dunkelheit können wir unmöglich einen neuen Ankerplatz finden. Am Morgen blinzelt die Sonne wieder so unschuldig über die friedlich gleißende Lagune, als wäre nichts gewesen. Doch der Wind hat gedreht und weht nun aus Nordwest. Deshalb können wir unseren Kurs nach Tonga nicht mehr anliegen, sind aber über die Zwangspause nicht böse, sondern freuen uns über jeden neuen Tag. Die Kinder spielen am Strand, beobachten kleine Meerestiere, sammeln Muscheln, bauen Häuser aus Palmblättern, planschen und schnorcheln. Auf dem Motu liegt ein endloser Teppich von gebleichten Korallenstücken und Muscheln ausgebreitet – wir stöbern wie in einer Schatzkiste.

Nach einer Woche scheint der Wind wieder zurückzudrehen: Zeit zum Ablegen! Die Südafrikaner müssen noch zusätzliche Vorräte in der Stadt kaufen, und wir warten auf sie neben dem Paß im Riff. Es ist nicht leicht, in dem Labyrinth aus Korallenköpfen einen geeigneten Ankerplatz mit genügend Raum zum Schwojen zu finden. Als das Eisen fest gegriffen hat, prüfen wir das Gelände nochmals sorgfältig durch Tauchen. Alles okay, wir können das friedliche Idyll genießen. Aber der Schein trügt abermals! Im Westen beobachten wir zunehmend starken Wolkenaufzug, der für unseren bevorstehenden Start nichts Gutes verheißt. Und tatsächlich fegt gegen 22.00 Uhr eine saftige Schlechtwetterfront über uns hinweg, die hohe Wellen über das Außenriff schiebt. Der Seegang in der Lagune wird erschreckend rauh. Ungestüm stampft die SARSAS auf und nieder. „Maschine an!" schreit Peter durch die heulende Nacht. „Der Anker kann jeden Moment ausbrechen. Ich muß eine Leine anstecken."

Irgendwie gelingt es uns sogar, vom Bug aus einen zweiten Anker zu setzen. Zum Glück haben wir uns den Grund genau angesehen. Aber mit der angesteckten Leine wird unser Schwojkreis jetzt erheblich größer, und wir entgehen nur knapp den scharfen Korallenköpfen. Lebensbedrohlich ist die Situation nicht, sie könnte aber das Ende unserer Reise bedeuten. Wir dürfen einfach nicht stranden! Gequält ruckt unsere geliebte SARSAS an der Kette, aber mehr Leine können wir ihr beim besten Willen nicht geben. Schweißgebadet sitzen wir in der Mausefalle, fahren drei Stunden lang unter Maschine gegen den Sturm an, um Kette und Anker zu entlasten. Dann ist der Spuk so plötzlich vorbei, wie er gekommen war. Die Kinder sind an die „Musik" aus dem Motorraum schon so gewöhnt, daß sie friedlich weitergeschlafen haben.

Auch drüben, auf dem offiziellen Ankerplatz vor der Stadt, war einiges los in dieser Nacht, erfahren wir später über Funk. Leinen sind gerissen, Anker ausgebrochen, Yachten aufeinandergeprallt und Schlauchboote zerquetscht. Gäbe es nicht diese Schäden, könnte man am nächsten Morgen glauben, alles sei nur ein böser Traum gewesen. Als könne er kein Wässerchen trüben, säuselt der Südost zärtlich über die Lagune. Sachte, aber bestimmt füllt er unsere Passatsegel und bläst uns durch den Paß hinaus aus dem Paradies.

Schon am zweiten Tag reißt unser Funkkontakt zur SYMPHONY ab. Die Wellenberge sind zu hoch, die zarte Brise vom Vortag hat sich zu einem böigen Südost entwickelt. Ich spüre, daß Peter und Simon aus dem gemeinsamen Trip insgeheim ein Rennen machen wollten, aber nun sind unsere Freunde an der Steuerbord-Kimm untergetaucht. Sarah ist enttäuscht, denn es hat doch soviel Spaß gemacht, mit den Buben auf englisch zu „telefonieren". Doch sie hat sich schnell Ersatz beschafft und mit alten Schläuchen, Kartons, Tasten aus Wäscheklammern und einem Bananenhörer ein dauerhaft funktionierendes „Funkgerät" gebaut: „Hallo, hallo. Hier ist Radio Mücki. Bitte kommen. Over..." So erhalten wir erstklassige Wetterberichte, die neuesten Nachrichten und tauschen Positionen aus, und natürlich ist auch Saskia in der Zwischenzeit Besitzerin eines derart interessanten Geräts geworden.

Die ersten Tage sind navigatorisch nicht ganz streßfrei, denn unser Kurs nach Tonga wird das Palmerston-Atoll kreuzen. In der fünften Nacht passieren wir es so weit südlich, daß wir es auf unseren Wachen gar nicht zu sehen bekommen. Vielleicht sind wir ein wenig übermüdet, jedenfalls gerät am Morgen bei einem kleinen Segelmanöver die Logleine in die Schraube. Absolute Flaute, beide Passatsegel stehen back. Also Maschine an und den Schönheitsfehler korrigieren. Aber der Motor steht schnell still, und das würgende Geräusch ist eindeutig: Peter muß tauchen. Wir bergen die Segel. Ich bin hell verzweifelt, sehe meinen Mann schon im Rachen gefräßiger Haie und fühle mich elend einsam auf dem verlassenen Deck. Hoffentlich verletzt er sich nicht! Schon ein paar Seepockenschrammen würden genügen, um die blutrünstigen Raubfische anzulocken. Gottlob ist die See völlig ruhig, und Peter kann den Schaden schnell beheben. Das Messer zwischen die Zähne geklemmt und den Leinensalat in der Hand, schießt er aus den Fluten: „Da unten gibt's wirklich jede Menge Haie!"

Und dann macht er sich unverzüglich daran, aus Knotenballen und Leinenfetzen wieder eine brauchbare Logleine zu basteln. Gegen Mittag schnurrt das Rädchen am Heck wie zuvor und zählt unsere Meilen. Für die Ansteuerung von Tongatapu, der südlichsten Insel des Tonga-Archipels, werden wir die Logge dringend benötigen.

Ausgerechnet einen Tag vor unserem Landfall ist der Himmel dicht bewölkt. Der gekoppelte Standort gegen Mitternacht liegt zehn Seemeilen vor der östlichen Passage. Wir drehen bei und konzentrieren alle Sinne auf Riffe und nahendes Land, das hier aus der schwindelnden Tiefe von 15 000 Metern aufsteigt. Einer der tiefsten Ozeangräben der Erde erstreckt sich östlich von Tonga bis Neuseeland. Glaubt man der Sage, so hat Gott Maui alle Tonga-Inseln von Samoa mit einer Angel aus dem Meer gefischt.

Bei Sonnenaufgang entdeckt Peter einige verstreute Motus in geringer Entfernung. Demnach befinden wir uns mitten in der breiten Passage und sind während der Nacht bereits hinter den Riffgürtel getrieben. Das zeigen die Sonnenmessungen um 08.00 Uhr. Unsere Freude, so präzise gelandet zu sein, wird etwas durch das Unbehagen getrübt, daß wir trotz unseres großen Sicherheitsabstands den Untiefen so nahe waren.

Gegen Mittag machen wir an der Salote Wharf von Tongatapu fest und klarieren ein. Es ist Sonntag, der 19. Oktober 1986. Doch dieser Tag existiert für uns kalendarisch nicht, denn in Tonga schreibt man bereits den 20. Oktober. „Tonga, where time begins", lautet deshalb auch der Spruch auf den originellen Stickerbriefmarken des Inselreichs. Namen wie „Dateline Hotel" erinnern ebenfalls daran, daß durch Tonga die Datumsgrenze verläuft. Hier beginnt der neue Tag 13 Stunden vor Greenwich Time und somit am frühesten in der ganzen Welt: eine Ausnahmeregelung, denn die eigentliche Datumsgrenze, der 180. Längengrad, verläuft etwa 300 Seemeilen westlicher.

Die Einklarierungsbeamten in ihren engen, wadenlangen Röcken sind unbürokratisch und freundlich. Pralle, dichtbehaarte Waden und breite Riesenfüße in derben Sandalen kommen unter dem eleganten Tuch zum Vorschein. Sarah und Saskia glucksen und drucksen herum: „Mama, sieht das aber ulkig aus!" Und die Herren lachen kräftig mit. Sich-freuen-können wird in Tonga groß geschrieben. Nicht umsonst taufte Captain Cook den Archipel „The Friendly Islands".

Kaum haben sich die Beamten von Immigration, Health, Agriculture und Customs verabschiedet, da ertönen draußen vertraute Stimmen: Die SYMPHONY ist eingelaufen. Simon, der vor seinen drei „Männern" bestehen muß, ist sichtlich erleichtert, daß der Wettlauf nach elf Segeltagen quasi unentschieden ausging. Aber unsere vorlaute Mücke muß doch ein wenig sticheln und prahlt fachmännisch: „Dabei ist unser Boot soviel kleiner, Simon!"

Kaum gelandet, beginnen schon die Vorbereitungen der Fahrtensegler für das nächste Reiseziel – Neuseeland –, denn bis zum Beginn der Hurrikansaison bleiben nur noch zehn Tage. In der neuseeländischen Botschaft beantragen wir unser Sechs-Monate-Visum, bunkern Wasser und Diesel und ergänzen unsere Lebensmittelvorräte. Trotz des regen Kleinbusverkehrs und der donnernden Laster, der üblichen Bretterhäuschen, Hotels und Supermärkte durchströmt die Straßen von Nuku'alofa, zu deutsch „Heimat der Liebe", ein exotisches Flair. Der Markt im Herzen des Städtchens strotzt vor Fruchtbarkeit und Fülle. Endlich können wir wieder in Obst und Gemüse schwelgen, denn die Preise sind paradiesisch niedrig. Zum ersten Mal baumelt nun am Heck unserer Sarsas statt der deutschen Fahne eine riesige Bananenstaude.

Die korpulenten Marktfrauen stecken mit ihrem Unterkörper in störrischen Pandanusmatten und sehen wie Fässer aus. Überall in der Stadt sieht man diese seltsame Bekleidungsart. Manchmal prangen in diesen To'ovalas riesige ausgefranste Löcher, was selbst die schönsten Frauen nicht zu stören scheint. Wir bestaunen ihren Gleichmut, wundern uns aber doch ein wenig: Soviel Arbeit kann es doch nicht sein, eine neue Matte zu flechten. Unser Erstaunen wächst, als wir in einem Buchladen ein Foto von König Taufa Tupou IV. bei der Beerdigung seiner geliebten Mutter entdecken, das auch ihn in einer löchrigen To'ovala zeigt. Die Kammerdiener sind auch nicht mehr, was sie waren, ulken wir.

Irgendwann klärt man uns auf: To'ovalas stellen einen wertvollen Familienbesitz dar und werden bei besonderen Anlässen getragen oder verschenkt. Zum Zeichen tiefer Trauer reißen die Tonganer große Löcher in das kostbare Geflecht. So kann man sich irren! Aber uns tröstet ein wenig, daß die Tonganer selbst zum herzhaften Spotten neigen und sich königlich über Aussehen und Gewohnheiten westlicher Touristen amüsieren.

Am Dateline Hotel haben sich einige Tonganer eingefunden, die ausdrucksvolle Masken und grimmig blickende Göttergestalten aus hartem Wurzelholz anbieten. Sarah und Saskia beobachten die Männer fasziniert beim Schnitzen und setzen sich zu ihnen in den Schatten eines großen Baums. Viele Tonganer träumen vom guten Verdienst in Neuseeland oder Australien und wollen auswandern. Ihre Inseln sind hoffnungslos übervölkert und können all ihre Bewohner schon längst nicht mehr ernähren. Die Hälfte aller Tonganer lebt bereits im Ausland – nicht immer glücklich, wie die wachsende Zahl von Alkoholikern zeigt.

Unser Freund Tony dagegen ist wieder nach Tonga zurückgekehrt, geläutert sozusagen. In Neuseeland hat er gut verdient, doch plötzlich mußte er für alles zahlen, was auf seinen Inseln selbstverständlich gratis war: Essen, Wasser, Feuer, Wohnung. Er brauchte teure Kleidung und ordentliche Schuhe. Am Ende des Monats blieb von seinem Geld nicht mehr viel übrig.

„Nein danke", sagt er. „In Tonga kann ich besser leben!"

Wir fragen ihn, ob es wirklich stimme, daß die Tonganer soviel stehlen, und er antwortet schmunzelnd: „Oh yes, we steel a lot!" Gleichzeitig aber warnt er uns vor Tilly, einem ausgefuchsten Schlitzohr, der es nur auf Geld abgesehen und schon vielen Yachties Kummer bereitet habe. Aber mit eben diesem Tilly sind wir bereits ins Geschäft gekommen, denn er hat die Crews mehrerer Yachten zu einer Inselrundfahrt in seinem Truck angeheuert. Morgen soll das Unternehmen starten.

Annette, die deutsche Besitzerin eines kleinen Kunsthandwerkladens in der Stadt, ist mit einem Tonganer verheiratet und relativiert Tonys treuherziges Bekenntnis: „Tonganer kennen wie eigentlich alle Polynesier keine individuellen Besitzansprüche. Alles ist Gemeinschaftsbesitz. Was einer hat, gehört gleichzeitig der ganzen Familie. Daran konnte ich mich anfangs nur schwer gewöhnen." Sie seufzt. „Kaum hatte ich unsere Wohnung hübsch eingerichtet, kamen die Verwandten meines Mannes und nahmen mit, was ihnen gefiel. Sogar mein Fotoalbum haben sie zerpflückt. Aber ich weiß, daß ich mich jederzeit genauso verhalten und mir von ihnen holen kann, was ich brauche. Doch Touristen haben in dieser Hinsicht nichts zu befürchten."

Paradiesische Philosophie, möchte man meinen. Tonga, ein Garten Eden? Aber sein Baum des Lebens trägt keine roten Äpfel, sondern harte braune Nüsse: Kokosnüsse. Die Kokospalme ist Tongas Lebensquell, denn sie versorgte seine Bewohner einst mit allem lebensnotwendigen Material. Jeder Teil der Pflanze fand Verwendung.

Sarah und Saskia lauschen gebannt dem tonganischen Märchen über die Entstehung der Kokospalme: „Einst lebte ein sehr schönes Mädchen in Tonga, die Tochter eines großen Häuptlings. Sie hatte als Lieblingstier einen verzauberten Aal. Die Leute im Dorf machten sich schon über sie lustig und beschwerten sich bei ihrem Vater, daß sie nichts anderes tue, als am Teich mit ihrem Aal zu spielen. Eines Tages schlich der Häuptling seiner Tochter zum Teich nach und erwischte sie in den Armen eines schönen Jünglings. Er wurde zornig und wollte den Fremdling erschlagen.

146

Aber dieser verwandelte sich zurück in den Aal und schlüpfte ins Wasser. Darauf befahl der Häuptling den Dorfbewohnern, am nächsten Tag den Teich zu leeren und den Aal zu töten.

Nachts schlich sich der verzauberte Jüngling zur Hütte des Mädchens und sagte traurig: ‚Hina, morgen wird man mich töten. Aber ich bitte dich um eines: Wenn sie mich zerschneiden, laß dir meinen Kopf als Anteil geben und vergrabe ihn neben deinem Haus in der Erde. Dann wirst du alles erhalten, was für unser Kind wichtig ist.' Hina, die schöne Häuptlingstochter, war nämlich schwanger.

Am nächsten Tag leerten die Leute den Teich, fingen den Aal, töteten ihn und gaben Hina den Kopf, um den sie gebeten hatte. Sie begrub ihn neben ihrem Haus und begoß ihn mit ihren Tränen. Nach ein paar Tagen sah sie einen kleinen Sproß aus der Erde ragen, der bald zu einer Palme heranwuchs und Früchte ansetzte. Niemand hatte je zuvor eine solche Pflanze gesehen. Da erschien ihr der Jüngling im Traum und sagte: ‚Ich kann nicht wie andere Väter für dich und mein Kind sorgen. Aber ich werde es auf meine Art tun. Mein Leben steckt in dieser Pflanze. Sie ist der Baum des Lebens für mein Kind und alle künftigen Kinder Tongas. Nimm die Blätter der Palme und flechte meinem Kind daraus ein Bett. Gib ihm das Wasser der grünen Nuß zu trinken. Wenn die Nüsse reif sind, kannst du es mit dem weißen Fleisch füttern. Du kannst Brei daraus kochen. Aus dem getrockneten Mark kannst du Öl pressen, zum Kochen und um unser Kind damit einzureiben. Tu' Blüten dazu, dann hast du Parfüm. Die Nußschale kannst du als Becher und Napf benutzen. Aus meinem Stamm kannst du Balken und Pfosten hauen und euch ein Haus bauen. Binde das Holz mit den Seilen zusammen, die du aus der dicken, äußeren Schale der Nüsse flichst. Mit den starken Blättern decke das Dach und webe daraus Türen und Wände. Aus den zarten Blättern binde Matten zum Schlafen und um euch zu bekleiden. Und aus den Wurzeln knote Netze und Reusen, damit du dem Kind Fische fangen kannst. Es soll euch an nichts fehlen.'

Als die junge Mutter das hörte, fürchtete sie sich nicht mehr. Sie hörte auf zu weinen, gebar ihr Kind und lebte glücklich mit ihm. Sie tat alles, was ihr der Jüngling im Traum geraten hatte, und es erwies sich als richtig, bis auf den heutigen Tag."

Wenn Tongas Kinder heute für ihre Häuser Wellblech, Sperrholz, Asbest und Linoleum bevorzugen, so liegt das vielleicht nur daran, daß *ihnen* jemand anderer im Traum erschienen ist und das Märchen von einem besseren Leben erzählt hat.

Am Morgen sehen wir, wie Sarah und Saskia ganz vertieft eine reife Kokosnuß untersuchen und die Palmen am Strand genau betrachten. Plötzlich hören wir sie rufen: „Das war gar kein Märchen! Hier, schaut, die Nuß sieht wirklich aus wie ein Fisch! Seht die Augen und den Mund!" Sarah und Saskia legen ihren verzauberten Jüngling nicht mehr aus den Händen und geben dem braunen „Aal" ein Ehrenplätzchen in ihrer Koje.

Am nächsten Tag rattern wir auf der Ladefläche von Tillys Truck zur Südseite Tongatapus. Für die Kinder wird das ein Mordsspaß, aber Peter ist auf der SARSAS geblieben, denn beim Abschließen ist der Schlüssel abgebrochen.

Wir können das Boot unmöglich offen lassen, heißt es. „Wahrscheinlich ist der ganze Ausflug sowieso ein Komplott", argwöhnt unser Skipper. „Alle Yachties sind fort, da kann man leicht einbrechen..." So bleibt er zurück und hält Wache, kann aber den ganzen Tag über nichts Verdächtiges erkennen. Und da sich das abgebrochene Schlüsselstück nicht mehr entfernen läßt, bleibt die SARSAS für den Rest der Weltumsegelung unverschlossen, was uns später nicht einmal bei unseren wochenlangen Ausflügen in Neuseeland, Indien oder Ägypten Probleme bereiten wird.

Dicht an dicht hängen in den kahlen Baumkronen bei Kolovai Fliegende Füchse. Zwar gehören sie zur Familie der Fledermäuse, aber ihre molligen Köpfchen ähneln eher putzigen Teddybären. Blitzschnell sind alle Seglerkinder von der Ladefläche geklettert und wünschen sich nichts sehnlicher als solch einen Flying Fox als Bordtier. Wenn es nach ihnen ginge, müßten wir hier den ganzen Tag verweilen, aber Tilly drängt auf Weiterfahrt.

Bald haben wir die berühmten „Blow Holes" erreicht, ein einzigartiges Naturschauspiel. Die gewaltige Brandung an der südlichen Korallenküste hat die Felsenriffe durchlöchert. Die Wellen schmettern mit so ungeheurer Wucht gegen die Klippen, daß ihr Wasser durch die herausgewaschenen Öffnungen bis zu 30 Meter hoch in die Luft gepreßt wird.

Dann führt uns Tilly in das Dorf seiner Familie. Heute ist ein besonderer Tag, denn alle Frauen haben sich im Gemeinschaftshaus zusammengefunden und arbeiten an einer großen Tapa. Schon von weitem hören wir den vielstimmigen Gesang, der die Arbeit begleitet. Etwa zwanzig Frauen kauern im Schneidersitz vor einem langen, flachen Tisch, kleben mit Maniokwurzeln mehrere Rollen aus weichgeklopftem Maulbeerbast zu einem vier Meter breiten und je nach Bedarf bis zu 200 Meter langen Tuch aneinander und versehen es mit bräunlichen Mustern. Wenn die Arbeit beendet ist, wird das Tuch unter den Frauen aufgeteilt. Auch das Königshaus erhält seinen Tribut. Ebenso wie die To'ovalas sind auch die Tapas traditioneller Familienbesitz und werden zu besonderen Anlässen weitergeschenkt. Früher waren sie sogar eine gebräuchliche Währung.

Tillys Mutter hat auf dem abgelaufenen Linoleumboden ihres Sperrholzhauses ein wundervoll bemaltes Stück Tapa zum Verkauf ausgebreitet, und der Vater bringt noch ein Dutzend Schnitzarbeiten herbei. Von den Wänden hängen Fetzen neuseeländischer Tapeten herunter, und wir fragen uns mit Bedauern, warum diese Leute auf das wunderbare Naturmaterial der alten Fales verzichten. Die Taschen der Yachties sind voll mit herrlichen Handarbeiten, aber die Dorfbewohner leben wie in einem Slum. Hauptsache, er ist „westlich".

Das bunt schillernde Kaleidoskop von Tongatapu gewährt uns ein paar Tage Ruhe vor dem Start in die „Brüllenden Vierziger". Mit Glück habe ich einige Tapas, Körbe, Schnitzarbeiten und Tongapuppen an Bord schmuggeln können. Die Preise für diese wunderschönen Handarbeiten sind unvorstellbar niedrig. Dennoch hätte der Skipper sicher heftig mit mir diskutiert, ob wir deshalb für den Rest der Reise am Hungertuch nagen sollen. Das aber erfüllte sich ebensowenig wie der prophezeite Untergang der SARSAS wegen Überladung. Zugegeben: Bei jedem Aufslippen mußte die Wasserlinie ein wenig höher gezogen werden, und schließlich lagen wir ganze 20 Zentimeter tiefer im Wasser, was jedoch der Fahrtüchtigkeit unseres Selbstbaus nichts anhaben konnte. Es hätte auch eine jahrelange Quälerei bedeutet, den Mädchen das unermüdliche Anschleppen von schönen Muscheln und Sandproben zu verbieten.

Wir ankern vor dem Inselchen Pangaimotu, das unsere Leichtmatrosen oben in den Wanten mit fröhlichem Grölen begrüßt haben. Längst haben wir uns abgewöhnt, bei ihren Kletterübungen hysterische Anfälle zu bekommen; der Klammergriff von Zehen und Fingern funktioniert einwandfrei. „Zwei kleine Mädchen in den Wanten, das ist die SARSAS, die wir noch nicht kannten..." steht denn auch in unserem Gästebuch.

Sarah und Saskia hatten die Turbulenz Nuku'alofas schnell satt. Hier auf Pangaimotu können sie wieder ihre Robinson-Kindheit genießen. Mit dem ausgebauten Klüverfall hat Peter eine Seilschaukel gebaut, auf der die Kinder von der Reling aus weit übers Wasser schwingen und sich dann voll Begeisterung ins kühle Naß plumpsen lassen.

Die deutschen Schulbücher durchpfeift unterdessen ein stürmischer Herbstwind. Bunte Blätter wirbeln durch die Luft. Und als sich darin der erste Schnee ankündigt, segeln wir dem Südsommer von Neuseeland entgegen.

260 Seemeilen südlich von Tongatapu liegt genau auf unserem Kurs das Minerva-Riff. Normalerweise hätten wir es in großem Bogen umschippert, aber wir fahren im Konvoi mit zwei Yachten, die uns mit Hilfe ihres Satnavs zielsicher in das vollkommen abgestorbene Atoll lotsen wollen. Es ist schon etwas ganz Besonderes, in einem unsichtbaren Naturhafen mitten im tosenden Ozean zu ankern.

Himmel und See verbreiten fremdartige, graue Kühle. Die Spannung der drei Männer im Mast hat Alarmstufe erreicht. Da – plötzlich bricht sich die unruhig wogende See in langgezogenen Schaumrollen an einer unsichtbaren Mauer. Dahinter ragen die Masten von zwei ankernden Yachten auf: ein gespenstischer Anblick! Ich muß unwillkürlich an die berühmte Frage denken, die uns immer wieder eingefleischte Landratten stellen: „Ja, und was macht ihr bloß nachts auf See? Ankert ihr dann einfach?" Sie hat uns stets belustigt, aber im Minerva-Riff ist selbst das möglich.

Nur bei Ebbe hebt sich der kahle, versteinerte Korallenring um wenige Zentimeter aus der See, dann kann man in der Endlosigkeit des Pazifiks spazierengehen: eine absolut unwirkliche Stimmung, wie geschaffen für Halluzinationen und Tagträumereien über das ewige Nichts. Lediglich die ankernden Boote und dunklen Striche herumstreifender Menschen heben sich vom Ozean ab und rücken die Szenerie in die Gegenwart. Seltsam, daß auch die Kinder von der Außerordentlichkeit dieser Situation gepackt sind und die Spaziergänge auf der mondähnlichen Oberfläche des Riffs lieben. In ewiges Braun getaucht, beherbergt es nur wenig Leben: ein paar Schneckenarten, schnalzende Fischlein in den zahllosen Kratern, selten mal einen Krebs und einzelne verirrte Nachkommen der einst stolzen Korallenkolonie. Das Riff ist so ausgesetzt, daß sich auch jede Menge Haie in die Lagune verirren. Eines Nachts wird das Schlauchboot der amerikanischen Yacht neben uns von ihnen zerbissen. Tonga besteht eisern auf der Zugehörigkeit Minervas zu seinem Königreich, denn auf diese Weise verlagert sich das Fischereirecht um 300 weitere lebensnotwendige Seemeilen nach Süden.

Noch 790 Seemeilen bis zur Nordspitze Neuseelands. Schweren Herzens verlassen wir Tonga, von dem wir nur einen Bruchteil kennengelernt haben, ohne zu ahnen, daß es kein Abschied für immer ist. Bill, dem Neuseeländer, verdanken wir später die Einsicht, noch einmal in die Südsee zurückzukehren und uns ein zusätzliches Jahr zu schenken. Doch dazu müssen wir das „Land der großen weißen Wolke", wie es die Maoris nennen, erst einmal erreichen.

Wir begehen einen großen Fehler, indem wir für diesen Trip weiterhin mit der SYMPHONY im Konvoi fahren. Aber mit einem Satnav „nebenan", so denken wir, ist das Ganze ein Kinderspiel, zumal das Wetter unbeständiger wird. Doch genau darin liegt die Schwierigkeit, denn die ständigen Segelwechsel, die das Analogsegeln mit unseren Freunden erfordert, sind eine Qual. Beharrlich zieht das Sturmtief mit uns. Zum Glück funktioniert das eingespielte Duo unter Deck zuverlässig wie eh und je. Tapahäuser werden gebaut, Seegurken geknetet, Tongalieder gesungen... Eiskalter Ostwind und deprimierender Dauerregen lassen nach Monaten in den Tropen wieder lange Hosen, dicke Socken und warme Anoraks zur Standardausstattung werden. Das Wort zum Sonntag, dem 16. November, spricht der Kapitän: „Also, wenn ich mir das Wetter so ansehe, dann bin ich doch wirklich froh, daß wir nicht rund Kap Hoorn gefahren sind!"

Am siebten Tag ist die Sicht so miserabel, daß wir die SYMPHONY bald aus den Augen verlieren und über Funk nur noch eine ganz vage Kursangabe erhalten. Irgend etwas stimmt mit der durchgegebenen Deviation nicht. War es vielleicht ein Ablesefehler? Simon meldet sich nicht mehr, und wir tappen im Dunkeln. Und das wortwörtlich, denn wie Sonnenschein aussieht, wissen wir schon gar nicht mehr. Dann zeigt uns ein Sturm erst so richtig, was der Pazifik zu bieten hat. Wir drehen bei, denn gegen den Südost ist nicht anzukommen.

Irgendwann auf dieser Horrorfahrt scheint tatsächlich wieder die Sonne. Das Problem ist nur, einen genauen Rechenort zu bestimmen. Tagelang kein Fix, außerdem Abdrift und Deviation: Wir können nur noch ahnen, wo wir uns befinden. Aber das Kunststück gelingt nach vielen Messungen, und um Mitternacht sehen unsere müden Augen mehr zufällig das ersehnte Leuchtfeuer von Kap Reinga auf Neuseeland. Nur ein Blitz alle 25 Sekunden – das stelle man sich vor!

Halb erfroren – es sind nur noch 17 Grad Celsius – schlüpfen wir am Abend in die erste Bucht am Nordkap. Die Eltern haben die Nase voll, aber die Kinder sind begeistert: „Juchhu, die Luft draußen ist kalt wie Schnee! Neuseeland ist ein Traumland!" Saskias Stimme vibriert so inbrünstig wie die einer Opernsängerin. Trotz herrlichster Südseestrände ist „Schnee" für sie immer noch ein Zauberwort. Aber nichts liegt uns ferner als weiße Weihnachten.

Die nächste Schlechtwetterfront naht mit niederschmetternden

Regengüssen. Langsam hangeln wir uns von Bucht zu Bucht, bis wir endlich sechs Tage später unseren Zielhafen Whangarei erreichen. Die Zollbeamten und unsere Freunde von der SYMPHONY sind schon in Aufruhr. „Wo wart ihr so lange?" fragt Anita besorgt, und Stevy prahlt: „Ätsch, wir waren Erster!" Die Zollbeamten in frühlingshaften Shorts halten uns eine ernste Moralpredigt über unser „unlauteres" Ankern. Die ganze Küstenwache sei alarmiert. Wir hätten Whangarei unbedingt nonstop anlaufen müssen. 2000 Dollar Strafe mindestens! Aber – na gut, wenn der Kompaß nicht funktioniert hat... Und mit so reizenden Kindern... Sie drücken noch mal ein Auge zu.

„Ihr müßt wissen, die letzten, die sich hier so heimlich eingeschlichen haben, waren jene französischen Gauner, die GREENPEACE WARRIOR versenkt haben", bekommen wir zu hören. „Jedenfalls wünschen wir einen angenehmen Aufenthalt."

Frühling – Sommer – Herbst. Und als der nächste Südwinter naht, bringen uns acht herrliche Segeltage zurück in die Südsee nach Tongatapu. Die SARSAS ist rundum frisch gestrichen, die Kette neu galvanisiert, das Zubehör optimiert. Entgegen allen Androhungen ist unser Sorgenkind Nr. 1, der Herd, doch nicht über Bord geflogen, sondern hat mit neuen Brennern und Schläuchen und einem dichtgeschweißten Drucktank eine letzte Chance erhalten. Die Alternative wäre nur ein Gasherd, der uns wegen der Explosionsgefahr zu suspekt ist. Um die täglichen Motorstunden fürs Batterieladen zu vermeiden, haben wir ein Solarpaneel erstanden, das uns fortan mit ausreichend Strom für Topplicht, Bordbeleuchtung und Wetterbericht versorgt. Und das kentersichere, aber sehr unhandliche Opti-Dingi haben wir gegen ein leichtes Aluminium-Beiboot eingetauscht, das die Kinder ohne Mühe auf den Strand ziehen können.

Optimierung hier, Entwicklungshilfe dort. In Tongas Hauptstadt Nuku'alofa bietet sich uns unverhofft Gelegenheit, den vielbeschriebenen König bei den Einweihungsfeierlichkeiten für den aus europäischen Mitteln neu erbauten Hafen hautnah zu erleben. Sarah und Saskia sind mächtig aufgeregt in ihren Sonntagskleidchen und starren ungeduldig den breiten Sessel auf der blumengeschmückten Tribüne an. Und als das Orchester mit gestriegelten rot-weißen Uniformen und blitzenden Posaunen zu blasen anhebt, da erscheint Seine Majestät – in hellblauem, wadenlangem Wickelrock, derben schwarzen Lederstiefeln, einer schwarzen Lederjacke und mit dunkler Sonnenbrille.

„Mensch, das soll ein richtiger König sein?" Die Kinder sind enttäuscht, und die Yachties rundum grinsen. Die Verkleidung paßt tatsächlich eher zu einem Rocker als zu einem tonganischen Staatsoberhaupt. Nur die Brille hat Tradition und dient mitnichten einem so profanen Zweck wie dem Sonnenschutz. Da König Taufa'ahau Tupou IV. in direkter Linie von den alten Gottkönigen, den Tui'tongas, abstammt, ist er angeblich mit der überlieferten magischen Kraft behaftet, die jeden tötet oder ins Unheil stürzt, der dem Blick seiner Augen begegnet. Um sich aber frei bewegen zu können und seinen Untertanen nicht zu schaden, trägt er eben eine dunkle Brille. „Toller Trick!" meinen die Kinder.

Eine Eismaschine vor der modernen Kühlhalle spuckt in großem Bogen kleine Eiskugeln auf den kochend heißen Asphalt. Das ist viel interessanter als der König! Darin sind sich Sarah, Saskia und all die herbeigeeilten Tonganerkinder einig und spielen fröhlich mit der kalten Pracht.

Morgen wird es mit dem Eis vorbei sein, denn es gibt hier weder Fischkutter noch Trawler, die den Hafen beleben und ihre Fänge kühlen könnten. Wie eh und je wird die glitschige, krabbelnde Ware auf primitiven Ständen am Ufer oder in Kokoskörben auf dem Boden angeboten, gerade genug, um an diesem Tag die Mittagstische anzureichern.

Ein Tanzwettbewerb hat die Geburtstagsfeierlichkeiten für den König eingeleitet. Ihr Höhepunkt und festlicher Abschluß soll in der nördlichen Vavau-Gruppe stattfinden. Viele Yachties sind bereits in den Norden gezogen, um die berühmte Langkanu-Regatta und die traditionellen Tänze mitzuerleben. Auch wir segeln von Insel zu Insel, durchkreuzen die schöne Ha'apai-Gruppe und haben jeden Tag eine neue grüne Perle ganz für uns allein. So weit das Auge reicht, liegen überall verstreut im endlosen Meer kleine Inseln mit rauschenden Kokoskronen und blitzend weißem Sand ringsum. Aber die 75 000 Hektar Land sind nur der kleinste Teil Tongas, das insgesamt 36 000 000 Hektar umfaßt. König Tupou IV. ist eigentlich ein Herrscher des Meeres. Und er kann stolz auf sein Reich sein, denn herrlicheres Wasser haben wir nie gesehen. Die glasklare Kostbarkeit läßt noch in 40 Meter Tiefe die Sandstruktur des Grundes erkennen. Wenn die See spiegelglatt ist, fahren wir ganz dicht an der Riffkante einer Insel entlang und bewundern die zauberhaften Korallengärten, die aus dem strahlend blauen Nichts senkrecht emporsteigen. Vielgestaltige Blumen aus Stein leuchten rot, gelb und violett zwischen braun-blauem Geäst, in dem bunte Fischlein funkeln. Diese Gärten wachsen hier so dicht unter die Oberfläche und so nahe ans Ufer heran, daß die Kinder sie wunderbar ohne Schnorchel betrachten können.

Als wir die bergige Vavau-Gruppe erreichen, ankern etwa 50 Yachten in der fjordähnlichen Bucht vor dem Ort Nelafu, alle über die Toppen geflaggt. Auch Grandpa George und noch ein paar Bekannte sind wieder dabei.

Im Morgengrauen zieht eine endlose Karawane von Planwagen, mit zarten Netzen überspannt, am Ufer vorbei. Jede Familie hat zu Ehren des beliebten und beleibten Herrschers einen kleinen Festtagsschmaus zubereitet: Fisch und Gemüse aus dem Erdofen, frisches Obst und Spanferkel. Auf dem Festplatz hinter der Mädchenschule soll am Nachmittag das königliche Picknick stattfinden. Unterdessen drängen sich auf den Straßen und am Hafen Hunderte von Menschen, die auf die Ankunft des königlichen Geburtstagskindes warten. Alle sind prächtig herausgeputzt, mit bunten Kleidern, duftenden Blütenketten, und strotzen vor Lebensfreude und Vitalität. Überall haben sich Tanzgruppen in wundervollen Kostümen zusammengefunden. Die Farbenfreude der wartenden Menge ist nicht zu übertreffen.

Eine französische Fregatte von Neukaledonien hat ein paar adrette Matrosen in feschen Käppis ausgespuckt. Die Tonganerinnen schmunzeln belustigt. Hier und da staksen dünne, bleiche oder rotgebrannte Beine in kurzen weißen Touristenshorts umher. Fotoapparate wippen über dicken Bäuchen lustig auf und nieder.

Da krachen an Bord eines englischen Kreuzfahrtschiffs drei Böllerschüsse: Der Ehrengast ist eingetroffen! Das königliche Motorboot dreht eine große Ehrenrunde im Hafen. Yachties lassen Leuchtraketen steigen, hupen und trompeten. Dann startet die berühmte Langkanu-Regatta zwischen Samoa und Tonga.

Als das Siegerkanu TUI VAVAU mit den 50 athletischen Ruderern hinter die Ziellinie vor der blumengeschmückten Ehrentribüne des Königs schießt, geraten die Zuschauer vor überschäumender Freude in Ekstase und springen samt Festbekleidung ins Wasser.

Ich stehe mit den Kindern mitten in der wogenden Menschenmenge und habe Angst, die Hafenmauer hinabgestürzt oder erdrückt zu werden. Aber nichts dergleichen geschieht. Peter ist an Bord geblieben. Ihn plagt eine „Moräne", wie Sarah zu sagen pflegt, eine Migräne. Doch von Deck aus hat er zum Glück einen hervorragenden Logenplatz, um die Regatta zu verfolgen.

Nach diesem sportlichen Ereignis werden die Geburtstagsfeierlichkeiten auf dem Gelände der Mädchenschule fortgesetzt. Eine wahrhaft lukullische Festtafel, umrahmt von herrlichen Gesängen und Tänzen, ist das Geschenk der Untertanen an ihren Herrscher. Und auch ein Geschenk für uns!

Am nächsten Tag hat Grandpa George Geburtstag. Er überschätzt seine kleine FRANCES hoffnungslos, als er etwa zwanzig Segler zu Kaffee und Kuchen ins Cockpit einlädt. Die Nase hoch in den Himmel gestreckt, den Spiegel tief im Wasser, wird sein Bötchen mit der Kaffeerunde langsam durch die Lenzrohre geflutet. Wir verlassen das beinahe versenkte Schiff, nehmen Abschied von seinem unverwüstlichen Skipper und segeln durch das blaue Lagunenlabyrinth der Vavau-Inseln hinaus auf den Ozean. Zwischen schattenspendenden Bäumen blinzeln helle Häuschen hervor, deren malerische Lage sich bei uns nur ein König leisten könnte. In Tonga aber ist jeder kleine Fischer König. Hier sind Märchen Wirklichkeit.

# 6 Fiji, der Coup und die Kiwis

*Ureinwohner contra Inder – Auch wir sind „Menschen mit Salz in den Augen" – Heimat auf Zeit: die Blaue Lagune – Schafe wie Sand am Meer – Seglernation Neuseeland*

Fünf Segeltage hinter dem Horizont, wo die Sonne rot verglüht, liegen die Fiji Islands. Seglerfreund Bill hatte in wärmsten Tönen von ihnen geschwärmt und unsere Sehnsucht neu geweckt. Doch kaum haben wir uns durchgerungen, ihnen ein Extrajahr zu widmen, da prangen in den neuseeländischen Zeitungen Schreckensnachrichten vom Putsch auf Fiji. Ein Inselstaat in Aufruhr! Was war geschehen? Zum ersten Mal in der langen Geschichte Fijis war es dem indischen Teil der Bevölkerung gelungen, bei den demokratischen Wahlen die Mehrheit zu erlangen.

Vor etwa hundert Jahren hatten englische Pflanzer indische Arbeiter für ihre Zuckerrohrplantagen angeheuert, da die Eingeborenen von Fiji keine Lust verspürten, für Lohn auf den Feldern zu malochen. Zu Anfang erhielten die indischen Gastarbeiter nur begrenzte Zeitverträge. Die meisten aber wollten nicht mehr in ihre Heimat zurückkehren, und heute übersteigt die Zahl ihrer Nachfahren die der Urbevölkerung. Dies Mißverhältnis macht die Fijianer zu einer Minderheit in ihrem eigenen Land, das sie seit über 2500 Jahren bewohnen. Bis zum überraschenden Ausgang der letzten Wahl hatte es deswegen jedoch keinerlei Probleme gegeben, denn der innere Organismus des Inselstaates funktionierte gut.

Die rührigen Inder bebauen gepachtetes Land, ernten die Erträge ihrer Zuckerrohrplantagen, gründen flukturierende Geschäfte in den Städten und bekleiden wichtige Ämter, während

157

sich die Fijianer damit zufrieden geben, von den Indern Pacht zu kassieren und nur soviel anzubauen, wie die Familie zum Leben benötigt. Beide Bevölkerungsgruppen haben gleiche Rechte – mit dem einzigen Unterschied, daß es den Indern verboten ist, das von ihnen bebaute Land auch zu erwerben. Gerade dies ist nun der Streitpunkt der gegenwärtigen Auseinandersetzungen. Natürlich kämpfen die Inder um Landbesitz. Und der Jubel war groß, als die neu gewählte indische Regierung diesbezüglich markante Gesetzesänderungen ankündigte. Aber sie bedeuteten langfristig das Out für die Urbevölkerung, die ähnliche Beispiele vor ihrer Haustür kennt.

„Fiji den Fijianern!" lautet die Parole der Melanesier. „Wir wollen nicht, daß es uns ebenso ergeht wie den Maoris in Neuseeland oder den Aborigines in Australien!" Ihre Sorge, eines Tages von den cleveren Indern überrumpelt und entmündigt zu werden, ist sicher nicht ganz unberechtigt. Der Militärputsch ist also nur der verzweifelte Versuch, das altbewährte Gleichgewicht zu erhalten.

Die neuseeländischen Tageszeitungen übertreffen sich mit Politschelte und moralistischen Phrasen. Australien und die Briten sind empört. Wirtschaftsembargo und eine Saison ohne Tourismus werden den aufsässigen Fiji-Oberst schon in die Knie zwingen! Glaubt man den englischsprachigen Schlagzeilen, so steht die ganze Hauptstadt Suva in Flammen, und die Inder sind ihres Lebens nicht mehr sicher. „Ihr könnt unmöglich riskieren, in dieses Krisengebiet zu fahren!" warnt man uns.

Aber schon einen Monat später hat sich die Lage so weit beruhigt, daß wir Fiji getrost anlaufen können. Auf Kanal 16 nehmen wir Kontakt mit der Harbour Control von Suva auf. Man dirigiert uns zur gelben Tonne vor dem Royal Yacht Club. Der Health Officer kommt längsseits und reicht uns die üblichen Formulare: Leiden Crewmitglieder an ansteckenden Krankheiten? Gab es auf See Todesfälle? Und so weiter.

Dann dürfen wir die gelbe Q-Flagge einholen und werden zu den Herren von Immigration, Customs, Agriculture und vom Ministry of Fijian Affairs beordert, was wir brav befolgen. Wir erhalten ein vorläufiges Visum für einen Monat und ein eingeschränktes Segelpermit. Die Genehmigung für die östliche Lau-Gruppe, unter Seglern als die ursprünglichste Inselgruppe geschätzt, erteilt nur das Premierministerium. Aber Ratu Mara, langjähriger Staatspräsident und Oberhäuptling von Lau, befindet sich derzeit im Ausland, um neue Wirtschaftskontakte zu knüpfen.

In den Straßen der Stadt pulsiert das Leben, als hätte es den Putsch nie gegeben. Zwei verkohlte Ladenfassaden im Indierviertel und ein paar verriegelte Geschäfte, sonst entdecken wir nichts Außergewöhnliches. Der Gemüsemarkt strotzt in farbenprächtiger Palette, die Regale in den Supermärkten sind voll. Kleingewachsene, zierliche Inder und kräftig gebaute Melanesier schieben sich mit pazifischer Gelassenheit durch das Gewühl, ohne daß ein Funken Rassenfeindlichkeit spürbar wäre.

Für uns grenzt diese Harmonie beinahe an ein Wunder. Denn abgesehen von ihrer völlig konträren Kultur, kann man sich im äußeren Erscheinungsbild der beiden Menschentypen kaum einen krasseren Gegensatz vorstellen. Hier die zerbrechlichen Kindfrauen der Inder, Blüten gleich in ihren duftigen, bunten Saris, das lange glatte Haar den Rücken hinabfließend, die zierlichen Füße in eleganten Schühchen. Dort die massigen Gestalten der schwarzhäutigen Melanesierinnen, baumhoch und stark, mit kurzem Krauskopf, breiten Nasen und Füßen, die in keine Schuhe passen wollen. Selbst die größten Gummilatschen sind noch zu klein, die Zehen wuchern über die Sohle und greifen heftig nach der Straße. Wir beobachten diesen Gegensatz mit Entzücken.

Im Ministry of Fijian Affairs erhalten wir die Genehmigung, die westlich gelegene Yasawa-Gruppe zu besuchen. Nach den Formalitäten folgt der obligatorische Vortrag, wie wir uns in den Dörfern zu verhalten haben. Dem Beamten ist die Sache peinlich, uns irgendwie auch. Ja, sind wir Yachties denn so unsensible Trampel, daß wir ausführlicher Verhaltensmaßregeln bedürfen? Wir sollen also in den Dörfern wohlbekleidet erscheinen, für den Chief eine kleine Aufmerksamkeit bereithalten, am besten ein Bündel Kavawurzeln für die wichtige Begrüßungszeremonie, und auf den Inseln nichts pflücken. Dann wünscht man uns eine schöne Reise: „God bless you!"

Aber uns läßt diese Predigt keine Ruhe, und wir fragen Peter, den gastfreundlichen Bayern, der nach abenteuerlichen Lebensjahren hier Fuß gefaßt hat und Korallenschmuck herstellt. Peter, ein absoluter Fiji-Experte, erklärt uns, daß die Einheimischen im Zuge der Hippie-Welle rücksichtslos ausgenutzt wurden. Schamlos nahmen die Fremden die traditionelle Gastfreundschaft, die es gebietet, jeden Besucher unbegrenzt zu versorgen, in Anspruch, bis die kleinen Inseln regelrecht leergefressen waren. „Und Rauschgift ham's verteilt, sogar an kleine Schulkinder. Jo mei, und dann die Touristen! Die sind nacket umanand' gschprungen, wo man doch den Wilden grad' erst zoagt hot, wie man sich richtig ozieht."

Weiße Missionare hatten vor nicht allzu langer Zeit die nackten Kannibalen in Tücher gehüllt und zum christlichen Glauben bekehrt. Blöße galt fortan als große Sünde. Aber nun kamen weiße Urlauber und zeigten den züchtig gekleideten Fijianern jede Menge nackte Haut. Wie sollten sie da nicht verunsichert werden? Die „Gammelkähne" der Hippies sind inzwischen verschwunden, aber die Folgen der Heuschreckenplage spüren wir noch überall im Pazifik.

Der lokale Wetterbericht ist günstig, doch in der Bucht von Thuvu Harbour, 35 Seemeilen weiter westlich, heulen Böen mit acht Beaufort. Das Thermometer zeigt nur 21 Grad. Die Fijianer mummeln sich in warme Wolljacken und Anoraks ein und klagen, so einen kalten Winter habe es schon lange nicht mehr gegeben!

Zum Glück hält unser Anker in der Yasawa-Bucht auf Anhieb. Das ist für mich stets das größte Geschenk, denn mehrere Ankermanöver erzürnen den Kapitän und lassen die Crew noch immer automatisch in Ungnade fallen. Gleich nach Sonnenaufgang fordert man uns auf, im Hotelbüro vorzusprechen und genaue Angaben über Yacht, Crew, Reiseroute und so weiter zu machen. Wozu diese Umstände? Wir hören, daß man alle Yachten genau im Auge behalten muß, denn die wohlhabenden Inder wollen sich angeblich heimlich Waffen beschaffen, um einen Gegencoup vorzubereiten.

160

**20**

**21**

...hé: Im Herzen des Atolls spiegelt
...ch das Paradies.

...rbaut im traditionellen Stil: ein
...olynesisches Haus auf Huahine.

22

23

22 Die Südseemädchen Saskia und
Sarah verlebten ihre Kindheit in der
großen, weiten Welt.

23 Rauschende Palmenhaine winken
von den bizarren Berghängen Fatu
Hivas.

24 Eine Tiare, das duftende Blüten-
Wahrzeichen Polynesiens.

25 Die Farbenpracht der Südsee
zaubert herrliche Gemälde.

26 Entdecken, Beobachten, Staune
beim Naturkundeunterricht vor
Leuchtend bunte Fische (wie die
Picassofisch) bevölkern das Riff.

27 Haere mai – willkommen! Nach
Schule warten polynesische Spie
fährten am Ufer.

An einer Flußmündung haben Muschelverkäuferinnen einen kleinen Stand aufgebaut. Ihr Dörfchen beginnt gleich hinter dem modernen Hotelkomplex, der in Blüten fast versinkt. Die Frauen sind heiter und kontaktfreudig. Wir plaudern viele Stunden lang, jeder will vom anderen soviel wie möglich erfahren. Als sie von unserer großen Seereise hören, betrachten sie Peter ehrfürchtig: „What a man! Good captain!"

Am nächsten Tag werden wir prompt ins Dorf zu Kava, Dinner und Nachtlager eingeladen. „Ihr braucht doch sicher mal ein richtiges Bett!"

Aber wir müssen dankend ablehnen und geben vor, noch heute zur Malolo-Insel segeln zu wollen. In Wahrheit aber trauen wir nicht dem sumpfigen Gelände und den ärmlichen „Bures", den Hütten aus Palmblättern. Unser Tropenmedizinbuch warnt vor solchen Gegenden, in denen Hakenwürmer, Bilharzien, Filarien und sonstige Plagegeister lauern.

Wir kaufen Muscheln, Ketten, Tütchen mit Kavapulver und interessieren uns für eine orangefarbene Schnecke. Die sei leider unverkäuflich, entschuldigen sich unsere Muschelfrauen. „Das ist eine Goldene Kauri, die kann man nicht kaufen und nicht suchen. Sie zeigt sich eines Tages demjenigen, der sie finden soll, und bringt ihm Glück." Wir wissen, daß diese Schnecken sehr selten und teuer sind. Drüben im Hotel-Shop liegt solch ein Exemplar, Preis 500 Mark!

Waren die Berghänge in der Umgebung Suvas von dichtem Regenwald überwuchert, so gleicht Malolo einer ausgedörrten Steppenlandschaft mit goldenem Gras. Die Passatwölkchen am tiefblauen Himmel sind knochentrocken, denn sie haben sich längst auf der Ostseite der Hauptinsel Viti Levu abgeregnet. In den glatten Sand ritzen wir bei Ebbe den ewigen Kreislauf des Wassers, den unsere Mädchen hier beobachten können. Sie lernen, welche Bedeutung Luv und Lee für die Fruchtbarkeit der Inseln haben. „Wasser" ist gerade das große Thema im Sachkundebuch. Doch am Strand findet sich auch tolles Material, aus dem man Schiffe basteln kann: Nußschalen, Schnüre, Stöckchen, Blätter, Plastikfolie, Styroporteile... Im nächsten Augenblick haben sich unsere Schülerinnen in eifrige Bootsbauer verwandelt, während wir als entlassene Lehrer in der Palmenbar ein seltenes kühles Bierchen genießen.

Schon das Völkerkundemuseum in Suva hatte den Kindern viel Anregung geliefert. Zum ersten Mal konnten wir ihnen – wenn auch nur als Exponat – ein richtiges Auslegerkanu mit gewaltigen Einbaumschwimmern, geflochtenen Mattensegeln und einem riesigen Wohndeck zeigen. In solchen Booten haben die Menschen der Südsee früher den gesamten Pazifik überquert. An den Wänden ringsum hingen viele faszinierende Gegenstände aus alter Zeit. Und dann blieb unseren Beiden plötzlich die Spucke weg! Was da scheinbar harmlos in der Glasvitrine schlummerte, waren kunstvoll gefertigte schwere Keulen zum Erschlagen menschlicher Opfer, die man anschließend briet und mit speziellen „Menschenfressergabeln" verzehrte. Die kannibalistischen Gerätschaften haben die Zeit überdauert, doch die Fijianer von heute möchten an dieses Kapitel ihrer Geschichte nicht mehr erinnert werden. Die bekehrten „Bestien" von einst haben vergessen, daß das Töten und Verspeisen von Menschen nicht aus Mordlust und Perversion geschah, sondern als wichtiges Ritual in ihren damaligen Glauben eingebettet war. Man hatte dem Kriegsgott Opfer darzubringen oder wollte einen Verstorbenen nicht allein auf die weite Reise ins Jenseits schicken. Gestrandete – ob weiß oder dunkelhäutig, jedenfalls „Menschen mit Salz in den Augen" – wurden als Geschenk der Götter angesehen und mit Genuß verspeist. Das „Langschwein" galt als Delikatesse. Einem Häuptling von Viti Levu sagt man nach, er habe 999 Menschen verzehrt!

Etwa 20 Yachten ankern in der Bucht von Malolo, überwiegend Australier, die im Flottenverband herüberkamen und das Südsee-Flair der Beach Bar genießen. Zwei Monate später liegen sie noch an derselben Stelle, schlürfen eisgekühltes Dosenbier und planen den gemeinsamen Rückzug. Uns aber zieht es magisch zur „Blauen Lagune" im Herzen der Yasawas. Der Liegeplatz sieht auf der Seekarte vielversprechend aus.

„Schiff voraus!" melden unsere beiden Piraten, und die dunkelblaue Ferrozement-Yacht kommt uns irgendwie bekannt vor. Klar, es ist die MARIA mit vier lustigen Schwaben, die wir in Whangarei kennenlernten.

„MARIA, MARIA, MARIA! Hier ist SARSAS. Bitte kommen. Over!" ruft Oberfunker Mücke in den Hörer.

Anlaß für ein großes Fest ist schnell gegeben, denn Sabine, Roland und Saskia haben übermorgen Geburtstag. Als wollten sie unsere Freude teilen, erleben wir nun die größte Delphin-Show unserer Reise. Wir haben Angst, daß sich die munteren Gesellen in ihrem Übermut verletzen könnten, wenn sie unter dem schneidenden Bug hindurchtauchen. Und plötzlich geschieht es: Einem Delphin gelingt die Mutprobe nicht, er bleibt unterm Bug hängen und liegt rücklings verkeilt zwischen Eisen und gischtender Welle. Regungslos starrt er zu uns herauf.

Die Kinder sind zu Tode erschrocken. „Schnell die Maschine aus!" schreie ich aufgeregt. „Er kann sich nicht mehr befreien. Gleich wird er ersticken!"

Peter nimmt die Fahrt aus der SARSAS, da macht unser Freund einen gekonnten Schnalzer und taucht ab. Wir sind erleichtert. Doch plötzlich beobachten wir, daß am Bug der MARIA die gleiche Aufregung entsteht. Alle beugen sich weit über die Reling und stieren ins Wasser. Wir fahren näher heran und entdecken doch tatsächlich unseren just geretteten Delphin in der gleichen Position unter dem rauschenden Bug der MARIA. Jetzt wird uns klar, daß es sich hier um einen ganz ausgefuchsten Frechdachs handelt. Das intelligente Bürschlein hat einen Trick erfunden, um die Menschen da oben eine Weile in Ruhe betrachten zu können und vom Schiff geschoben zu werden!

In der Blue Lagoon, dem Drehort des gleichnamigen Films, legen wir SARSAS und MARIA für das bevorstehende Geburtstagsfest nebeneinander. Emsig wird gebacken, geklönt, gespielt. Es ist ein munteres Hin und Her. Sarah und Saskia sind von dem erweiterten Lebensraum hell begeistert und entern das Nachbarschiff im Sturm. „Können wir so immer fahren? Das wäre doch toll! Und ihr braucht viel weniger Wache zu gehen! Und wir hätten immer jemanden zum Spielen..."

Aber die fröhliche Stimmung trügt. Wir haben keine Ahnung, daß sich die beiden Pärchen auf der MARIA bereits hoffnungslos zerstritten haben und ihre Trennung vorprogrammiert ist. Dabei fing alles so vielversprechend an: Vier Freunde beschlossen in ihrem kleinen süddeutschen Nest, nach Neuseeland zu fliegen, gemeinsam eine gebrauchte Yacht zu kaufen und in den Pazifik zu segeln. Aber die Wünsche und Erwartungen aller vier unter einen Hut zu bringen, war schwieriger als der Ausstieg aus dem bürgerlichen Leben.

Zum Geburtstag bekommt Saskia eine leckere Überraschung: ein Südseehaus aus Lebkuchen und viel Zuckerguß mit einer grünen Insel und Palmen, so wie wir es drüben zwischen Kokosstämmen hindurchblinzeln sehen.

Am nächsten Tag verabschiedet sich die MARIA mit Kurs Vanuatu, und es wird still in der Lagune. Unser Blick schweift über die trockenen Hügel der Inseln, die unseren Ankerplatz säumen. Nur zu ihren Füßen bilden saftige Kokoswälder ein grünes Band, das sich am Wellenspiel labt. Wir ziehen unser Beiboot auf den schneeweißen Strand, von dem die Ebbe jegliche Spuren menschlicher Existenz fortgeleckt hat.

Die Kinder wollen hier ungestört rasten und versunken spielen. Wie ein Maler allmählich von der weißen Leinwand Besitz ergreift, so entstehen im hellen Sand ihre Häfen, Gärten und Plantagen. Sie fürchten nicht mehr, allein zurückzubleiben, während wir die Insel erkunden. An der Nordhuk entdecken wir im Sand plötzlich riesige Fußspuren. Fast nicht zu glauben, daß sie von einem menschlichen Wesen stammen. Mir wird ein wenig mulmig ums Herz.

„Das kann nur ein Yeti gewesen sein", scherzt Peter und drückt seinen Fuß neben die Riesentatze in den Sand.

„Du liebe Zeit, deiner sieht ja daneben aus wie ein Kinderfüßchen!" pruste ich, habe aber Bedenken, ob wir die Mädchen noch allein lassen können.

„Komm, wir schauen, zu wem diese Fußspuren gehören."

Auf das Schlimmste gefaßt, folge ich meinem mutigen Mann, und bald haben wir unseren „Yeti" gefunden: einen hochaufgeschossenen, athletischen Fijianer, den langen Speer erhoben, voll Konzentration das seichte Wasser fixierend. Wutsch! Schon zappelt an den Widerhaken ein Fisch, wo wir nur Steine sahen. Der Mann nimmt kaum Notiz von uns und setzt seine Jagd bedächtigen Schritts fort. Wir sind wohl für ihn die alltäglichste Nebensächlichkeit.

Umfächelt vom frischen Passat, stoßen wir an der Ostseite der Insel auf eine kleine Siedlung. Alle Häuser sind nach alter Tradition gebaut und bilden eine wunderbare Szenerie. Die Bewohner laden uns ein, alles genau zu betrachten, und freuen sich, daß uns ihre „Bures" so gut gefallen. Wati, ein junger Mann, fragt, ob wir Kleidungsstücke gegen Muscheln und Matten tauschen wollen. Vor dem geöffneten Fenster seiner Palmenhütte wiegen sich Kokoszweige, rauscht das Meer: das schönste aller Bilder für den bescheidenen Raum. Aber für Wati gibt es Höheres. Neben das Fenster hat er seine Träume an die Palmenwand geheftet: Zeitungsfotos von Wolkenkratzern, Autoschlangen und breiten Straßen. Und die lächelnden Porträts des britischen Thronfolgerpaars Charles und Diana.

Für den Rückweg wählen wir eine Abkürzung durch den Busch. Immer wieder halten wir inne und bewundern die leuchtenden Grüntöne der Pflanzen, das kraftvolle Blütenrot unter tiefblauem Himmel, die wiegenden Kronen der Palmen und die vielen türkisblauen Facetten des Meeres. Auf welch einem herrlichen Planeten leben wir doch! Wir saugen diesen Augenblick tief in unsere Lungen.

Als wir den Sattel überqueren, sehen wir in unserer stillen blauen Lagune einen klotzigen weißen Fremdkörper: das Kreuzfahrtschiff aus Lautoka. Wir müssen dreimal schlucken. Aber die „Blue Lagoon Cruises" kommen nur an Wochenenden, bieten den unbeholfenen Touristen, die sich höchstens wenige Meter vom Schiff fortwagen, ein Strandbarbecue und fijianische Tänze. Dann entschwindet die seltsame Erscheinung wieder, als hätte es sie nie gegeben.

Unsere beiden einsamen Künstlerinnen sind von einer neugierigen Urlauberschar umzingelt und erzählen munter von den lustigen Delphinen, den niedlichen Fliegenden Hunden, dem ulkigen König von Tonga, den riesigen Kanus und den süßen Schäfchen von Neuseeland...

„Na, ihr habt aber viel erlebt!" heißt es darauf. „Geht ihr denn gar nicht zur Schule?"

„Doch! Unsere Schule ist gleich neben dem Bett, und in der Pause springen wir einfach ins Wasser – natürlich nur, wenn wir vor Anker liegen. Papa sagt, zu Hause in Deutschland kann man nur im Schwimmbad schwimmen, denn der Neckar sieht aus wie Kavabrühe."

„Habt ihr denn jeden Tag Unterricht?"

„Klar! Fast jeden Vormittag. Nur nicht, wenn wir Geburtstag feiern, wandern oder einkaufen. Auch auf See fällt die Schule manchmal aus. Wenn es zu sehr schaukelt, klappt es mit dem Schreiben nicht, und die Zahlen tanzen. Oder die Stifte kullern davon. Mama sagt, die Kinder in Deutschland bekommen manchmal hitzefrei, wir haben dafür sturmfrei."

„Seid ihr denn nie seekrank?"

„Nö, überhaupt nicht! Wellen machen erst so richtig Spaß! Dann können wir unten auf den Bänken toben wie auf einer Achterbahn. Jedenfalls sagen das Mama und Papa immer, denn wir waren ja noch nie auf einem Rummelplatz."

„Habt ihr denn gar keine Angst?"

„Nie! Unsere Eltern sind prima Segler. Und Mama meint, daß der Straßenverkehr zu Hause viel gefährlicher ist."

Inzwischen ist es 18.00 Uhr geworden und damit Nacht. Der Küchenchef des Kreuzfahrtschiffes lädt uns Exoten zum Barbecue ein. Allmählich füllt sich der Palmenhain mit wilden Kriegern in Blätterröcken, die vor Kälte am ganzen Leibe schlottern, denn der Südostpassat pfeift eisig zwischen den Stämmen hindurch. Doch als sich die geschmückte Frauengruppe in Bewegung setzt und vielstimmiger Gesang die Lagune erfüllt, da schwindet die Erinnerung an Kälte und an das weiße Kreuzfahrtschiff.

Vielleicht haben wir auch alles nur geträumt, denn am nächsten Morgen ist nichts mehr zu sehen, und die Flut hat alle Fußspuren verwischt.

Vor dem Bug weißer Sand, an den Flanken herrliche Korallengärten und im Rücken die geschützte Lagune: Das ist der hellblau schillernde Heimathafen dieser Wochen. Wenn die Sonne senkrecht über uns steht, beginnt unser alltägliches Ritual: Die Kinder springen vom Bug hinab ins geliebte Element, und gemeinsam schnorcheln wir zum Riff. Niemals haben wir auf unseren Ankerplätzen Haie beobachtet, diese Räuber verirren sich nur selten in flaches Gewässer. Draußen am Außenriff ist der Tisch für sie gedeckt. Dennoch sind wir sehr vorsichtig und ermahnen die Kinder, nicht zu temperamentvoll zu planschen.

„Haie sind die Müllkutscher der Ozeane", erklären wir ihnen. „Sie können nichts dafür, daß sie tote Tiere, verletzte Fische und kleine Schwärme ebenso gierig verschlingen wie Konserven und Schlauchboote. Aber wenn ihr so heftig plätschert, dann denken sie, daß ein kranker Fisch an der Oberfläche zappelt, und wollen ihn forträumen."

Sicherheitshalber schwimmen wir stets dicht neben den Kindern, denn für Haie wären die kleinen Körper gerade die richtige Portion. Doch unseren Mut zur Offensive brauchen wir gottlob nicht unter Beweis zu stellen. Peter hält immer eine spitze Harpune oder einen langen Stock in der Hand, um einen Eindringling vertreiben zu können. Haie sind bei weitem nicht so aggressiv, wie man gewöhnlich annimmt. Bedächtig umkreisen sie ihr Opfer mehrere Male. Nur wenn sie Blut riechen, schnappen sie spontan zu. Zwischen den Inseln gelingt es uns nur noch selten, einen leckeren Fisch bis aufs Deck zu ziehen, denn die zarte Blutfahne am Maul unserer Beute lockt die großen Räuber sofort an. Und meist gewinnen sie den Wettlauf gegen unsere surrende Angelrolle am Heck.

Zwischen den Korallenästen lebt ein anderer gefährlicher Meeresbewohner, dem wir hier auf Fiji zum ersten Mal begegnen: die giftige, schwarz-weiß geringelte Bolo-loa-Schlange, die sich ebenso behende an Land bewegt und durch Hotelgänge kriecht, Beiboote erklimmt, im Schatten kühler Bäume ruht und dann wieder einen Außenborder zur Schlafstube erwählt. Ihr Biß wirkt in 15 Minuten tödlich. Wir hören, daß viele Netzfischer dieser Schlange zum Opfer fallen, und wundern uns, wie gelassen die Menschen ihr dennoch begegnen. Die Bolo loa ihrerseits wirkt lammfromm, verrät keine Spur von Aggressivität. Ihre Giftzähne stecken tief im Rachen und sind dort eigens für die Betäubung ihrer Fischbeute plaziert. Nur wer ihr weit ins Maul hineinfaßt, muß sterben. Fischer, die bei Nacht ihre Netze leerpflücken, geraten manchmal in diese fatale Situation.

Ein kleines Holzboot kommt längsseits. Es sind die Leute von der Siedlung, denen Peter beim Reparieren des Außenborders behilflich war. Sie laden uns ein: Drüben auf der Insel Matathawa Levu findet in der katholischen Missionsschule ein Tag der offenen Tür statt. Die zweiwöchigen Ferien beginnen, und die Kinder bekommen Zeugnisse. Aus allen Richtungen der Lagune strömen Eltern herbei, um ihre Sprößlinge abzuholen. Sarah und Saskia machen Augen groß wie Untertassen. So viele Kinder haben sie noch nie gesehen! Und die kleinen Krausköpfe heften ihre braunen Kirschenaugen nicht minder fasziniert auf die langhaarigen Fremden.

Ein „wilder Krieger" aus der Tanzgruppe vom Vortag hat uns wiedererkannt und bittet uns zu Tee und Pfannkuchen in sein Haus. Wie es die Sitte gebietet, müssen wir uns zuerst beim Dorfoberhaupt vorstellen. Wir haben richtig Lampenfieber, denn unsere erste Kavazeremonie steht nun unwiderruflich bevor. „Wenn die Brühe so schmeckt wie sie aussieht, kriege ich keinen Schluck runter", flüstere ich Peter zu.

Inzwischen hat uns der herbeigeeilte Chief zu sich in sein Bure geladen. Wir sitzen auf Pandanusmatten im Schneidersitz um eine große Holzschale herum, in die eine junge Frau aus einem schier endlosen, verdreckten Schlauch Wasser rinnen läßt. Krampfhaft versuche ich die penetranten Erinnerungen an unser Tropenmedizinbuch zu verdrängen. Ungekochtes Wasser: Alarmstufe! Doch es gibt keinen Weg zurück, die Zeremonie nimmt ihren Lauf. In ein schmuddeliges Tuch, das sie aus der hintersten Bodenecke geholt hat, schüttet unsere junge Gastgeberin das von uns überreichte Kavapulver, formt einen Ball und taucht ihn in die Schale. Sie knetet, drückt und quetscht das Tuch, aus dem nun schlammfarbene Brühe zu rinnen beginnt, bis der Chief ein Zeichen gibt: Die Farbe stimmt, das Gebräu ist perfekt! Seine Hände fliegen dreimal weit auseinander und treffen sich in einem lauten, dumpfen Klatschen.

Peter denkt: „Jetzt werde ich gefressen!" Aber die heftige Gebärde war nur das Eröffnungszeichen, dem sogleich die Bescherung folgt. Endlos viele Kokosschalen voll Kava kreisen in der Runde. Jede Schale muß man auf einen Zug leertrinken und vorher einmal, hinterher dreimal klatschen. Zunge, Lippen und der Geist werden langsam taub. Aber wir sind in die Gemeinschaft aufgenommen. Epi, unser „Krieger", erzählt uns später, daß der Höhepunkt einer Kavaparty dann erreicht sei, wenn alle stumm in der Ecke liegen und schlafen. Er versichert, daß Kava völlig unbedenklich sei und allenfalls beruhigende Wirkung habe: „Wir geben es sogar schwangeren Frauen als Medizin."

Wie dem auch sei – wir verspüren kein Bedürfnis, eine zweite Kavazeremonie zu erleben. Lieber trinken wir spanischen Sekt, der verblüffenderweise ebenfalls „cava" heißt. Wer hat da wohl von wem abgeguckt?

Die Kinder haben unterdessen das ganze Dorf erforscht, wissen wie ein Erdofen funktioniert, wo die Vorräte aufbewahrt werden, welches das Kochhaus ist, wie man sich aus Blättern schnell Sandalen bindet, wie man Kavapulver stampft, ein Huhn schlachtet, Federschmuck bastelt... Uns wird ganz schwindlig. Wie lange waren wir um Himmels willen im Häuptlingshaus? Aber es ist nur eine Stunde vergangen. Sarah und Saskia hocken inmitten einer fröhlichen Kinderschar am Strand. Die kleinen Fijianer hantieren mit riesengroßen Küchenmessern und versuchen, Muscheln zu öffnen. Uns stockt der Atem.

Als wir uns von Epi verabschieden wollen, entdecken wir an der Wade seines zweijährigen Söhnchens eine große Schnittwunde, die sich entzündet hat. Das Bein ist geschwollen, die offene Wunde voll Dreck und Sand. Die ältere Schwester habe ihn vor ein paar Tagen beim Muschelöffnen versehentlich verletzt, hören wir.

In aller Eile holen wir Verbandmaterial vom Schiff, reinigen die

Wunde, geben Jod darauf und entzündungshemmende Salbe und erklären Epi, wie wichtig es ist, jede Wunde sofort mit abgekochtem Wasser zu reinigen und steril zu bedecken. Aber für sein Söhnchen kommt unsere Hilfe wahrscheinlich schon zu spät, denn der Kleine hat bereits Anzeichen einer Blutvergiftung. Wir drängen Epi, so schnell wie möglich in ein Krankenhaus auf dem „Festland" zu fahren, was er dann auch tut.

Schritt für Schritt wachsen wir in die Gemeinschaft der beiden kleinen Inseln in der „Blue Lagoon" hinein. Wir pendeln zwischen Matathawa Levu und Nanuya und erleben stille, friedvolle Wochen. Uns drängt es nicht mehr weiter. Westwinde für die geplante Route nach Vanua Levu stellen sich ohnehin nicht ein. Die Blaue Lagune wird zum Zentrum unserer Südsee-Erfahrungen – nicht, weil sie unübertroffen schön wäre, sondern weil sie einen Ruhepol in unserem rastlosen Weiterziehen darstellt. Sie bleibt der Ort, nach dem sich die Kinder immer zurücksehnen werden, ein Symbol für die Herrlichkeit des Pazifiks.

Epi führt uns durch Gärten und Plantagen. Peter geht mit den Männern fischen. Wir teilen mit den Bewohnern ihre Angst vor einem Buschfeuer und erleben, wie das ganze Dorf zwei Wochen lang mit einer jungen Witwe gemeinsam speist, um ihre Trauer zu mildern. Zu diesem Anlaß muß sich Peter „anständig" kleiden und einen Wickelrock umschnüren. Er hockt bei den Männern, ich hocke bei den Frauen. Alles ist streng geregelt. Wir besuchen ihre Gottesdienste und lauschen den inbrünstigen Chören, die jede Orgel überflüssig erscheinen lassen. Wir lernen, daß der Sonntag heilig ist und man an diesem Tag nicht einmal spazierengehen darf.

Wir hören, daß die Fijianer konsequent Familienplanung betreiben, weil sie die Grenzen ihrer Inseln kennen. Auch er habe nur zwei Kinder, sagt Epi. Aber bei den Indern drüben, und er weist mit dem Kinn hinüber zum „Festland", seien zehn Geburten noch immer an der Tagesordnung. Nur so hätten sie die Mehrheit bei den Wahlen erlangen können. Epi und die anderen sind wütend. Sie verabscheuen die Inder, die nichts anderes als „money and business" im Kopf hätten.

Tatsächlich erleben wir einen Kulturschock, als wir eines Tages von der Blauen Lagune Abschied nehmen und zurück zur Hauptinsel nach Nadi und Lautoka segeln. Beides sind reine Inderstädte. Wir haben viel zu erledigen: Einkäufe, Post, Visaverlängerung. Die Schaufenster Nadis sind vollgestopft mit Radios, Kameras, Souvenirs, Porzellanvasen und Schmuck. Dennoch bleibt uns keine Chance, irgendeine Auslage in Ruhe zu betrachten. Kaum haben wir das Lauftempo ein wenig verlangsamt, werden wir auch schon von wild fuchtelnden Indern umzingelt, die uns den Weg versperren und zur geöffneten Ladentür weisen. Wir hetzen durch die Straßen, um dieser permanenten Belästigung zu entkommen, und unser Abscheu wird zu Wut. In den Geschäften können wir nicht den kleinsten Schritt unbeobachtet tun. Der vielköpfige Inderclan klebt uns buchstäblich auf den Fersen und verfolgt uns Zentimeter für Zentimeter. Es ist unmöglich, irgendeinen Artikel ungestört und bedächtig auszuwählen.

Nach diesem Tag ist Peter nicht mehr in der Lage, einen Fuß in die Steinwüste zu setzen. Sarah jammert über die stinkenden Autos und will bei Papa auf dem Boot bleiben. Doch auf der Liste sind noch viele Dinge zu erledigen. Also ziehe ich mit Saskia allein los. An ihrer Seite fühle ich mich sicher, so seltsam das klingen mag. Aber die Anwesenheit eines Kindes weist mich als Mutter aus, überall in der Welt. Ich bin „tabu" und nicht bloß „blondes Freiwild".

Die zehn Kilometer vom Regent Hotel am Ankerplatz bis zur Stadtmitte fahren wir per Autostop. Es gibt keine Busse, aber für jeden Autobesitzer ist es eine Selbstverständlichkeit, andere mitzunehmen. Wir klettern auf den Jeep eines schmächtigen Inders, der eine Kühlanlage repariert hat und die zehn Kilometer dazu benutzt, um ausgiebig über die „dummen Fijis" zu schimpfen. „Sie können nichts, rein gar nichts! Wir sind die Drahtzieher! Wir haben die Insel aufgebaut. Wir haben das Know-how. Ärzte, Lehrer, Fachleute – alles Inder! Die Fijianer sind faul. Nur wir haben die Inseln zu dem gemacht, was sie heute sind. Also haben wir auch ein Recht, sie zu regieren!"

Ich schweige lieber dazu, denn wir wollen sicher nach Nadi gelangen. Aber es liegt mir auf der Zunge, unseren Chauffeur zu fragen, ob die Fiji-Inseln denn erst seit hundert Jahren existieren, seit sich die ersten Inder hier angesiedelt haben.

Für die Visaverlängerung müssen wir in Lautoka vorsprechen. Wir wählen den Landweg per Bus und machen daraus einen interessanten Familienausflug. So weit das Auge reicht, breiten sich zu beiden Seiten der Straße endlose Zuckerrohrfelder aus. Manche stehen in saftigem Grün, andere sind bereits abgeerntet und verbrannt. Berge von süßen Stengeln ruhen auf den Waggons der „Zuckerzüge", die langen braunen Riesenraupen ähneln und ihre begehrte Fracht zur Fabrik nach Lautoka bringen.

Der Südostpassat weht so kräftig, daß wir segelnd nur über die West- und Nordküste zurück nach Suva gelangen können. Dort leben viele Inder, wie wir später hören. Und dort befindet sich auch das Zentrum für Drogenhandel und Waffenschmuggel, was wir natürlich nicht ahnen.

Ein leises, doch fremdes Geräusch vorn am Bug schreckt mich in einer mondlosen Nacht plötzlich auf. Es ist nie ganz still an Bord: Zarte Wellen lecken am Stahl, Fische saugen an Algen, Seepocken knacken, die Ankerkette schleift über den Grund, Fallen läuten am Mast, Wind pfeift durch die Wanten... Aber dieses Geräusch ist neu. Vorsichtig wecke ich Peter. Er glaubt mir sofort und blinzelt durch den Spalt in der Vorderluke. Tatsächlich: Zwei Männer versuchen gerade, an Deck zu steigen!

Peter reißt den Lukendeckel auf und brüllt aus Leibeskräften: „Hey! What are you doing here? Haut ab! Sofort!" Damit erzielt er etwa die Wirkung eines Kastenteufelchens. Die Männer sind zu Tode erschrocken und lassen sich hinunter in ihr Boot sinken. Das sieht so komisch aus, daß meine lähmende Angst augenblicklich schwindet. Mit zittriger Stimme stammeln die Eindringlinge Entschuldigungen in die Finsternis: „Excuse me, sir! We are police. We must check your boat. Our chief is waiting in the jeep over there." Von der Polizei wollen sie sein und unser Boot überprüfen, während ihr Boss an Land im Jeep wartet?

Mit unserem Scheinwerfer leuchten wir die Küste ab. An der Uferstraße parkt tatsächlich ein Militärwagen. Also bitten wir die

172

beiden ins Cockpit und fragen nach ihren Wünschen. Mit zitternden Händen notieren die Beamten Namen von Yacht und Crew. Sie atmen auf, als sie hören, daß wir zwei kleine Mädchen an Bord haben, und verabschieden sich schnell.

In der nächsten Nacht ankern wir in einer einsamen Mangrovenbucht. Kein Haus und keine Straße sind auszumachen. Es wird dunkel. Rabenschwarze Nacht. Plötzlich vernehmen wir ein gleichmäßiges Plätschern im Wasser: Ruderschläge! Wir starren angespannt in die Dunkelheit und sehen uns im nächsten Augenblick einem Boot mit zehn Mann und einem aufgebocktem Maschinengewehr gegenüber. Alle Soldaten sind bis zu den Zähnen bewaffnet. Was hat dies nun wieder zu bedeuten? Jedenfalls grüßen wir so arglos wie möglich.

„We must check your boat. Can we come on board?" Schon wieder soll SARSAS durchsucht werden.

Wenn es sein muß? „Aber bitte nur zwei Mann!" Die vielen Gewehre sind uns doch ein wenig zu gefährlich an Bord. Und erst diese dreckigen Stiefel! Die tapferen Krieger sind durch tiefen Mangrovenschlamm gewatet und triefen jetzt vor Modder. Trotz unserer Einschränkung springen alle zehn über die Reling und verteilen sich auf dem Deck, das bald ebenso schwarz ist wie die Nacht.

Wir sind reichlich nervös, aber zum Glück schlafen die Kinder. Brav stehen wir dem Chief Rede und Antwort. Was macht uns nur so verdächtig? Ach so, Waffenschmuggel! Gleich wird man also die SARSAS umkrempeln und in ihren Eingeweiden nach geheimen Geschützen suchen. Wir sind auf das Schlimmste gefaßt.

Plötzlich schreit der Chief laut auf, springt von der Cockpitbank hoch, will das Gewehr schultern und faßt sich dann doch lieber an die schmerzende Wade. Unten im Schiffsbauch ertönt schallendes Gelächter. Und noch einmal streckt Saskia ein dünnes Ärmchen durch ihr kleines Bullauge in der Hundekoje und kneift den hochverehrten Polizeichef ins andere Bein. Der Überraschungsangriff ist gelungen! Jetzt kann sich auch der erschrockene Chief vor Lachen nicht mehr halten, und das ganze Schiff lacht mit. „Okay, okay, alles ist okay! Wir werden euren Namen durch-

funken und anordnen, daß man euch nicht mehr belästigt. Bye-
bye! Good sailing!"

Und dabei bleibt es.

Unser Abschiedsbesuch in Suva wird durch herrliche Wanderungen im Savani Forest gekrönt. Wir ankern diesmal vor dem
Tradewind Hotel in einer hübschen, kleinen Mangrovenbucht
und feiern Wiedersehen mit vielen alten Seglerfreunden. Die SANS
PAREIL mit dem Baby Amelie will während der Hurrikansaison
hier liegenbleiben. Aber das Wetter spielt ihr einen Streich: Wochenlang gießt es wie aus Eimern, bis sich Decke, Wände und
Polster des Boots schließlich „schwarz" ärgern und mit dunklen
Schimmelflecken reagieren.

Wir dagegen wollen zurück nach Neuseeland. Als hätten wir
uns auf den Rücken eines wilden Mustangs begeben, so rauschen
wir dahin. Immer ganz hoch am Wind springt unser Zauberpferd
über die Wellenberge, bäumt sich schnaubend auf, sinkt ächzend
in die Knie und steht schon am achten Tag im heimatlichen Stall
von Whangarei Harbour. Das Town Basin ist wieder randvoll mit
Yachten aller Nationen, die hier dicht an dicht das Ende der
Regenzeit im Pazifik abwarten.

Ein halbes Jahr können sich die Boote vom Streß des Fahr-
tensegelns erholen und erhalten obendrein eine gründliche
Schönheits- und Verjüngungskur. Roststellen werden behandelt,
Osmosebläschen geheilt, Beulen repariert und spröde Haut frisch
lackiert. Die neuseeländischen Slipanlagen, Werkstätten und gut
bestückten Marineshops lassen Seglerherzen höher schlagen und
garantieren einen sechsmonatigen Arbeitsurlaub ohne Langeweile. Weil obendrein noch Dusche, Waschmaschine, perfekte
Einkaufsmöglichkeiten, Schwimmbad und ein Barbecue-Park mit
Urwaldlandschaft für einen komfortablen und abwechslungs-
reichen Bordalltag sorgen, bewegt sich hier kein Yachtie mehr
fort. Selbst der schmutzige Schlierenteppich im Hafenbecken
kann uns nicht abschrecken. Von November bis April verwandelt
sich das Town Basin Jahr für Jahr zu einem Dorf der Weltumsegler, das mit seinen klingenden Masten, exotischen Crews und
flatternden Wäscheleinen die triste Stadtsilhouette belebt.

Es ist der einzige Hafen in Neuseeland, wo Yachties für einen längeren Zeitraum an Bord wohnen dürfen und herzlich willkommen sind. Tratsch und Klatsch sind im Seglerdorf ebenso an der Tagesordnung wie gemütliche Kaffeerunden, gegenseitige Hilfe, Informationsaustausch und viele Feste. Hier begegnen sich die unterschiedlichsten Charaktere und Schicksale. Jeder hat eine interessante Story zu erzählen. Bei den Norwegern und Schweizern hat sich Nachwuchs eingestellt. Hier sucht eine enttäuschte Bordfrau das Weite, dort lassen zwei Einhandsegler ihr geliebtes Boot im Stich, um an den heimatlichen Herd zu Frau und Kindern zurückzukehren. Bei Dieter hängt der ferne Haussegen schief, weil sich seine Solotour unfreiwillig in die Länge gezogen hat; noch tief beeindruckt von seiner Riffstrandung bei Neukaledonien, sprudelt er die Ereignisse wie ein Wasserfall heraus. Nach dem letzten Fix hatte er sich beruhigt aufs Ohr gelegt, um in der Nacht plötzlich auf einer harten Korallenbank wieder aufzuwachen.

Panische Angst vor wilden Kannibalen beflügelte den Abenteurer zur Flucht über das weite Riff auf eine einsame Insel. Dort versteckte er sich, bis die Phantasien verblaßten und er wieder sicher war, im späten 20. Jahrhundert gestrandet zu sein. Er kehrte zur Yacht zurück, sendete über Amateurfunk einen Hilferuf und wurde von den Franzosen prompt abgeborgen. „Es muß schon verdammt gefährlich sein, mit einem Stahlschiff um die Welt zu segeln", scherzten seine Retter. „Niemals sieht man Kunststoffyachten oder Holzboote auf den Riffen. Immer nur rostige Wracks!"

„O Mann", stöhnen Peter und Wendy, „wenn unsere SGOTHLONG nur einem Riff zum Opfer gefallen wäre! Wenigstens hätten wir dann die Südsee noch gesehen. Aber als unsere Kunststoffyacht endlich startklar war, donnerte sie vom Slipwagen, zerplatzte wie eine Eierschale und wurde schon auf der Werft zum Wrack!"

„Riffe, Strandungen, Stürme? Alles Miesmacherei! Wir denken positiv!" lautet die Parole von Kim und Dhanyam, zwei jungen, betuchten Weltenbummlern. Ein halbes Jahr lang haben sie im Town Basin Fahrtensegler gespielt und von der Südsee geträumt.

Fasziniert von der modernen Bordelektronik, glauben sie, mangelnde Seemannschaft und fehlende Segelkenntnisse damit überbrücken zu können. Doch ihr erster kleiner Törn vor der Haustür wird bereits zur Tragödie, weil sich das Wetter verschlechtert, ihre Navigationskünste trotz aller Technik versagen und Kim kein Süppchen mehr kochen kann. Dankbar, noch einmal mit dem Leben davongekommen zu sein, verhökern sie nun gerade drüben an der Pier ihre gesamten Südseevorräte, Seekarten und technischen Schätze. „Zu verkaufen" prangt am Mast ihrer HOUDINI.

So begegnen wir vielen neuen Gesichtern und nehmen von alten Seglerfreunden Abschied. Vielleicht werden wir fortan nur noch durch unsere Briefe und Erinnerungen miteinander verbunden sein. Beim Fahrtensegeln ist alles im Fluß – es ist ein ewiges Kommen und Gehen.

Völlig unbekümmert tummelt sich die Gang der Bordkinder nach der Schule auf dem grünen Uferstreifen. Manche besuchen eine neuseeländische Grundschule, andere haben Privatunterricht oder büffeln über den Arbeitsblättern der Korrespondenzschule. Vom hilflosen Säugling bis zum pubertierenden Flegel sieht man sie alle einträchtig und genüßlich an ihren Eistüten schlecken. Endlich ist diese sommerliche Köstlichkeit nicht mehr tabu wie in den Tropen, wo offen verkaufte Milchprodukte aller Art hochkarätige Bakterienherde sein können. Das gleiche gilt für ungeschältes Obst und rohes Gemüse oder Fleisch. Selbst in einem Erster-Klasse-Restaurant kann der Genuß von knackigem Salat in den Tropen ein hohes Gesundheitsrisiko darstellen. Das erzählte uns ein Seglerfreund, der monatelang todkrank im Hospital lag, weil er der Versuchung dieser Vorspeise in Tonga nicht hatte widerstehen können. In Neuseeland erfährt der europäische Gaumen seine Wiederbelebung und kann plötzlich in Schwarzbrot, Wein und Käse, Lammfleisch, Äpfeln, Birnen und frischem Salat schwelgen: alles exotische Raritäten, wenn man aus den Tropen kommt, besonders für die Kinder, die zum ersten Mal Früchte aus dem deutschen Sachkundebuch in natura sehen und schmecken können. Die tägliche Speisekarte allerdings muß weiterhin vom Smutje erstellt werden, denn Restaurants gibt es kaum. Die architektonische Einöde des quadratisch-praktischen Städtchens mit viel Fast Food und wenig Gemütlichkeit ist bezeichnend für neuseeländische Wohnkultur und läßt sich nur mit herrlichen Spaziergängen im angrenzenden Regenwald ertragen.

Urige Sträßchen, Cafés und einen historischen Stadtkern mit hübschen alten Häusern sucht man vergebens. In dieser Hinsicht ist Europa auf der ganzen Welt einmalig. Das Land der britischen Pioniere ist mit seinen einhundertfünfzig Jahren zu jung, um europäischem Geschichtsanspruch zu genügen. Vereinzelte Kauriholz-Villen mit hübschen Holzverzierungen im Zuckerbäckerstil sind rühmliche Ausnahmen. Dabei war Neuseeland vor seiner Entdeckung und Inbesitznahme durch die Weißen keineswegs kulturelles Brachland. Die polynesischen Ureinwohner, die das „Land der großen, weißen Wolke" bereits 900 n. Chr. besiedelten, waren hervorragende Holzschnitzer und versahen ihre Häuser, Gebrauchsgegenstände und Langkanus mit kunstvollen Ornamenten. Die wundervollen Ausstellungsstücke der Maori-Abteilung im Museum von Auckland lassen ahnen, was diesem Land in seiner jüngeren Geschichte verlorenging. Das Gesicht von „Aotearoa" hat sich vollkommen gewandelt. Wo einst üppiger Regenwald mit mächtigen Kauribäumen und Riesenfarnen das Land bedeckte, wogt nun fast überall ein endloses Hügelmeer aus grünen Schafweiden. Hin und wieder tupfen Apfelbäume Blütenpunkte in den September, schlanke Pappeln färben den April herbstlich gelb, und Schneeflocken aus der Spraydose zaubern mitten in den Südsommer weihnachtliche Pracht.

Als die Pioniere die Lebensweise ihrer britischen Heimat nach Neuseeland exportierten, verloren die Maoris ihre eigene. Vor dem Gesetz zwar gleichgestellt, im Herzen jedoch entwurzelt, lungern sie heute als aufgedunsene, seelische Wracks in Bierhallen und Sozialämtern herum. Nichts ist der polynesischen Mentalität so fremd wie der westliche Lebensstil mit seinem Arbeitsdiktat und Profitdenken. Selbst Versuche, die Naturmenschen zu erfolgreichen, selbständigen Farmern zu machen, mußten scheitern, weil es unter den Polynesiern keine Besitzanhäufung gibt. Kaum war einem Alleingänger nach harter Arbeit eine gute

Ernte beschert, rückte die gesamte Großfamilie an und aß alles auf. Selbstverständlich bemühte er sich kein zweites Mal um die Rolle eines westlichen Farmers. Das polynesische Gemeinschaftsprinzip funktionierte nur in den alten Dorfgesellschaften, die heute nicht mehr existieren.

Wenig einfühlsam und flexibel, sind die ehemaligen Pioniere ausschließlich darum bemüht, dem fernen Kontinent Europa nachzueifern – auch wenn dies einfach nicht gelingen will. Bei einem Bevölkerungsverhältnis von achtzig Millionen Schafen zu drei Millionen Neuseeländern läßt sich kein Wirtschaftswunder erreichen – zumal das Hauptgeschäft der Schafzucht, die Wolleverarbeitung, den Australiern überlassen wird.

„Kiwis" nennen die „Aussies" die weißen Neuseeländer und beziehen sich dabei auf den gleichnamigen plumpen Laufvogel, der einmal im Jahr ein riesengroßes Ei legt und nicht so recht weiß, was er eigentlich damit anfangen soll. Die imposante Raffinerie an der Küste bei Whangarei ist längst lahmgelegt, weil der Sprit von Australien viel billiger ist als der selbstproduzierte. Dabei waren die Kiwis so stolz auf ihr stinkendes Ei, daß sie Häuser mit Ausblick auf die Raffinerie besonders teuer anboten. Enttäuschend verlief auch das Geschäft mit der Chinesischen Stachelbeere, die von den Neuseeländern als „Kiwi" anfangs mit großem Erfolg exportiert wurde. Inzwischen werden die großen braunen Früchte selbst in Europa geerntet, und die Kiwi-Bauern versauern auf ihren riesigen Plantagen, die sie mit viel Liebe und DDT hochgepäppelt haben. Stets den Blick nach Übersee gerichtet, findet die neuseeländische Jugend ihr Heimatland langweilig und möchte am liebsten auswandern, während für zivilisationsgeschädigte Deutsche Neuseeland ein neues Mekka ist.

Zugegeben: Die Versuchung ist auch für uns groß, wie so mancher Yachtie einfach hier hängenzubleiben. Trotz der allgegenwärtigen Schafweiden und Zäune ist die landschaftliche Vielfalt mit Kratern und Vulkanen, Gletschern und Geysiren, glasklaren Flüssen und Seen, hohen Bergen und einsamen Küstengebieten faszinierend schön. Aber die neuseeländischen Behörden machen es Einwanderungswilligen nicht leicht. Nur bestimmte Berufe sind gefragt, weil wirtschaftliche Probleme und Arbeitslosigkeit zu groß sind. Beim zweiten Blick ist vielleicht doch nicht mehr alles so verlockend.

Mitten im spannungsvollen Hin- und Hergerissensein alarmiert uns jäh die Nachricht von der plötzlichen Erkrankung unserer Eltern. Am eigenen Leib spüren wir nun jenes ohnmächtige Bangen, das in den Briefen von zu Hause stets gegenwärtig war. Wie könnten wir unsere Eltern im Stich lassen und ihre Hoffnung, uns bald wiederzusehen, enttäuschen? Unsichtbare Fäden ziehen die SARSAS zurück.

Unser Aufenthalt in Neuseeland geht langsam zu Ende. Es ist Herbst geworden, und der nahende Winter kündigt sich durch ein schweres Sturmtief an. Mit Orkanstärke und heftigen Wolkenbrüchen fegen wilde Ostwinde über die Nordinsel und überfluten weite Teile des Landes. Auch im Town Basin von Whangarei herrscht Alarmstimmung, denn der kleine Fluß ist bereits über die Ufer getreten und überschwemmt die Stadt. Festmacher rutschen von den Pfählen, Yachten driften und werden auf die Stege gedrückt. Wer sich nicht gerade auf Ausflugsfahrt befindet, hat alle Hände voll zu tun, um größeres Chaos zu verhindern. Stundenlang kämpfen wir gegen einen Motorriesen, dessen Crew nicht aufzutreiben ist, und der uns fast zermalmt. Da SARSAS frisch vom Slip kommt, sind unsere „Berührungsängste" natürlich besonders groß.

Als das Unwetter vorüber ist, legen wir ab und segeln zur „Stadt der Segel", nach Auckland. Ein Solarpaneel und diverse technische Details stehen noch auf der Einkaufsliste. Die große Bucht macht dem Beinamen der Stadt alle Ehre, denn sie gleicht einem großen Bienenschwarm aus vielen weißen Segeln. Von ihren Fans heftig umworben, gleitet in seiner Mitte die just vom Stapel gelassene Königin dahin: die sieben Millionen Dollar teure Riesenslup NEW ZEALAND, gesponsert von der Bank of New Zealand für den fest eingeplanten Sieg im America's Cup. Superleicht, superschnell, superschlank und mit dem höchsten Mast aller Zeiten wird die Rennkuh der Kiwis hoffentlich unschlagbar sein und den Ruhm des kleinen Landes in alle Welt tragen. Eine groß angelegte Public-Relations-Kampagne Davids gegen Goliath kommt in Schwung. Doch die Amerikaner antworten dem Herausforderer mit einem schnellen Kat und gewinnen. Pech für David, dem beim Studieren der Regattaregeln für den America's Cup offenbar entgangen ist, daß eine großzügige Auslegung auch Mehrrumpfboote zuläßt. Die neuseeländische Segelbegeisterung aber wird durch solche Schlappen nicht gedämpft.

Unmittelbar vor ihrer Haustür haben die Auckländer ein ideales Wassersportrevier: herrliche Buchten und bezaubernd schöne Inseln. So gestalten sich lange Wochenenden, Weihnachten und Ostern jedesmal als große Segelorgie mit viel Lärm und noch mehr Alkohol. Hätten wir geahnt, welch eine Armada am Gründonnerstag anrücken würde, so wären wir rechtzeitig von unserem idyllischen Ankerplatz vor Kawau Island geflohen. Doch als wir abends von unserer Wanderung zurückkehren, ist schon alles zu spät. Aus dem Chaos wahllos übereinandergeworfener Anker und querverspannter Leinen gibt es kein Entrinnen mehr. Die Bucht sieht wie ein Spinnennetz aus. Wehe, wenn hier Wind aufkommt! Wo wir guten Gewissens maximal zehn Yachten sicheren Schwojraum zugestanden hätten, ankern nun gut hundert Boote, und der Strom reißt noch nicht ab. Es ist ein Kunststück, mit dem Dingi zur SARSAS zurückzukehren. Wir müssen unter zahllosen Leinen und Ankerketten durchtauchen und uns zentimeterweise weiterschieben, denn zum Rudern ist es viel zu eng.

„Wann segeln wir endlich wieder in die Südsee?" fragen die Kinder.

„Bald. Ganz bestimmt!"

# 7 Wo das Gestern noch lebendig ist: Melanesien

*Ein Alptraum wird wahr – Melancholisches Vanuatu – Zwischen den Inseln der Salomonen – Letzte Spuren der Kopfjäger – Schulstreik auf Simbo – Zaubertrick oder schwarze Magie?*

Wir haben uns, was Länge und Breite anbelangt, am weitesten von Deutschland entfernt. Als wir das schöne Neuseeland am anderen Ende der Welt verlassen, beginnt unsere Heimreise. Bis hierher reichten unsere Seekarten, die wir vom ersten Tag an mitführten; das Ende sollte offen bleiben. Jede Meile gen Norden und Westen wird uns nun der alten Heimat wieder näherbringen. Und dennoch entfernen wir uns immer mehr von der Zivilisation und tauchen tief ein in vergangene Zeiten. Je weiter wir in den Westpazifik vordringen, um so ursprünglicher gestaltet sich das Leben der Insulaner, die den Fängen der Moderne zu entgleiten scheinen.

Nach monatelanger Festlanderfahrung empfinden wir die See wieder als großartiges Erlebnis. Anfangs ist das Wetter zwar unbeständig und unbequem, doch den Tagen voller Segelwechsel folgt bald eine Ruhepause. Eines Morgens ist der Ozean wieder glatt wie ein pastellfarbenes Seidentuch, das sich wie beim Atem hebt und senkt. Zerknülltes Papier, unser Müllkarton, Salatblätter und Eierschalen treiben in der jungfräulichen Weite, die sie sanft emporhebt und dann wieder in den wogenden Falten der Einsamkeit verbirgt. Doch das Meer ist voller Leben. Lange Ketten aus funkelnden Gelatinewesen treiben in rhythmischen Zuckungen vorbei, kleine Segelquallen haben ihre hauchdünnen Membranen aufgestellt, und in der Nacht sprüht betörendes Feuerwerk aus der Tiefe. Unsere zarte Bugwelle ist ein Schleier aus glitzernden Diamanten, „Elmsfeuer" tanzen über das schwarze Parkett, und Glanzlichter eines kosmischen Kronleuchters tauchen den Festsaal in geheimnisvolle Herrlichkeit.

„Oh, schöne Flaute! Herrlicher Ozean!" jubeln die Kinder. Wie sehr haben sie sich danach zurückgesehnt!

Die ruhige See animiert zum Lesen. Wir vertiefen uns in melanesische Vergangenheit, denn wir wollen die Menschen, die wir besuchen, besser verstehen können. Bordalltag, Seemannschaft und Behördenkram sind uns inzwischen zur Routine geworden. Es befriedigt längst nicht mehr, nur zu wissen, wo sich der nächste Einklarierungshafen befindet, der nächste Supermarkt, die nächste Dusche, Waschmaschine, Dieselstation oder Strandbar, wenn man sich als Fahrtensegler auf den Weg zu fremden Völkern begeben hat.

Für die kleinen, begeisterten Zuhörer steht in diesen Tagen außerdem Stevensons *Schatzinsel* auf dem Programm. Ein Boot ist schon vorhanden, die Totenkopf-Flagge auch. Es fehlen nur noch die Piraten. Kein Problem. Sarah bindet sich kunstvoll ein Bein auf den Rücken und nimmt die Gestalt des gefürchteten John Silver an. Requisiten wie Krücke, Messer und Schärpe sind blitzschnell herbeigeschafft. Fürchterliche Lieder ertönen, und Saskia stimmt kräftig mit ein: „Joho, joho, und 'ne Buddel voll Rum..."

Als endlich Wind aufkommt, muß sich unser maulender John Silver wieder in ein zweibeiniges Wesen zurückverwandeln, das sicher auf den Planken steht. Leider bläst es aus Nordost. Der erhoffte Südostpassat bleibt pure Theorie im Seehandbuch. Wer jetzt von Neuseeland nach Tonga segelt, hat ganz schlechte Karten. Durch unseren Weltempfänger vernehmen wir die Klagelieder vieler Seglerfreunde, die schon drei Wochen unterwegs sind.

Langsam und hoch am Wind quälen auch wir uns Vanuatu im Norden entgegen. Die SARSAS läuft ganz ausgezeichnet Höhe und trägt wahrhaftig keine Schuld an unserer gereizten Stimmung. Aber im Gefolge der trotzigen Brise suchen uns schwefelgelbe

Wolkenballen, gewittriger Dunst und unerträgliche Schwüle heim. Ringsum brauen sich Unwetter zusammen.

Die Kinder sind auch jetzt noch begeistert: „Oh, tolle Gruselstimmung! Endlich wird es spannend!"

Blitze bohren sich in den qualmenden Horizont, und irgendwo unter der schwarzen Wolke an Backbord wehren sich unsichtbare Freunde, bis ihre Segel zerfetzen und die Rollfock bricht.

Sarah und Saskia haben absolutes Gottvertrauen. Niemals kommt ihnen der Gedanke, daß es gefährlich werden könnte. Aber Peter und ich sind nervös. Obwohl wir laut unseren Berechnungen die beiden südlichsten Inseln des Vanuatu-Archipels, Aneityum und Tana, nur in geringem Abstand passieren, ist nicht der leiseste Hauch von ihnen zu erkennen.

„Das kommt mir irgendwie bekannt vor!" schimpfe ich.

„O ja, wieder ein traumatischer Landfall im Paradies!" schimpft Peter zurück. „Hoffentlich wird die Sicht bei Efate besser!"

Wir fahren alle Antennen aus, um den mystischen Zauber Tanas einzufangen. Im brodelnden Schlund des Vulkans Yasur hausen der Sage nach göttliche Wesen. Allen voran „Jon Frum" mit seiner Armee, der eines Tages erscheinen wird, um den Bewohnern ein besseres Leben zu schenken und sie endlich an dem Reichtum und Wohlergehen der weißen Rasse teilhaben zu lassen. Die Kannibalen mußten nämlich erfahren, daß die Taufe allein noch keine Eintrittskarte ins gelobte Land war. Offenbar bestand ein Zusammenhang zwischen Christentum, weißer Hautfarbe und Reichtum. Ihr Verhältnis zum frisch importierten Glaube mußt sich zwangsläufig gespalten und bizarr gestalten, denn ihre Erfahrungen mit den weißen Trägern des Evangeliums – dubiosen Walfängern, skrupellosen Sandelholzhändlern, Mördern, Piraten, Kidnappern und eigennützigen Großgrundbesitzern – waren nicht gerade von Nächstenliebe gekennzeichnet.

Sie rächten sich an unschuldigen Missionaren, denen sie nicht mehr vertrauten, und entwickelten eigene Kultformen. Christliche Ideen vermischten sich mit den Ritualen der alten Geheimbünde. Uns mag es herzlich naiv anmuten, wenn Eingeborene vor Kühlschränken, Flugzeugteilen und Gewehren niederknien.

Aber diese „Cargo"-Kulte sind nur eine Reflexion der Zwiespältig-
keit unseres eigenen Lebens aus der Sicht der Melanesier, ein
Zerrspiegel unserer Gesellschaft.

Der berühmte Jon-Frum-Kult entstand nach dem Zweiten Weltkrieg, als Amerikaner mit Flugzeugen landeten und Waffen sowie
andere moderne Gerätschaften auf Tana deponierten. Die Einheimischen glaubten an eine göttliche Erscheinung und huldigten
fortan ihrem neuen Messias alias Jon Frum. Eines Tages würde
er wiederkommen und ihnen materielles Glück bescheren.

Wir starren in das schwefelgelbe Nichts, spüren keine Magie
und wundern uns nur, mit welcher Selbstverständlichkeit wir an
dieser fremden Welt vorübergleiten. Harmlose Wolkenkulissen
sind aufgezogen, unter denen am Horizont ein geläuterter Feuer-
ball aus besänftigten Wogen aufsteigt. Vielleicht sind die traurigen Indio-Melodien im Rekorder daran schuld, daß sich dieses
Bild aus Frieden, Freude und Trost für uns dennoch mit tiefer
Melancholie mischt. Wir sind zwar nach der Karte weit vom Kontinent Südamerika entfernt und die einsamen Täler der Anden
liegen himmelhoch über uns, aber die melancholischen Lieder
der Indios und ihre windverhauchten Flötenklänge passen
gut hierher in das Farbenspiel der aufgehenden Sonne vor Ero-
manga.

Als Wind aufkommt, muß die Kassette schweigen. „Südost! Na
endlich! Passatsegel raus!" Dann: „Nordost! Verdammter Mist!
Wir brauchen wieder Klüver und Groß!" Und schließlich: „Ost!
Los, ausbaumen! Raus aus der Koje!" Das sind für schlafhungrige
Freiwachen ein paar Manöver zuviel. Der bevorstehende Landfall
zehrt an den Nerven, und prompt erwache ich im Morgengrauen
aus einem schrecklichen Alptraum: Darin taucht unmittelbar vor
unserem Bug Land auf; mit rauschender Fahrt schießen wir auf
einen Küstenstreifen voll hoher Laubbäume zu. Verflixt, ich habe
meine Wache verschlafen! Als ich am orangefarbenen Osthimmel
beim Rundumblick tatsächlich eine lange schwarze Mauer aufge-
türmt sehe, über deren Rand gewaltige Baumkronen wie häßliche
Fratzen ragen, werden meine Knie weich.

„Aber Mama! Das sind doch bloß Wolken!" ruft Saskia belustigt, die jeden Morgen eigens für das Schauspiel der aufgehenden Sonne aus ihrer Koje krabbelt. Mein Schwächeanfall scheint sie derart zu amüsieren, daß bald die komplette Mannschaft an Deck steht.

Plötzlich schreit Sarah vorn vom Ausguck: „Laaand in Sicht! Ganz nah! Ich sehe viele, viele Bäume!" Also, entweder bin ich verrückt, oder da ist Magie mit im Spiel.

Die Südostspitze von Efate ist zum Greifen nahe und präsentiert sich als lange Baumreihe, deren bizarre Äste mit ihren seltsamen Zottelbüscheln meinem Traumbild verdammt ähnlich sehen. Keine Kokospalmen am sandigen Strand, kein Regenwald im Hintergrund. Nichts ist wie sonst.

Nach vierzehn Reisetagen klarieren wir in Port Vila auf Vanuatu ein und erledigen an der gelben Tonne die üblichen Formalitäten. Als Ankunftsdatum tragen wir den 27. Mai 1988 ein. „Wie steht es mit Malaria?" erkundigen wir uns und wollen wissen, ob wir uns von nun an viele Wochen lang durch den großen Pillenberg prophylaktischer Präparate futtern müssen.

„Keine Bange", beruhigen uns die Beamten. „Moskitos gibt es jetzt im Winter nicht."

Wir fragen uns, ob das ein Witz sein soll. Es ist schwül und heiß, aber die Beamten finden das Wetter offensichtlich angenehm kühl und fordern uns auf, erst mal im Dezember vorbeizuschauen. Der Health Officer beteuert, daß zur Zeit nicht ein einziger Fall von Malaria bekannt sei. Das ist schließlich Information aus erster Hand, und wir sind erleichtert, auf die nicht ganz unbedenkliche Prophylaxe mit Chloroquinen vorerst verzichten zu können. Hat man einmal damit begonnen, muß das Medikament weitere sechs Wochen, auch nach Verlassen des Malariagebiets, eingenommen werden. In unserem Fall wären dies mindestens vier Monate insgesamt, denn auch die Inselgruppe der Salomonen und Papua-Neuguinea zählen zu den gefährdeten Ländern.

Als Begrüßungsgeschenk überreichen uns die Beamten zwei köstlich duftende, knusprige Weißbrotstangen. Nur wer viele Tage auf See zugebracht hat, weiß die Kostbarkeit eines frischen Brotes zu schätzen. Sarah und Saskia verschlingen es mit großem

Heißhunger. Wir verholen uns zu einer kostenlosen Hotelmuring vor dem Inselchen Irikiri.

Sicher ist sicher, denke ich und krame mein Meisterstück von Moskitonetz heraus, das Cockpit und Niedergang hermetisch abschließt. Tagelang habe ich in Neuseeland mit der Handkurbelmaschine daran genäht und präsentiere nun voll Stolz das gelungene Werk. Es ist dämmrig geworden, Wolken von Mücken schwirren ums Boot. Haben die freundlichen Beamten sich geirrt? Von unserem sicheren Käfig aus studieren wir die Plagegeister, die sich in den Maschen festkrallen, und nehmen unser einschlägiges Lehrwerk zu Hilfe: „Verantwortlich für die Verbreitung der Malaria ist ausschließlich die Malariamücke Anopheles, und zwar nur das blutsaugende Weibchen. Männchen ernähren sich von Pflanzensäften. Durch ihre Haltung beim Sitzen läßt sich die Anopheles leicht von anderen Mückenarten unterscheiden. Sie sitzt wie ein dunkler Pfeil schräg an der Wand, wobei Stechrüssel und Körper eine gerade Linie bilden. Gemeine Mücken hingegen nehmen eine gekrümmte Haltung ein. Tagsüber halten sie sich in dunklen Verstecken auf, um in der Abenddämmerung, zur Nachtzeit und am frühen Morgen aktiv zu werden. Am gefährlichsten sind jene, die vorwiegend menschliche Behausungen aufsuchen und die Krankheitserreger in sich tragen. Eine unvermeidliche Schutzmaßnahme ist das Schlafen unter einem Moskitonetz...“

Die Biester in unseren Maschen krümmen sich hübsch brav und erhalten das Etikett „ungefährlich“. Uns allen tropft der Schweiß von der Stirn, denn die leichte Abendbrise hat keine Chance, durch das enge Netz zu dringen. Peters Augenbrauen ziehen sich unzufrieden zusammen. „Ich glaube kaum, daß wir es unter deinem Zelt lange aushalten werden. War ja gut gemeint und viel Arbeit... Aber kleine Gitter vor den Luken und am Niedergang und ansonsten lange Hosen, Strümpfe, langärmlige Hemden und etwas Autan im Gesicht: Das tut's doch auch.“ Natürlich bin ich maßlos enttäuscht, aber wenn der Kapitän recht hat, hat er eben recht. Am nächsten Tag verschwindet das Netz auf Nimmerwiedersehen.

Port Vila ist eine kleine, überschaubare Stadt mit deutlich fran-

186

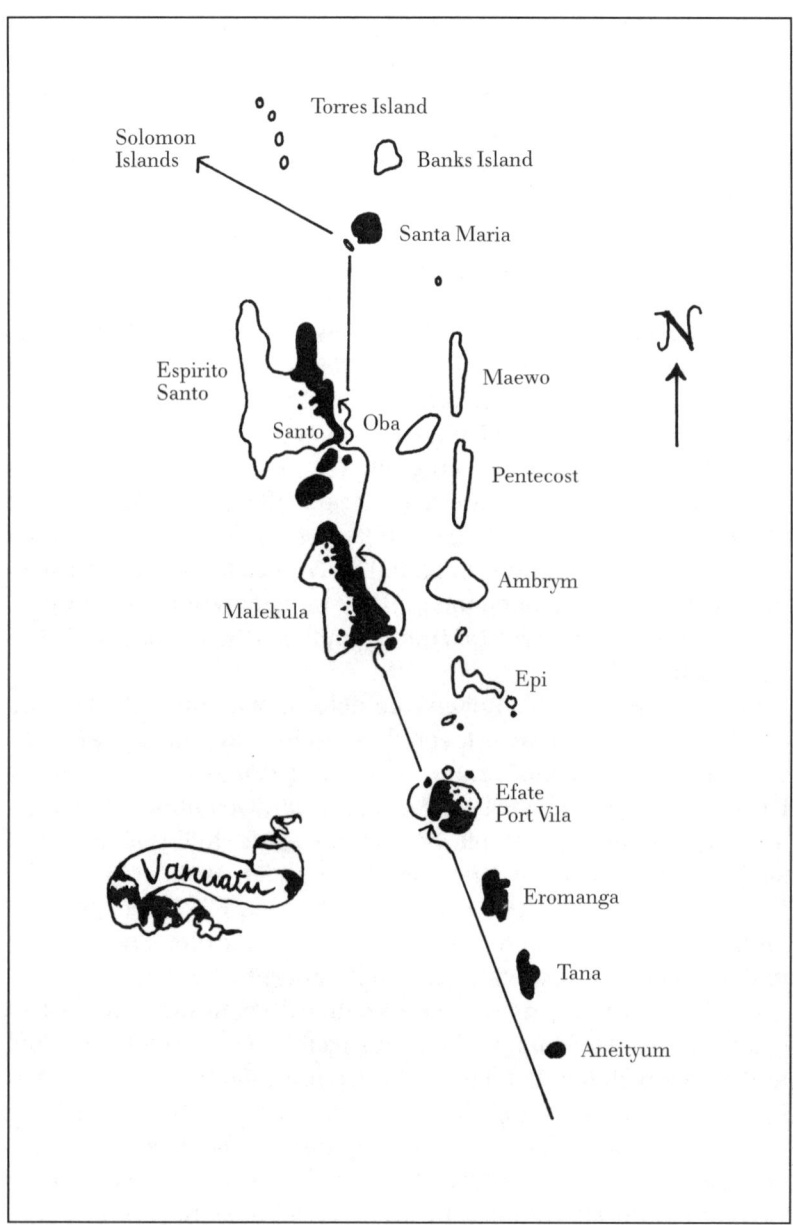

zösischem Flair. Es gibt gutes Weißbrot, Straßencafés und nette Boutiquen. Ehe Vanuatu, das „Land, das sich aus dem Meer erhebt", 1980 selbständig wurde, waren England und Frankreich gemeinsam seine Herren.

Vor den tropischen Marktständen am Straßenrand kauern dunkelhäutige Melanesierinnen in weiten viktorianischen Blumenkleidern. Duty-free-Shops und Chinesenläden füllen die Seitengassen. Wir nutzen die Gelegenheit und decken uns reichlich mit chinesischen Räucherspiralen gegen Moskitos ein.

An einigen Fassaden entdecken wir aufgesprühte Parolen: „Vanuatu land not for American capitalists" oder: „This is our land – not hotel land". Es hat Unruhen gegeben, und manche Schaufenster sind mit Sperrholzplatten vernagelt. Wir hören, daß ein einflußreicher Amerikaner im großen Stil Land für seine Hotelanlagen aufkaufen will – eine Schmiergeldaffäre. Die Bürger sind hellhörig geworden. Zu lange mußten sie fremdes Joch und den Ausverkauf ihrer Inseln erdulden. Die Nachrichten melden Unruhen auch aus Neukaledonien. Die Eingeborenen der französischen Kolonie im Westpazifik kämpfen schon lange um ihre Unabhängigkeit.

Im Zentrum des Städtchens entdecken wir einen Laden mit herrlichem Kunsthandwerk von den Inseln – und ein Museum. Es kann die vielen Schätze kaum beherbergen und ist bis unter die Decke mit ausdrucksvollen Masken, Gerätschaften, Kostümen und Trommeln vollgestopft. Sobald man den stillen, dämmrigen Saal betritt, ist man in einer neuen, fremden Welt. Hypnotische Fratzen jagen uns Schauer über den Rücken. Flechtarbeiten voll Muße und Zeit wecken Sehnsüchte. Hier sind der Straßenlärm und die reizlosen Betonfassaden weit entfernt.

Ein Mann winkt uns in einen kleinen Nebenraum. Dort ist es ganz finster. Wir stolpern über ein paar niedrige Sitzbänke und finden uns plötzlich bei den „Land-Divern" von Pentecost wieder. In dem Film stürzen sich Knaben und junge Männer todesmutig von einem hohen Turmgestänge kopfüber in die Tiefe. Eine Liane, um einen Knöchel geschlungen, wird sie wenige Zentimeter vor dem Aufprall retten. Nur wer den Mut zum Springen aufbringt, kann in den Männerkreis des Stammes aufgenommen werden: ein spektakuläres Initiationsritual, das heute leider schon touristisch vermarktet wird; für Schnappschüsse und Videoaufnahmen muß man kräftig löhnen. Der Vorführapparat in unserem Rücken rattert wie ein alter Truck und zeigt uns Feste, magische Tänze und kultische Rituale in den Dörfern der umliegenden Inseln. Wir lassen uns gern entführen, werden wir doch keine Gelegenheit mehr haben, diese fremde Welt selbst zu erleben.

Meist ist der Himmel über Vanuatu grau verhangen. Düstere Wolkenballen drücken voll Schwermut auf undurchdringliche Wälder. Unsere Ankerplätze sind still und oft menschenleer, keine Hütten am Ufer, kein Dorf. Es wird eine sehr einsame Fahrt. Nur gelegentlich entdecken wir morgens in großer Entfernung ein paar Männer in Einbäumen, die sich völlig still verhalten und geduldig warten, bis wir ihnen ein Winkzeichen geben. Wir wissen, daß sie Früchte tauschen möchten, und freuen uns darüber. So brauchen wir wochenlang keinen Kaufladen aufzusuchen. Hosen, Hemden und Schuhe, aus denen die Kinder herausgewachsen sind, werden von den Melanesiern herzlich gern entgegengenommen. Seit sie ihre Grasröcke abgelegt haben, ist der Bedarf an westlicher Kleidung groß, denn die Waren sind für sie schwer erhältlich und zu teuer. Die Männer sind sehr zurückhaltend, höflich und freundlich. Aber sie betrachten uns Neuankömmlinge mit ernsten, schüchternen Blicken. Wie muß die Ankunft der ersten Weißen auf sie gewirkt haben? Ist ihr vorsichtiges, scheues Auftreten die Antwort auf tiefe, schmerzliche Enttäuschung?

Die ursprünglich freundlich gesinnten Kannibalen mußten erleben, wie skrupellose Händler im 19. Jahrhundert einen fast systematischen Vernichtungskrieg gegen sie führten, um ungehindert wertvolles Sandelholz schlagen zu können. Die Schwarzen wehrten sich und überfielen europäische Schiffe. Als alles Holz fortgeschafft war, kamen weiße Sklavenjäger. Sie exportierten die Eingeborenen als billige Arbeitskräfte für Plantagen in Australien und Fiji, wo sie wegen unmenschlicher Behandlung schnell dahingerafft wurden. Missionare protestierten gegen diese Praktiken, aber die Lobby der Pflanzer war stärker. Dies trug zur Entvölkerung vieler Inseln bei. Schließlich mußte sich Großbritannien dem vehementen Protest doch beugen und verbot den Sklavenhandel. Leider setzte sich unter dem Deckmantel des britisch-französischen Kondominiums die Feindschaft zwischen Weißen und Eingeborenen zunächst fort, weil der geteilte Verwaltungsapparat zu kompliziert und seine Kontrolle auf den verstreuten Inseln unmöglich war.

Die undurchdringlichen Wälder Malekulas wirken im Vorüberfahren geheimnisvoll und gespenstisch. Sie sind die Heimat zweier Stämme, denen das seltene Glück beschieden war, zunächst unentdeckt zu bleiben und erst spät mit der westlichen Zivilisation in Berührung zu kommen. Aus diesem Grund ging auch die Missionierung an ihnen vorüber, und sie konnten ihre uralte Kultur in die Gegenwart hinüberretten. Bis heute zelebrieren die Stammesangehörigen überlieferte Geheimrituale und traditionelle Bräuche. Frauen werden gegen Schweine getauscht, und für die Braut ist es eine große Ehre, wenn ihre beiden Schneidezähne ausgeschlagen werden. Es sind die Kleinen Nambas im Süden Malekulas und die Großen Nambas im Nordwesten. Ihre Männer sind nackt und tragen lediglich geflochtene Gürtel, an denen Penisköcher (nambas) aus Bananenblättern befestigt sind. Obwohl die Großen Nambas noch vor 35 Jahren Kannibalismus praktiziert haben, ist ein Besuch bei ihnen heute unbedenklich. Allerdings mahnt das Kulturzentrum von Vila alle Reisenden, sich über Lebensweise, Bräuche und Reaktionen genau zu informieren und die Tabus streng zu beachten. Es hat eine Reihe von Unglücksfällen gegeben, als Besucher zum falschen Zeitpunkt ihre Kameras zückten oder ohne Erlaubnis in geweihte Gebiete vordrangen.

Gern möchte ich diese noch im Gestern lebenden Menschen besuchen, aber Peter ist entschieden dagegen. Sein Hauptargument ist der für die Kinder beschwerliche, möglicherweise unsichere Dschungelmarsch. Obwohl ich es als einzigartige Chance empfinde, ein so ursprüngliches Volk zu erleben, sehe ich das Risiko für uns alle ein. Wir müßten Unterkünfte und Mahlzeiten akzeptieren, die unseren hygienischen Anforderungen vermutlich nicht entsprechen. Wegen der Kinder haben wir es uns zur Gewohnheit gemacht, allzu engen Kontakt mit Dorfbewohnern möglichst zu umgehen.

In den Straßen von Porto Santo, wo die Gegenwart in Form von Betonblöcken, stinkenden Trucks und westlichen T-Shirts zu Hause ist, begegnen wir unerwartet einem Großen Namba in traditioneller „Kleidung". Sein Körper weckt allgemeines Interesse bei Melanesiern und Touristen, wobei die Reaktion meist ein spöttisches Schmunzeln ist. „Der Mann ist ein bißchen verrückt", sagt uns ein chinesischer Ladenbesitzer. „Er protestiert für das Fortleben der alten Kultur und läuft allen modernen Errungenschaften zum Trotz in Stammestracht herum."

Ach ja? Vielleicht ist er aber auch nur ein wenig intelligenter als der Rest.

Wir klarieren aus und segeln zur 60 Seemeilen nördlich gelegenen Insel Santa Maria. Als wir die Laukana Bay erreichen, strahlt der Himmel wieder in selten gewordenem Blau und verbreitet Freude. Einheimische Kinder hüpfen in knallroten Höschen am pechschwarzen Sandstrand aufgeregt hin und her und leuchten im Sonnenschein wie Glühwürmchen in dunkler Nacht. Das sieht wie ein Zaubertrick aus, denn ihre Hautfarbe unterscheidet sich kaum vom schwarzen Lavastrand.

Dort wartet bereits der grauhaarige Häuptling Jonathan mit seinem Gästebuch auf uns. Er ist mächtig stolz auf die vielen Seglerfotos und warmherzigen Sprüche. Auch wir werden eine weitere Lobeshymne daruntersetzen, denn unser Aufenthalt in der Laukana Bay ist ein neuer schöner Stein in unserem bunten Reisekaleidoskop.

Jonathan führt uns in seine „Wohnung", die aus vielen kleinen Palmenhütten besteht, jede für einen anderen Zweck bestimmt. Alle Vorratskörbe sind hoch unter das Dach gezogen, denn Katzen, Hühner und Schweine durchstreifen ungeniert das Anwesen. Der alte Mann stellt uns seiner bemerkenswert großen Familie vor. Frauen unterschiedlichen Alters sind darunter und viele, viele Kinder. Sarah und Saskia haben sich auf die neuen Spielkameraden gefreut, verhalten sich jetzt aber ungewöhnlich reserviert. Wir folgen dem bohrenden Blick ihrer großen Kulleraugen und entdecken nun ebenfalls Scharen von Läusen in den krausen Locken. Auch das noch! Unsere Freude erhält einen leichten Dämpfer, aber mit fest geflochtenen Zöpfen und Kopftüchern entgeht die weibliche Crew der Plage. Für den Ernstfall haben wir außerdem Jacutin-Emulsion an Bord.

Der alte Häuptling zieht einen gewaltigen schwarzen Bogen und mehrere Pfeile aus dem rußigen Kaminschacht über der Feuerstelle. Er deutet auf die Spitze eines Pfeils und mahnt uns zur Vorsicht. „Sie ist vergiftet", erklärt er. „Die Männer von Santa Maria kennen noch das alte tödliche Pfeilgift ihrer Vorväter, das sie bei der Jagd auf wilde Rinder oben in den Bergen benützen."

Dann zeigt er uns das Männerhaus. Es darf von keinem weiblichen Wesen betreten werden, auch heute noch nicht. Zwar ist es kein geheimer Kultplatz mehr, sondern nur der Schlafraum für Jonathan und seine männlichen Nachkommen, aber ein kleines Mysterium aus alten Zeiten hat sich doch noch darin erhalten. Oben auf der Anhöhe befindet sich das neue Allerheiligste: die Dorfkiche. Vor der Palmenhütte hängt an einem Stangengerüst ein seltsames, rostiges Gebilde. „Unsere Glocke!" verkündet Jonathan stolz und schlägt mit einem Holzprügel gegen die ausgediente Taucherflasche. Donnerwetter, denken wir belustigt, welch ein Fortschritt gegenüber der Buschtrommel und den rauchigen Tönen der Tritonschnecke, die in anderen Gemeinden zum Gottesdienst rufen.

Jonathan wirkt sehr weise. Er hat den Zerfall der alten Stammeskultur mitgemacht und auch den Neubeginn. Er lebt fast wie ein Steinzeitmensch und begegnet doch vielen modernen Yachten. Aber er ist weder verwirrt noch verunsichert, weder neidisch noch mißtrauisch, sondern freut sich, uns an Bord zu besuchen. Aber es ist eher ein Austausch der Gefühle, denn verständigen können wir uns nur schwer.

Als der Abschied naht, bringen wir dem Häuptling Zucker, Mehl, Seife, Kleider, Feuerzeuge und Zigarren, denn der Kopraschoner hat die kleine Insel schon seit fünf Monaten nicht mehr angelaufen. Zu unserer großen Überraschung überreicht uns Jonathan dafür seinen Bogen.

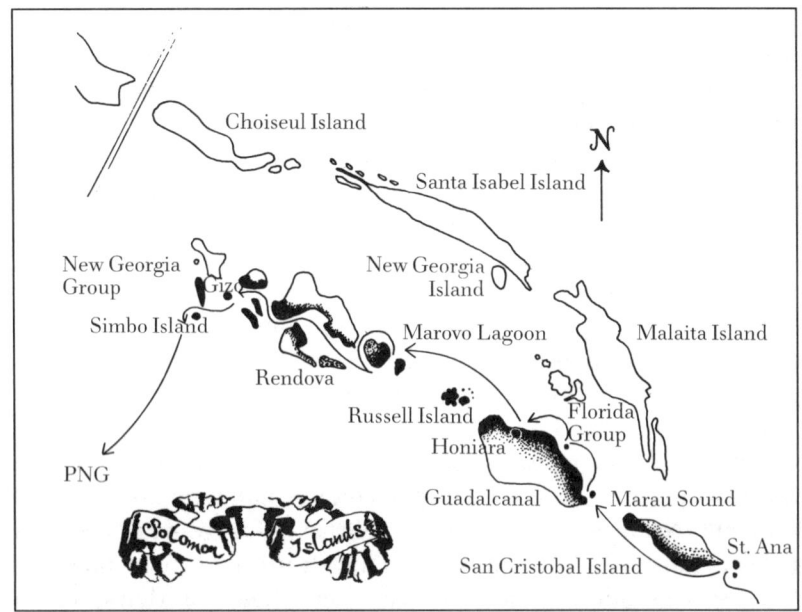

Santa Maria ist in dichte Regenschleier gehüllt, die Palmenkronen glänzen silbrig vor dampfenden Bergen. Über dem Meer aber ist der Himmel blau. Wir sehnen uns nach sonnigem Wetter, denn im Schiff beginnen allmählich Wände, Matratzen und Kleider zu schimmeln. Chief Jonathan und seine Dorfleute winken uns lange nach und stoßen laute, grelle Schreie aus, die uns wie der Ruf von Vögeln weit auf See hinaus begleiten.

Unsere dunkelbraunen Lungenflügel am Bug atmen tief auf, als wir dem Windschatten von Santa Maria entkommen. Zwar ist der Südostpassat eine Nummer zu frisch, aber für unseren Nordwestkurs ideal. Mit Rumpfgeschwindigkeit schneidet unsere Stevenklinge durch die aufgewühlte See, das Ruder arbeitet fieberhaft und vibriert vor Freude. Peter blickt gelegentlich etwas sorgenvoll nach der Selbststeueranlage, die tapfer ihren Dienst tut – bis sie zusammenbricht. Kurz vor Sonnenuntergang rollt

193

eine Riesensee heran und zerschmettert ihren trotzigen Schwenkarm. Zum Glück ist das Servoruder durch eine Leine gesichert und kann geborgen werden. Die verbleibenden 360 Seemeilen zu den Salomonen müssen wir nun von Hand steuern und hoffen, den Schaden in Honiara beheben zu können. Was so befreiend begann, endet zur Abwechslung wieder einmal als Galeerenfahrt, denn Wolkenbrüche und Sturmböen machen uns das Leben schwer. Wie sagte doch eine Seglerfreundin: „Wer das Segeln erfunden hat, muß ein Masochist gewesen sein!"

Am dritten Tag erreichen wir die Südspitze von San Cristobal und ankern vor dem Inselchen Santa Ana. Wir müssen uns dringend ein paar Stunden ausschlafen. Am Ufer läuten Kirchenglocken. Während wir darüber sinnieren, ob diese Klänge ebenfalls von einer Taucherflasche stammen, sehen wir, wie sich das Dorf in Bewegung setzt und als buntes Band am Strand vorüberzieht. Nach ein paar Stunden kehrt die Karawane feierlichen Schritts zurück, schwenkt dann plötzlich um und marschiert ins Wasser – geradewegs auf uns zu. Wir sehen die Menschen in ihren Sonntagskleidern langsam untertauchen und zu uns schwimmen. Einbaumkanus werden zu Wasser gelassen und schießen pfeilschnell herbei. Das mutet wie ein Überfall an, aber im nächsten Augenblick stecken wir in einem Orkan von prustenden, lachenden Menschen. Zwischen schwarzen Krausköpfen tummeln sich jede Menge blonder Lockenschöpfe. Nachkommen amerikanischer Freundschaftsbeziehungen während des Zweiten Weltkriegs?

Sarah und Saskia zögern nicht eine Sekunde, sich in das muntere Getümmel zu stürzen. Vorn am Bug drängt sich ein Wald von kecken Kinderbeinchen: Die SARSAS wird zum Sprungbrett umfunktioniert. Hunderte Hände umklammern unsere Scheuerleiste. Puh – wir fühlen uns wie von einer Lawine überrollt. Aber das Ganze ist doch ein Mordsgaudi, und die Heiterkeit der Insulaner wirkt ansteckend. In den Falten ihrer Gewänder haben die Einheimischen Zitronen und Kokosnüsse mitgebracht. Auch wir verteilen kleine Geschenke. Wochenlang haben Sarah und Saskia uns beim Tauschen zugesehen, jetzt erproben sie das tolle Spiel selbst. Muscheln, Ketten, Schnitzarbeiten, Kugelschreiber, Tennisbälle und Mickymäuse wechseln die Besitzer.

Santa Ana ist ein Ort, der zum Verweilen einlädt, aber die Reparatur der Selbststeuerung kann nicht mehr lange warten, wir müssen weiter. Das Lagunenlabyrinth am Südzipfel von Guadalcanal empfängt uns mit den frischen Farben seiner Nationalflagge: Blau, Weiß, Grün und Gelb. Schneeweiße Wolkenballen am tiefblauen Himmel rahmen saftiggrüne Inseln im goldenen Flutlicht der Sonne ein. Der Ankerplatz vor Tavanipupu zählt zu den schönsten unserer Reise.

Kaum haben wir die Heckleine an Land gebracht, da tauchen schon die ersten Einbäume von den umliegenden Inselchen auf und gehen an der SARSAS längsseits. Zuerst treffen ein paar junge Burschen ein. Dann folgen kleine Knaben und weißhaarige Männer. Wir wundern uns über die erstaunliche Kontaktfreudigkeit und die offenen, strahlenden Gesichter. Der Unterschied zu den scheuen Melanesiern von Vanuatu könnte kaum größer sein. Und dennoch teilen beide Inselgruppen, was die gräßliche Epoche der Sklaverei anbelangt, das gleiche traurige Schicksal.

Auf dem Boden der Kanus liegen Muscheln und Früchte. Die Männer wünschen sich dafür Handtücher und Kleidung. Unsere Vorräte sind allmählich erschöpft. Wir zeigen hilflos ein paar dicke Wollpullover und warme Hosen vor und wundern uns, daß die Wintersachen wie warme Semmeln weggehen. Immerhin steht unser Thermometer beharrlich bei 35 Grad im Schatten. Nachts schlafen wir ohne Decken. Aber den Einheimischen ist nicht so warm. Jetzt ist hier Winter, und die frische Meeresbrise, die durch die Ritzen ihrer Pfahlhäuser pfeift, läßt sie nachts frösteln.

Wir haben uns dem Äquator bis auf acht Grad genähert. Unser Hygrometer zeigt 83 Prozent Luftfeuchtigkeit. Während der Reise hat sie konstant zugenommen und sorgt nun auf den Salomonen für einen ungeheuren Pflanzenreichtum. Jedes noch so winzige Fleckchen Sand und jeder kleine Felskopf ist dicht bewachsen mit Farnen, Büschen, Schlingpflanzen und Bäumen. Das Grün hier ist einfach nicht zu bändigen.

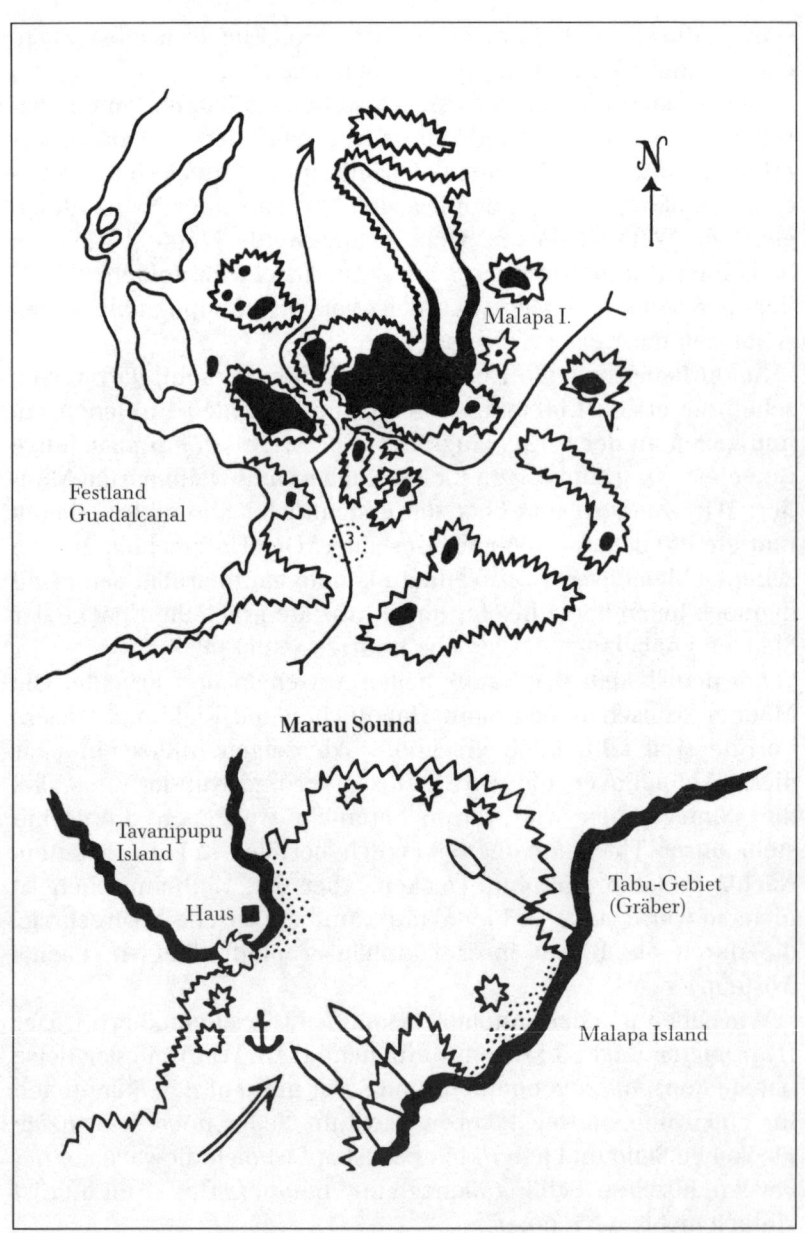

N

Malapa I.

Festland
Guadalcanal

3

**Marau Sound**

Tavanipupu
Island

Haus

Tabu-Gebiet
(Gräber)

Malapa Island

Der spanische Seemann Don Alvaro de Mendaña hatte sich allerdings andere Reichtümer erhofft, als er 1568 das vermeintliche „Dorado" sichtete und den Inseln seinen Namen verlieh. Weil sich die Gier nach Gold und „salomonischen" Schätzen nicht stillen ließ, geriet der Archipel wieder in Vergessenheit, bis Sklavenhändler ihn im 19. Jahrhundert neu entdeckten. Seither mischen sich auch englische Inselnamen in die multikulturelle Szene.

Wo die Ufer ins Meer hinabsteigen, ragen üppige Blätterarme wie zum Gruß weit über den Wasserspiegel. Freie Sandstrände sind dagegen rar. Kakadus, Papageien, Kraniche, Eisvögel und Seeadler ziehen über den Palmenkronen ihre Kreise und verschwinden krächzend im Dschungelgrün. Wir genießen das Vogelgezwitscher, das uns der Pazifik bisher vorenthalten hat. Das türkisfarbene Wasser ist so warm wie in der Badewanne. Die Kinder sind nur mit höchsten Überredungskünsten aus dem geliebten Element zu locken. Sie haben das Tauchen entdeckt und verwandeln sich stundenlang in kleine Meerjungfrauen, die im Wasser tanzen, unter dem Kiel durchtauchen und Schätze an die Oberfläche befördern.

Am 4. Juli klarieren wir in Honiara ein und löhnen zähneknirschend die obligatorische Leuchtfeuergebühr von hundert Salomonen-Dollar. Zusammen mit den hohen Ausklarierungskosten von Vanuatu entsteht so ein schmerzliches Loch in unserer Monatskasse. Es kursiert die Geschichte, daß Yachties im Übermut oder Suff den Scheinwerfer des Leuchtturms ausgeschossen haben, weshalb seither alle eintreffenden Segler für den Schaden büßen müssen. Zugleich ist die Regierung auch herzlich wenig an Besuch aus Übersee interessiert. Tourismus gibt es in den Salomonen so gut wie keinen, was zur Erhaltung ihrer ursprünglichen Lebensform beigetragen hat.

Zufällig sind wir in einer Woche nach Honiara gelangt, in der große Festlichkeiten das Bild der Stadt bestimmen, denn am 7. Juli feiert der junge Inselstaat das zehnjährige Jubiläum seiner Unabhängigkeit von England. Das Festprogramm ist vielversprechend: traditionelle Tanzvorführungen aller Stämme, Feuerwerk, bunter Markt und eine große Kriegskanu-Regatta.

Auftakt für den Festreigen im Stadion ist eine ohrenbetäubende Flugvorführung der Alliierten. Bedrohliche schwarze Pfeile donnern in Dreiecksformation über den Festplatz und erinnern uns unwillkürlich daran, daß dieses Gebiet während des Zweiten Weltkriegs heftig umkämpft war. Die Japaner hatten sich auf den Salomonen festgesetzt, um von hier aus den gesamten Westpazifik beherrschen zu können. In einer unbeschreiblichen Materialschlacht, deren Überreste noch heute zuhauf im Dschungel ruhen, wurden die Eindringlinge von den Amerikanern zum Rückzug gezwungen, die deshalb auf den Inseln noch heute beliebt sind. Der Meeresgrund bei Honiara ist von zahllosen Wracks bedeckt und wird deswegen auch „Iron Bottom Sound" genannt. Bei Waldbränden oder Bauarbeiten detonieren noch immer Blindgänger und Minen.

Endlose Reden und fade Militärparaden folgen, ehe das grüne Oval des Stadions endlich für die prachtvoll geschmückten Tänzer freigegeben wird. Jeder Stamm begeistert mit eigenen Kostümen, Rhythmen und Gesängen. Die imponierenden Gebärden der früheren Kopfjäger und die ekstatischen Jubelschreie der Zuschauer lassen uns den eigentlichen Zweck unseres Besuchs beinahe vergessen: die Reparatur der Selbststeuerung. Mit viel Glück haben wir uns zu dem Neuseeländer Wayne von der Pacific Class Aluminium Company durchgefragt, und er ist rührend darum bemüht, den richtigen Mann für die komplizierte Arbeit aufzutreiben. Als es geschafft ist, fällt uns ein Stein vom Herzen.

Obgleich wieder voll funktionstüchtig, darf sich der Schwenkarm noch eine Weile ausruhen, denn es rührt sich kein Lüftchen. Wir motoren zur nördlich gelegenen Marovo-Lagune. Eine schmale, langgezogene Barriere-Insel umgibt ihre Ostseite wie eine senkrechte grüne Mauer. Wir schlüpfen durch die Passage bei Mbili und erreichen unseren ersten Ankerplatz im Gefolge mehrerer Kanus. Man reicht uns Gästebücher, will tauschen und erzählen. Einem jungen Mann fehlt die rechte Hand. „Haie?" wollen wir wissen.

„O nein", antwortet der kleine grauhaarige Mr. Pepetini an seiner Stelle. „Das waren Männer von Malaita. Sie wollten bei uns im Dorf leben, haben sich aber an der Arbeit in den Plantagen nicht beteiligt. Da kam es zum Streit, und meinem Sohn haben sie mit dem Buschmesser gleich den Kopf abgeschlagen. Dieser Mann hier wollte dazwischengehen und verlor die Hand."

Sarah und Saskia wollen die Geschichte immer wieder hören und können nicht glauben, was da geschehen ist. Aber wir haben gelesen, daß die Männer von Malaita den Ruf haben, besonders reizbar und streitsüchtig zu sein. Die Bevölkerung dieser Insel ist noch stark in alten Traditionen verhaftet, und viele Burschen wollen der Rückständigkeit entfliehen, indem sie auf andere Inseln auswandern. Zum ersten Mal sehen wir Angst in den Augen der Kinder. „Und wenn die Männer wiederkommen?" fragen sie besorgt.

Aber Mr. Pepetini beruhigt sie. „Seit dem Zwischenfall werden Auswanderer von Malaita hier nicht mehr geduldet. Und die Mörder sitzen sicher im Gefängnis von Honiara."

Wir folgen dem geschwungenen Verlauf der Lagune und pendeln in Zickzacklinie zwischen freien, luftigen Inselchen am Außenriff und gedrängten, urigen Pfahlhausdörfern auf dem „Festland". Obwohl wir uns manchmal nach Ruhe sehnen, sind wir nie wirklich allein, sondern spüren überall heimliche Blicke, die uns beobachten. Meist aber sind wir von vielen Kanus umringt und werden von den Insulanern mit Früchten, Tintenfischen, Langusten, Korallenarbeiten und Schnitzereien versorgt. Nur an Samstagen wird es still. Das ist der heilige Tag der Seventh-Day-Adventisten, die hier großen Einfluß haben.

Bei ihren Tauschgeschäften beharren die Einheimischen in der Regel auf einem gewissen Anteil an Bargeld, was uns anfangs verwundert. Doch von ihren geringen Einkünften müssen sie die Lehrer der Missionsschulen bezahlen: pro Kind jährlich 400 Salomonen-Dollar, ein Betrag, der kinderreiche Familien völlig überfordert. So kommt nicht jeder Sprößling in den Genuß einer guten Schulbildung. Kostenlose Regierungsschulen sind entweder zu weit entfernt oder werden von den überzeugten Adventisten nicht akzeptiert.

Immerhin bewirkt die strenge Religionsgemeinschaft, daß die

Bewohner in den autarken Dorfgesellschaften gut aufgehoben sind und sich durch ihre Arbeit bestätigt fühlen. Alkohol und Nikotin sind streng verboten, ebenso das Kauen der Bethelnuß. Noch gibt es hier keine Identitätskrise wie bei den völlig entwurzelten Maoris in Neuseeland, die sich weder in der alten noch in der westlichen Kultur zu Hause fühlen können und in Rauschzustände flüchten.

Nachdem wir uns im Hospital von Honiara vergewissert haben, daß auch die Salomonen derzeit nicht von Malaria befallen sind, wagen wir den Besuch mehrerer Dörfer. Wir brennen darauf, eine alte Kultstätte aus der Kopfjägerzeit mit eigenen Augen zu sehen. Wayne hat uns erzählt, daß die Bewohner gelegentlich bereit sind, die geheimen Schädelstätten ihrer Vorfahren zu zeigen. „Aber geht niemals ohne Erlaubnis!" hat er uns gewarnt. „Solches Land ist immer noch heilig. Wer es nicht achtet, wird krank oder muß sterben. Hütet euch davor, ohne Führer zu wandern, denn ihr wißt ja nie, wann ihr geheiligtes Land betretet."

John, ein hervorragender Schnitzkünstler aus dem Dörfchen Telina, kennt so einen Tabu-Platz und führt uns zu einem nahen Hügel. Hier soll sich die Kultstätte seines Urgroßvaters befinden, der zur Zeit der Kopfjäger ein großer Krieger war. Bei seinen Streifzügen zu den benachbarten Inseln Isabela und Choiseul pflegte er stets ganze Dörfer samt Frauen und Kindern auszuradieren. Die eroberten Köpfe wurden in Kriegskanus zum Heimatdorf zurückgebracht, wo man ein großes Fest feierte und um die Köpfe herumtanzte.

Stets aber wurden zwei Kinder lebend mit nach Hause gebracht und aufgezogen, um neues Blut ins Heimatdorf zu bringen und der Inzucht entgegenzuwirken.

„Mein Urgroßvater glaubte, daß seine übernatürlichen Kräfte von dieser Geheimstätte stammten", erzählt John. „Keiner durfte sie betreten. Unter den Steinhügeln begrub er magische Gegenstände und Siegestrophäen." Behutsam schiebt er eine Steinplatte zur Seite, so daß wir ins Innere des Hügels schauen können. Zwischen Kaurimuscheln, Walzähnen und Muschelgeldscheiben ruhen mehrere ausgebleichte Schädel. „Der Hügel ist voll davon", sagt John. „Es sind die Köpfe der Häuptlinge und stärksten Krieger des besiegten Dorfes."

In seinen letzten Lebensjahren wurde der gefürchtete Kopfjäger jedoch zum Christentum bekehrt und starb 1922 als überzeugter Adventist. Ehe die Europäer die Salomonen missionierten, gab es unter den Bewohnern keine nationale Einheit. Jedes Dorf war eine Festung für sich, jeder Nachbarort bereits feindlich und zur Kopfjagd ausersehen. Erst mit dem Christentum kehrten Einheit und Frieden ein. So halten die überlieferten „Nguzunguzu"-Figuren, ehemals am Bug der Kriegskanus befestigt, auch keine Schädel mehr in Händen, sondern eine Friedenstaube.

Uns interessiert, wieviel die Insulaner noch aus vergangenen Tagen wissen und warum ihre Vorväter auf Kopfjagd gingen. Die Greise haben diese Zeit immerhin noch aktiv miterlebt. Aber meist ist die Antwort nur ein Achselzucken, oder man wendet den Kopf scheu zur Seite. Manchmal sagt man uns auch, die Steinhügel seien Ahnengräber und keine rituellen Schädelstätten. Von allen aber wird dieses „Custom Land" als altes Kulturerbe geschätzt und gehütet.

Obwohl die Kultstätten, nach denen wir suchen, keine Magie mehr ausstrahlen, zeigen viele Bewohner dennoch große Scheu vor den geheimnisumwitterten Orten. Niemals würde es eine Frau wagen, die tabubehafteten Plätze im versteckten Dschungel aufzusuchen. Deshalb folgen mir auch skeptische Blicke, als wir die Anhöhe von Chea erklimmen. Ganz geheuer ist mir die Unternehmung nicht. Aber der Häuptling hat zwei kräftige Männer auserkoren, die uns den geheimen Pfad durch den Dschungel weisen und viel zu erzählen wissen. Von oben haben wir einen großartigen Blick über die Lagune. Still und friedlich ruht die SARSAS auf ihrem Ankerplatz vor dem Dorf.

„Hätten wir die Kinder nicht doch lieber mitnehmen sollen?" denke ich laut.

„Was soll denn schon passieren? Die beiden sind keine Babies mehr, sondern vernünftige und absolut zuverlässige Persönchen", beruhigt mich Peter.

Lautstark hatten Sarah und Saskia nämlich morgens verkündet, daß sie allein auf dem Schiff bleiben und malen wollten. „Uns ist es zum Wandern viiiiiiel zu heiß! Und außerdem sind die Tabu-plätze blöd' und langweilig!"

„Na, dann tschüs, ihr kleinen Meuterer. Aber Klettern und Schwimmen ist auch tabu, klar?"

So kam es, daß wir allein losgezogen waren.

Einer der Männer zeigt auf das glänzende Wasser. „Von hier oben beobachteten die früheren Bewohner das Nahen feindlicher Kriegskanus."

Um vor den Kopfjägern sicher zu sein, hatten sich die Menschen jener Zeit tief im Busch angesiedelt. Erst seit der Missionierung gibt es Dörfer entlang der Küste. Die Leute vom alten Chea hatten besonders viel Glück, denn sie konnten sich immer rechtzeitig in einer Höhle verbergen und überlebten die feindlichen Raubzüge.

Wir klettern über die Mauerreste der alten Siedlung und gelangen zu einem gigantischen Gummibaum, in dessen Luftwurzeln mächtige Basaltquader liegen. Vielleicht waren sie einmal zu einem monolithischen Monument angeordnet, wie man es von Stonehenge kennt. Unsere Führer wissen dazu nichts zu sagen, aber der eine erzählt eine alte Sage, wonach die Dorfbewohner von einem gewaltigen Riesen beschützt wurden, der von der Spitze des Hügels schwere Steinbrocken hinab ins Tal auf die Kopfjäger schmetterte.

Auf Schritt und Tritt zeigen uns die beiden Männer eßbare Pflanzen, reichen uns Blätter, Nüsse und Wurzeln. Sie führen uns zu einer armstarken Liane und erklären, daß sie ein idealer Trinkwasserspeicher sei. „Man muß die Rinde nur an zwei Stellen einschneiden – schaut –, und schon schießt ein Wasserstrahl heraus!"

Der Führer hat ein neues Blatt abgezupft und hält es uns entgegen. „Dies ist giftig. Damit kann man Fische fangen."

„Wie bitte? Fische?"

„Ja. Man zerkleinert es, vermischt es mit feuchtem Sand und formt daraus einen kleinen Ball. Wenn man einen Fisch in seiner Wohnhöhle entdeckt hat, wirft man den Ball hinein und wartet.

Die Kugel löst sich auf, und sobald der Fisch von dem Blatt frißt, taumelt er bewußtlos an die Oberfläche."

Da fällt es uns wie Schuppen von den Augen. Wir haben uns nämlich immer über das seltsame Gebaren einheimischer Fischer gewundert: Sie rudern mit ihren Kanus herbei, tauchen kurz, klettern ohne Beute in ihre Einbäume zurück und sonnen sich genüßlich, um plötzlich ins Wasser zu greifen und einen Fisch in Händen zu halten. Jetzt ist uns alles klar!

Eine abgeholzte Lichtung entpuppt sich als großer Gemüsegarten mitten im Urwald. Wir stapfen durch Süßkartoffelfelder und gelangen endlich ans Ziel. Ähnlich wie bei dem Geheimplatz von Johns Urgroßvater sind auch hier mehrere Blöcke aus Korallenkalk hügelartig aufeinandergeschichtet und bilden als oberen Abschluß eine kleine Kammer, in der mehrere Schädel liegen. „Das sind die alten Häuptlingsgräber", erfahren wir. „Früher wurden die Menschen sitzend begraben. Nach dem Verwesungsprozeß brachte man die Köpfe an diesen besonderen Ort."

Wir verlassen die Marovo-Lagune, passieren die Insel Rendova und die Blackett-Straße, wo die von John F. Kennedy kommandierte PT 109 von einem japanischen Zerstörer gerammt und versenkt worden ist, und klarieren in Gizo aus. Diese öde Wellblechstadt sieht uns nur kurz, denn unser neues Ziel ist der Louisiade-Archipel. 20 Seemeilen weit im Südwesten liegt unsere letzte Salomoneninsel: Simbo. Hier ist es wie überall in dieser Gruppe: Wir sind sofort von fröhlichen Kindern umringt, die mit ihren Kanus in Trauben an uns hängen. Neugierige Äuglein bohren sich durch jede Ritze. Jedes Bullauge ist ein goldener Rahmen für ein lausbübisches Kindergesicht, das ins Schulzimmer späht. Sarah und Saskia weigern sich, unter diesen Umständen über ihren Büchern und Heften zu brüten, deshalb müssen wir die kleinen Melanesier fortschicken, die gerade Ferien und Langeweile haben. „Kommt um zwölf Uhr wieder, okay?"

Die Kinder gehorchen aufs Wort und trollen sich paddelnd davon. Aber um Punkt zwölf sind sie alle wieder da und entführen unsere Mädchen in ihren Einbäumen. Bald können sich Sarah und Saskia darin ebenso sicher bewegen wie die Einheimischen und führen uns stolz ihre Kunststücke vor.

„Mama, Papa, wir bleiben in Simbo!" erklären sie. „Hier gefällt es uns. Wir fahren nicht mehr weiter, und wir gehen auch nur bis zwölf Jahre zur Schule – wie unsere Freunde. Das reicht. Dann wissen wir genug, um auf der Insel leben zu können."

Als nach vielen schönen Tagen doch der Abschied naht, kullern große Tränen. In einer langen Schlange hängen die Kanus der Simbo-Kinder am Heck der SARSAS, während wir langsam zur Bucht hinausfahren.

Frische Südostwinde schenken uns die 240 Seemeilen zum Louisiade-Archipel in zwei wundervollen Segeltagen. Wir ankern in der Westbucht von Nimoa, wo mehrere Segelkanus still auf Kreuzbahnen einhergleiten und ein kleines, laut schnurrendes Motorboot heftige Wellenkurven dazwischensetzt. Der alte Häuptling des Dörfchens hat das Privileg, es zu fahren, und ist auch ganz versessen darauf. Seine Ohrläppchen sind nach alter Sitte durchlöchert und mit Perlen verziert. Er bringt uns ein großes stummes Kofferradio und erhofft sich von dem weißen Mann Reparaturhilfe. Als Peter das Gerät auf dem Kombüsentisch auseinandernehmen will, springen mehrere Kakerlaken ins Freie, was uns sogleich in Panik versetzt. Spinnweben ranken sich um salzverkrustete Steckverbindungen: ein hoffnungsloser Fall. Natürlich ist der Chief enttäuscht. Aber wenig später braust er schon wieder mit seligem Lächeln heran, reicht uns ein paar Früchte als Tauschobjekte und erbittet sich dafür unseren Weltempfänger. O kindliches Gemüt! Mit ein paar Kugelschreibern ist er dann genauso zufrieden.

Wir finden schnell Kontakt zu den Bewohnern von Nimoa. Die ganze Kinderschar ist zu Saskias Geburtstag eingeladen, und Peter fasziniert die kleinen Zuschauer mit harmlosen Zauberkunststücken. Einfach sensationell, wie der „magische Stein" immer wieder in irgendeinem Wuschelkopf verschwindet und an ganz anderer Stelle zum Vorschein kommt! Die Kinder jauchzen vor Begeisterung und himmeln den großen „Magier" mit bewundernden Blicken an. Nur ein Junge ist still und traurig. Er sagt, daß er andere Magier kenne, sie hätten mit dem „bösen Blick" seine Eltern getötet.

Später erzählt uns die katholische Missionsschwester, wie stark die Menschen hier trotz Schule und Gottesdienst noch im alten Geisterglauben verhaftet sind und Kenntnisse über die wirklichen Krankheitsursachen ablehnen. Nicht Viren, Bakterien, Infektionen oder mangelnde Hygiene sind schuld, sondern stets „der böse Blick schlechter Menschen". Uns wird reichlich mulmig zumute, denn wir möchten wegen harmloser Geburtstagsspäße natürlich nicht zu den bösen Leuten gerechnet und womöglich gelyncht werden, sollte während unserer Anwesenheit zufällig einem Dorfbewohner etwas zustoßen.

Zum Glück hat Peter unseren kleinen Gästen gegenüber stets beteuert, daß es sich bei seiner Zauberei nicht um Magie, sondern um einfache Tricks handelt, die sie selbst im Dorf vorführen können. Was dann auch prompt geschieht und den Kreis unserer Bewunderer lawinenartig anschwellen läßt. Abend für Abend paddeln Dorfburschen und junge Männer heimlich in der Dämmerung zur SARSAS, um ebenfalls ein paar Kunststücke zu erlernen und sich danach zufrieden wieder zu trollen. Für manche ist das Wissen um die Banalität eines Zaubertricks ein regelrechter Schock, der ihre bisherige Bewußtseinsebene durchbricht, vergleichbar etwa mit der Erkenntnis, daß die Erde eine Kugel und keine Scheibe ist. Brian, ein ausgewachsener Mann und stolzer Vater, schlägt Purzelbäume auf dem Boden und kullert lachend über den Strand, als er das Geheimnis des „Namenzettel-Tricks" durchschaut und der Groschen bei ihm fällt.

Wieder einmal wird der Inhalt unseres Kleiderschranks eingetauscht gegen Früchte, Muscheln und Handarbeiten, denn Brians Großfamilie hat sich bedauerlicherweise zur westlichen Mode bekannt. Das Ergebnis hängt nun als ausgeblichene, zerfranste und durchlöcherte Kleidung an ihren ausgemergelten Körpern. Schwarz-rote Zahnreihen strahlen uns dankbar entgegen. Von früh bis spät kaut Jung und Alt die Betelnuß, deren berauschender Saft die Zähne scheußlich rot färbt. Immerhin tragen viele

205

Frauen in der Missionsstation noch Grasröcke und Bastketten mit Muscheln und Blüten über ihren welken Brüsten und sehen in dieser Tracht großartig aus. Der katholische Priester und seine Ordensschwester sind sehr fortschrittlich und fördern das Tragen traditioneller Kleidung bei den Frauen, weil sie diese selbst herstellen können.

Zum Abschied geben wir dem ehrwürdigen Familienoberhaupt und Chief von Nimoa einen Solar-Taschenrechner, mit dem er ebenfalls „zaubern" und sich über den Verlust des „sprechenden Kastens" hinwegtrösten kann. Dann segeln wir weiter nach Tagula Island und ankern in einer Bucht, die noch nie zuvor von einer Yacht besucht worden ist. Am Strand warten schon zwei halbwüchsige Knaben, die uns spontan mit ihren Auslegerkanus besuchen und uns ihr Dorf zeigen wollen. Man sieht ihnen an, wie wichtig sie diese „männliche" Aufgabe nehmen. Zwar sind sie erst zwölf Jahre alt, aber schon ganz „erwachsen" und von der Schulbank in Gnaden entlassen. Nur den allerbesten und ehrgeizigsten Schülern wird der Besuch eines weiterführenden Internats ermöglicht. Im Grunde besteht an einer Gymnasialerziehung kein großes Interesse.

Was sollten die Bewohner auf den entlegenen Inselchen auch damit anfangen? Kenntnisse über Fischfang, Gartenbau und alte Handarbeitstechniken, das Anfertigen von Häusern aus Naturmaterial und Behauen von Einbäumen sind für die autarken Gemeinschaften viel wichtiger. Was könnten hier Algebra, Informatik, Shakespeare oder Chemie bewirken, außer eine tiefe Unzufriedenheit zu schüren, das Leben zu verfremden und Wünsche zu wecken, die selbst uns im Westen bereits mehr als fragwürdig erscheinen? Solche Überlegungen mögen einer armen Bordlehrerin gestattet sein, der ihre beiden Schülerinnen deutlich zu verstehen geben, daß ihnen das einfache Leben auf den Inseln besser gefällt als das Studieren und daß sie gar keinen Beruf erlernen *wollen*. Phrasen wie „Lernen fürs Leben" und „Selbstverwirklichung" sind zwar schnell zur Hand, schmelzen aber in der Tropensonne wie Wachs dahin.

Uns fällt auf, daß die malerischen Palmenhäuschen von Tagula auf hohe Pfähle gesetzt sind. Unsere Führer erklären, das geschehe nicht nur zum Schutz vor Ungeziefer und Hochwasser, sondern auch wegen der Krokodile, die nachts in die Dörfer schleichen und Schweine und Hunde holen. „Keine Gegend, auch nicht die See in der Lagune, ist vor den Ungeheuern sicher!"

Trotz der glühenden Hitze vergeht uns ab sofort die Lust zum Baden, und dies wird sich viele Wochen lang nicht ändern. Aber noch sind wir völlig ahnungslos, was uns in nordaustralischen Gewässern erwartet.

*Korallenfische in der Blauen Lagune (Sarah, sieben Jahre)*

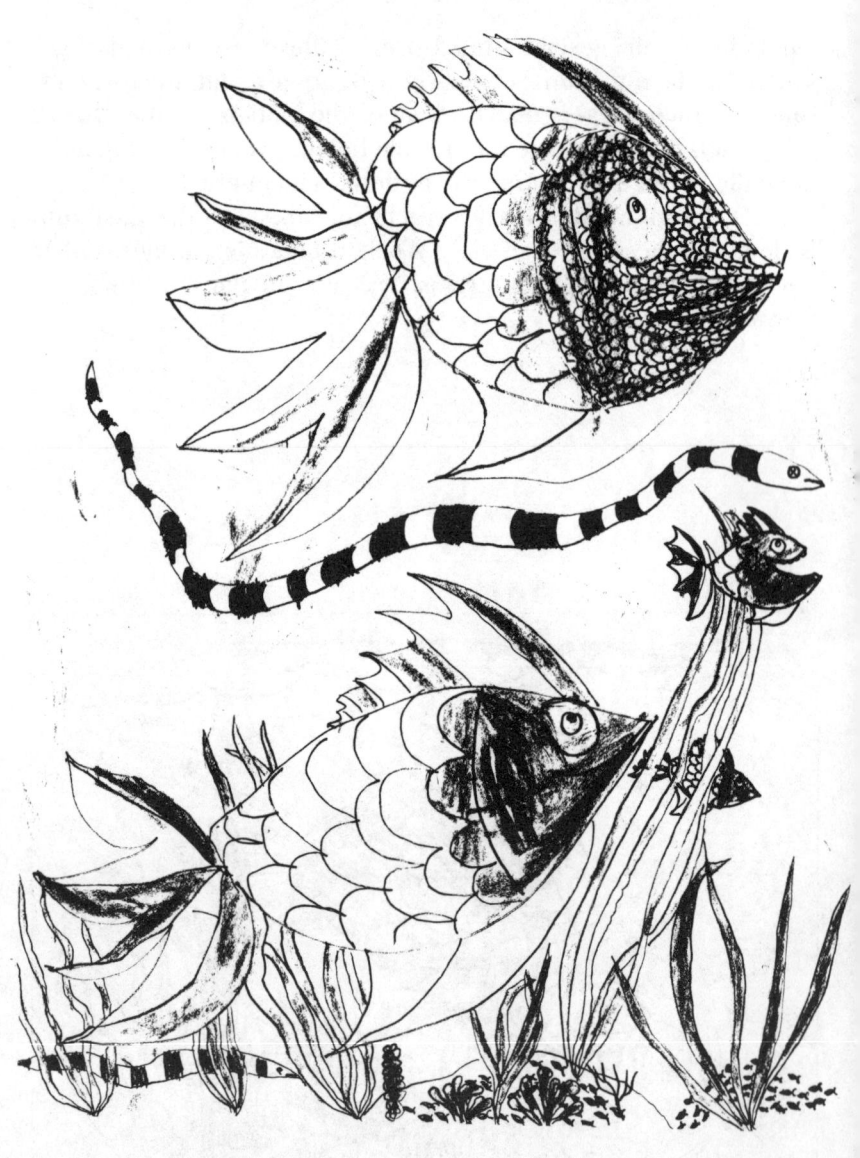

*Korallenfische und giftige Schlange (Sarah, sieben Jahre)*

Das Sternenmeer der grünen Südseeinseln verwöhnt den Fahrtensegler
mit stillen, einsamen Ankerplätzen.

Im Cockpit baumelt eine Bananenstaude für Naschbären.

29

**30**

**31**

30 „Krieger" in den Solomons: Ihr[e]
   Väter waren noch Kopfjäger.

31 Traditionelle Tänze in Tonga.

32 Inseln von Feuer und Korallen
   geboren.

33 Blühende Korallengärten wachs[en]
   aus der Tiefe des Ozeans hervor.

34 Ausdrucksvolles Grün prägt die
   melanesischen Inseln.

32

33

**36**

**37**

35 Manchmal durchkreuzt ein Sturmtief unsere Pläne.

36 Bordkinder bekommen „sturmfrei"
statt „hitzefrei", aber bei Flaute
macht Lernen Spaß.

37 Pünktlich zum Mittagessen geht ein
Thun an die Schleppangel.

# TEIL III:
# IM WESTEN LIEGT
# DER
# FERNE OSTEN

# 8 Von der Traumzeit ins Nirwana

*Korallen mit scharfen Zähnen – Krokodile am Ankerplatz – Ein Liebesbrief an den Pazifik – Die Tragödie der Aborigines – Zwischen zwei Zyklonen – Gegen den Wind über den Indischen Ozean – Bürgerkrieg in Sri Lanka – Armut kennt keinen Müll*

Mit jeder Insel wird das Ankeraufgehen für uns schmerzlicher: ein bittersüßer Vorgeschmack für unseren Abschied vom „Sternenmeer", das wir allmählich verlassen. Doch als der Louisiade-Archipel dann achteraus liegt, ist alle Wehmut vergessen, denn die Ansteuerung von Cairns durch die Grafton-Passage erfordert unsere ganze Konzentration und wird ein navigatorischer Nervenkitzel.

Nach vier ruppigen Segeltagen mit wechselnden Winden, intensiven Sonnenmessungen und Stromberechnungen stehen wir pünktlich am frühen Nachmittag vor dem zweitausend Kilometer langen Great Barrier Reef im Nordosten Australiens. Von Horizont zu Horizont brandet und gischtet es weiß vor hellem Türkis. Keine Landmarken, keine Bojen oder Markierungsstangen, kein Leuchtturm und auch kein unveränderliches Kennzeichen helfen uns, die schnell nahenden Riffe zu identifizieren. Unsere Standlinie zielt zwar präzise auf die anvisierte Passage, aber wie steht es mit der Stromversetzung seit dem letzten Fix? Eine Lücke in der Korallenmauer ist beim besten Willen nicht auszumachen. Bei Nacht hätten wir das Leuchtfeuer der Grafton-Passage wahrnehmen können. Aber es widerspricht einfach unserem Instinkt und unseren bisherigen Erfahrungen, sich einem Riffgebiet bei Nacht zu nähern. Noch dazu ohne Satnav. Nein, uns muß das

Kunststück wie den ersten Segelpionieren gelingen – oder auch nicht.

Schon können wir die Korallenbänke berühren, da scheinen sich die Brandungswellen auf einem wenige Meilen breiten Streifen zu glätten. Das muß die Passage sein! Ein kräftiger Südost schiebt uns dem geöffneten Korallenmaul mit seinen scharfen Zähnen entgegen. Wagen wir es? Keine Zeit zum Überlegen – schon rauschen wir mit geblähten Passatsegeln triumphierend durch das Tor im Barriere-Riff. Peter, gewissenhaft wie immer, errechnet unten nochmals eine aktuelle Standlinie. Aber noch ehe er entsetzt hinaufzubrüllen vermag, daß dies unmöglich die Grafton-Passage sein kann, schließt sich vor uns plötzlich das herrlich weite Tor mit zahllosen dunkelbraunen Korallenköpfen. Nur das beste aller Wendemanöver kann uns retten. Mein panischer Aufschrei geht reibungslos über in fest eintrainierte Handgriffe. Peter schmeißt die Maschine an und dreht den Bug wieder hinaus auf See. Trotzdem dauert es unendlich lange Minuten, gegen den steifen Südost aus der Falle zu motoren. Dann aber sind wir fürs erste gerettet. Doch die Sonne sinkt unbeirrt dem Horizont entgegen. Wie sollen wir nachts die richtige Passage finden?

Ich plädiere dafür, noch einmal hinaus in den Pazifik zu segeln. Nur weg von hier! Aber Peter behält einen kühlen Kopf, vertraut seinen Berechnungen und kann plötzlich jeden Meter des vorbeirauschenden Riffs deuten. „Dies ist ganz eindeutig das Tongue Reef. Gleich haben wir es geschafft."

Als die Sonne untergeht, stehen wir in der Trinity Opening, zwölf Seemeilen nördlich der Grafton-Passage, und ankern vor Double Island. Die Strömung hatte uns nach Norden versetzt, obwohl das Buch dicke Südpfeile zeigt.

Am nächsten Tag klarieren wir in Cairns ein. Pflanzen, Milchpulver, Reste von Frischgemüse und Küchenabfälle landen wie üblich im Vernichtungssack des Quarantäneoffiziers. Andere riskante Objekte haben wir versteckt, denn von all den herrlich bunten Sandproben unserer Weltreise und dem großartigen Federschmuck Melanesiens wollen wir uns keinesfalls trennen. Wir planen ja auch nicht, diese Dinge an Land zu bringen und Seu-

211

chen zu verbreiten, außerdem haben wir die exotischen Handarbeiten bereits selbst desinfiziert. Die Einklarierungsbeamten geben uns Verhaltensmaßregeln, allerdings nicht völkerkundlich orientiert wie in Fiji, sondern rein biologisch. Es geht um tödlich giftige Quallen in den australischen Gewässern, um Giftschlangen und Krokodile. Wir müssen erkennen, daß unsere Kenntnisse über die frommen Tierchen aus dem Zoo unser Überleben in Nordaustralien nicht garantiert hätten.

„Täuscht euch bloß nicht", warnt man uns. „Krokodile galoppieren an Land genauso schnell wie Pferde. Wenn euch eines verfolgt, lauft im Zickzack und werft ihm ein Kleidungsstück vor die Schnauze. Das sichert euch wertvolle Sekunden, denn die Viecher sind dumm und verschlingen erst mal euer Hemd. Wenn ihr an Land rudert, wählt jedesmal einen anderen Weg, denn Krokodile sind Gewohnheitstiere. Und es gibt sie wirklich überall: an Land, in den Flüssen und auf See. Geht vor allem niemals baden!"

Aber damit nicht genug: Es ist auch gefährlich, sich allzu tief über die Reling zu beugen. Im Vorjahr wurde ein Segler getötet, der beim Mittagsschläfchen die Beine über die Bordkante baumeln ließ und von einem Krokodil ins Wasser gezogen wurde. Selbst das Sonnen am Strand ist riskant, erst kürzlich wurde eine Touristin dabei von einem Krokodil geschnappt. „Aber wir dürfen gegen die Biester nichts unternehmen", schließt der Beamte. „Krokodile sind in den Augen der Aborigines heilige Tiere, und dies ist ihr Land; wir haben es ihnen vor 14 Jahren zurückgegeben. Abos glauben, daß die rote Erde und die Krokodile ihre Vorfahren sind. Das müssen wir akzeptieren."

Also Wanderverbot – Faulenzverbot – Badeverbot! Und das ausgerechnet bei 36 Grad im Schatten und traumhaft grünem Wasser vor feuerrotem Wüstensand!

Wir haben den Umweg über Cairns gewählt, um die gähnende Leere in unserer Speisekammer für den Trip nach Indien aufzufüllen. Die „Großfamilie" der Fahrtensegler hat ausführlich über die preiswerten und hervorragenden Einkaufsmöglichkeiten in dem sonst recht nichtssagenden Städtchen berichtet. Wir kopieren Seekarten vom Roten Meer und lassen unsere Diafilme ent-

wickeln. Ein Autoausflug durchs Table Land und zu einer Kroko-
dilfarm rundet den Besuch ab. Spätestens beim Anblick von Char-
ly, dem zehn Meter langen Salzwasserkrokodil, wäre uns die
Freude am Schwimmen sowieso vergangen.

Mit mehreren kurzen Inselstopps segeln wir anschließend am
Barriere-Riff entlang gen Norden zum Kap York. Wieder müssen
wir spüren, wie sehr die Klimakarte unser Reisetempo diktiert
und zur Eile mahnt; wenige Wochen Verzögerung würden entweder Flaute oder Orkane bedeuten. Wir müssen uns sputen, um für
die windschwache Zone zwischen Nordaustralien und Cocos Keeling noch einen letzten Hauch des Passats zu erwischen, denn
laut *Ocean Passages for the World* gilt dieses Gebiet bereits im Oktober als völlig windarm, während der Indische Ozean im November mit Tropenstürmen droht.

In der Torres-Straße, am Albany-Paß, nehmen wir Abschied
vom Pazifik, der hinter einer felsigen Inselpforte als tiefblaues
Dreieck langsam in der Ferne verschwindet. Über Sarahs Wangen kullern Tränen. Ihr Herzchen tut schrecklich weh, und die
Erinnerung an die schöne Blaue Lagune und die fröhlichen Simbo-
bo-Kinder läßt ihr Körperchen vor Heimweh beben. „Mama, Papa!
Warum können wir nicht zurückfahren? Warum bloß nicht? Weshalb wollt ihr denn nicht in der schönen Südsee bleiben? So sagt
doch was!"

Aber auch uns steckt ein Kloß im Hals.

Nur Saskia ist tapfer und vertraut darauf, daß noch viele schöne
Reiseziele folgen und wir noch lange in herrlichen Gewässern
sein werden. Sarah schreibt einen Liebesbrief an den Pazifik,
wirft ihn mit einer Flaschenpost ins Kielwasser und versucht damit ihren Kummer zu versenken. Zur Aufmunterung gibt es zwei
große Schachteln mit bunten Stiften. Wie süchtig füllen die Kinder Seite um Seite in ihren Malbüchern und bannen ihre farben-
frohen Erinnerungen aufs Papier. Selbst die erschreckend steile
See im Golf von Carpenteria kann ihren Malkünsten nichts anhaben. In Gove Harbour legen wir eine wohlverdiente Ruhepause
ein, überholen den Motor, bunkern Diesel und Wasser, installie-
ren unseren neuen Satnav und reinigen bei Ebbe das Unterwas-

serschiff. Algenbärte und Seepocken sollen uns in der Flautenzone nicht bremsen. Ständig kreisen unsere wachsamen Blicke über die türkisfarbene Bucht: Es könnte ja ein gieriges Paar Kugelaugen herangleiten! Viel mehr sieht man von den Krokodilen nicht, aber sie sind da. Nachts erkennt man im Scheinwerferkegel ihre reflektierenden Pupillen zwischen den Yachten. Und heute ist schon das zweite Krokodil in die Falle am Strand gegangen.

Gove ist eine Bauxit-Enklave auf gepachtetem Stammesland mit einem Touch von Outback, denn seine nähere Umgebung besteht aus feuerroter Wüste mit spärlichen Eukalyptuswäldern und zahlreichen Termitenhügeln. Aber gerade dieses karge, bescheidene Land ist die Heimat der Aborigines, die ihnen in der „Traumzeit" anvertraut wurde, die sie lieben und ehren und mit der sie tief verwurzelt sind. Sie glauben, daß die Erde zu Beginn vollkommen dunkel, kalt und glatt war und erst in der Traumzeit von gigantischen, tierähnlichen Wesen gestaltet und geordnet wurde: Riesenschlangen durchfurchten die Einöde und formten so Flüsse, Täler und Berge. Elstern zogen die dunkle Wolkendecke fort, und es wurde Tag. Jede Pflanze, jeder Fels und jedes Tier hat seine eigene Schöpfungsgeschichte. Die mythischen Wesen lehrten den ersten Menschen die Bedeutung aller Dinge und das richtige Verhalten. Irgendwann endete dann die Traumzeit und hinterließ den Nachkommen das soziale und kulturelle Erbe ihrer mythischen Vorfahren, das sie bis in die Gegenwart hüten und das ihnen eine friedliche Existenz garantiert.

Anders als bei Kopfjägern und Kannibalen konnte das Christentum den Aborigines keine lebenswertere Alternative bieten. Und das Verhalten der Weißen sprach zusätzlich gegen die neue Religion. Ein Ureinwohner Australiens schreibt in seinem Buch *Stories of the Dreamtime:* „Die Weißen empfinden unsere Entstehungslegenden als unglaubwürdig, weil Tierwesen darin agieren. Sie sehen nicht die symbolische Bedeutung dahinter, wenn zum Beispiel das Blut der Wongataube fortan alle Waratah-Blumen rötlich färbt. Aber es ist für einen Aborigine gewiß nicht leichter zu glauben, daß Moses das Wasser des Roten Meeres teilte. Für den, der glauben will, sind beide Geschichten wahr."

Weil alle Dinge ihre zehntausend Jahre alte, bewährte Ordnung haben, bedeutete Bergbau für die betroffenen Stämme den geistigen Tod. Er vertrieb sie von heiligem Land, entweihte ihre religiösen Stätten, raubte ihnen die kulturelle Integrität und trennte sie von dem lebensspenden Geist, der sich in fremder Heimat offenbar nicht regenerieren kann. „Wir leben nur noch als leere menschliche Hülle", sagt uns ein Aborigine. „Wenn Bohrer und Baggerschaufeln unser Mutterland auf der Jagd nach Rohstoffen aufreißen, empfinden wir das als körperliche und seelische Wunde. So denken wir seit der Traumzeit, auch wenn man dies im Westen nicht begreifen kann."

Obwohl man den Ureinwohnern vor einigen Jahren ihre Wüstengebiete zurückgegeben hat, finden sie noch immer keine Ruhe, denn im heißen Sand schlummern viele Bodenschätze, die der weiße Mann besitzen will.

Auf der staubigen Straße nach Nhulunby, dem nahegelegenen Städtchen mit Krankenhaus, Schule, Einkaufszentrum, Post und Schwimmbad, begegnen wir gelegentlich einigen Aborigines aus den umliegenden Reservaten. Sie sind zurückhaltend, zierlich und bedauerlicherweise meist alkoholkrank. Von den „Aussies" werden sie gründlich verachtet, denn sie taugen nicht zur Arbeit und kosten nur Unmengen an Sozialhilfe. Die Australier bauen ihnen Häuser, aber die „Abos" leben lieber unter freiem Himmel. Auch sonst könnte der Unterschied zwischen den beiden Völkern, was Lebensphilosophie, Religion, Naturverständnis, Gesellschaftsform, Eß- und Wohnkultur betrifft, kaum größer sein. Sie trennen ganze Welten. „Wenn sie sich doch wenigstens dem westlichen Lebensstil anpassen würden, wo wir sie schon leben lassen und für sie zahlen", lautet etwa die Meinung der weißen Damen und Herren, die noch immer nicht ganz die Menschenwürde, Besonderheit und Eigenständigkeit dieses vierzigtausend Jahre alten friedlichen Kulturvolks anerkennen wollen, dem der Kontinent früher gehörte.

Das zweihundertste Gründungsjubiläum Australiens, das wir miterleben, ist für die Einheimischen bestimmt kein Grund zum Feiern. Für sie verkörpert es die Geschichte von Niedermetzelung, Landraub und Entwurzelung. Auch uns behagen die glorreichen Gedenkreden an die grausame Geburtsstunde des modernen australischen Staates nicht. Seine weißen Bürger haben da weniger Probleme. „Zu allen Zeiten wurde Land erobert", argumentieren sie. „Was ist schon dabei?"

Unser letzter Ankerplatz im Traumzeit-Land liegt vor der öden Steinkulisse des berühmten „Hole in the Wall", einem kanalähnlichen Felsdurchlaß in den Wessel Islands, wo eine rasante Gezeitenströmung steht. Nur unter günstigen Wetterbedingungen kann man diese Abkürzung wagen. Wir haben Glück und rauschen mit 15 Knoten Fahrt an den Felswänden vorbei. Viel Steine gibt's und wenig Brot in diesem pflanzenleeren Gelände, aber selbst hier findet ein Ureinwohner genug zum Überleben. Für das Nomadenvolk dieser Jäger und Sammler hat auch die Wüste einen reichen Tisch gedeckt. Mit ihrer traditionellen Nahrung aus Känguruhfleisch, Fisch, Muscheln, Schnecken, Eidechsen, Schlangen, Maden, Würmern, Ameisen, Motten, Wurzeln, Nüssen, Gräsern und Wildfrüchten lebten die Aborigines nachweislich gesünder als mit westlichen Produkten.

„Krokodile kann es hier jedenfalls nicht geben. Kommt, wir wagen endlich einmal einen Landgang", schlägt Peter vor. Aber etwas in mir spricht dagegen. Ich protestiere. Bei vier Personen, die im Zickzack rennen, hat ein Krokodil recht gute Chancen. Und schon wenig später will Peter nicht glauben, was seine Augen sehen: Ein braun-grüner, gezackter Rücken zieht langsam seine Kreise um die SARSAS; listige Schlitzaugen schielen nach möglicher Beute. Mit Kindern ist der Streß hier wirklich groß, und wir sind diesmal nicht traurig, von dem so faszinierenden, aber widersprüchlichen Land fortzusegeln.

„Segeln" ist leider stark übertrieben, denn die sengende Hitze des australischen Kontinents saugt jeden Windhauch fort und läßt die Luft über dem Wasser flimmern. Um wenigstens ein paar Meilen westwärts zu schaffen, beginnen wir die flaue 1800-SeemeilenEtappe nach Christmas Island gleich unter Maschine. Das bringt angenehmen Fahrtwind, aber der heiße Motor macht das Leben

216

unter Deck noch unerträglicher. Wir quartieren die Kinder um und legen sie unter lautstarken Protesten in unsere Vorderkojen. Sie lieben ihre kuscheligen Wohnhöhlen heiß und innig, auch wenn der Motor dröhnt und die Bettchen zu Backröhren werden. „Wenn wir ausziehen, dann müssen alle Freunde mitkommen!" lautet die Bedingung. Und jedesmal wandert eine Karawane von Decken, Bären, Löwen, Kissen, Puppen, Affen und Koalas durchs Schiff.

Gelegentlich setzt sich eine leichte Ostbrise mit ein bis zwei Knoten durch, und wir holen begeistert Genua oder Passatsegel heraus. Unsere Tagesetmale schwanken zwischen 15 und 60 Seemeilen, denn meist liegt die Timor-See so still da wie ein Ententeich. Am neunten Tag sichten wir am Horizont einen großen dunklen Gegenstand, der in der sanften Dünung gummiartig nachgibt und uns sogleich an eine Rettungsinsel denken läßt. Erst als wir uns dem wabbeligen Etwas bis auf wenige Meter genähert haben, erkennen wir den halbverwesten Kadaver eines riesigen Blauwals, an dem sich zahllose Tiefseehaie gütlich tun. Ekelerregender Gestank steigt uns in die Nasen. Gefräßige Mäuler mit scharfen Sägezähnen bohren sich in den ranzigen Leib und stanzen koffergroße Fleischstücke heraus. Immer neue gierige Räuber tauchen unter dem Rumpf der SARSAS auf. Es ist ein faszinierendes Naturschauspiel, diese Tiere so unmittelbar beobachten zu können. Aber welch ein Alptraum, hier über Bord zu gehen!

Auch westlich des Ashmore-Riffs, wo der wilde Indische Ozean beginnt, bleiben die prophezeiten Passatwinde aus. Zwar schiebt uns die Strömung konstant in die gewünschte Richtung, aber die restlichen 500 Seemeilen zur Weihnachtsinsel sind mit 20-Meilen-Etmalen und bei glühender Hitze nur mühsam zu bewältigen. Ein aufziehendes Gewitter läßt uns buchstäblich die Haare zu Berge stehen. Schwere Wolkenballen hängen am Himmel. Während der Nacht, in der ein müdes Schwälbchen Schutz unter dem Deckshaus sucht, entlädt sich endlich die geballte Spannung in einem heftigen Unwetter und bringt erlösende Winde.

Nach drei Wochen klarieren wir am 24. Oktober auf der australischen Phosphat-Insel ein und können unsere diesjährige Weihnachtspost mit der exotischen Briefmarke von Christmas Island frankieren.

Ein englischer Kapitän hatte die Insel am 25. Dezember 1643 entdeckt und folgerichtig benannt. Religiöse Weltanschauungen mischen sich hier. Soeben noch in der „Traumzeit", freuen sich die Kinder bereits wieder an westlichen Weihnachtsmärchen, während pünktlich um vier Uhr morgens von der Spitze des Minaretts moslemische Gebetslieder über Lautsprecher dröhnen und die malayische Bevölkerung an ihre Koranpflichten mahnen.

Wir bunkern Diesel und Wasser, entscheiden uns angesichts der überhöhten Gemüsepreise diesmal für Vitamintabletten und aktivieren unsere Sojabohnen- und Samenbatterie. Als am nächsten Morgen kräftige Südostböen die vehementen „Allahu-akbar"-Klänge des Minarettweckers verwehen, zögern die Yachties nicht eine Sekunde, ankerauf zu gehen und nach Cocos Keeling zu fliehen. Nichts wie weg! Die Flaute sitzt noch jedem im Genick.

Das einsame Atoll der Kokosinsel im Indik ist ein markanter Wendepunkt auf unserer bisherigen Route. Fast immer zeigte unser Bug gen Westen, zum nächsten herrlichen Südseehorizont auf dem Tropengürtel. Doch hier werden wir ihn um 90 Grad drehen und nordwärts, in den Fernen und Nahen Osten segeln.

Alle Segler, die ihren Anker in die hellblaue Idylle dieses Bilderbuch-Atolls geworfen haben, lechzen nach den lange vermißten Bade- und Schnorchelfreuden und tun sich mit dem Aufbruch schwer. Die Lagune von Direction Island, direkt am Paß gelegen, gehört ganz den Wasserwanderern und ist unbewohnt. Auf Home Island im Osten liegt eine malayische Siedlung, und West Island wird von den Australiern verwaltet. Jeden Morgen braust ein Patrouillenboot heran, das Neuankömmlinge genau registriert und sie über die strengen Quarantänebestimmungen informiert. West Island wird von den Australiern als Zwischenstation für Lebendvieh-Importe benutzt. Hier müssen die Väter kommender Tiergenerationen ihre Quarantänezeit absitzen, ehe sie sich erwiesenermaßen „clean" in Australien vermehren dürfen. Der notwendige Verwaltungsapparat bedingt diverse zivilisatorische Einrichtungen, von denen uns zunächst nur der Supermarkt interessiert. Saskia bettelt so lange, bis wir schließlich das ersehnte „Hiiiiienchen" aus der appetitlichen Tiefkühltruhe erstehen, das teils in eine leckere Suppe, teils in einen exotischen Salat wandert.

Seit seinem Tuamotu-Erlebnis ist Peter sehr gereizt, wenn das Thema auf „Hühnchen" kommt, und von unserer Speisekarte natürlich nicht begeistert. Nach dem dennoch lukullischen Mittagessen läßt er sich von seinen Töchtern zum Strand rudern, wo sich etwa dreißig Segler tummeln und jeden Tag einen Grund zum Feiern finden. Ich schiebe eine zarte Ankündigung von Bauchschmerzen auf den starken Kaffee und will später nachkommen. Aber kaum ist Peter fort, da setzen heftige Koliken ein, die mir fast die Sinne rauben. Klar, daß es sich um eine Vergiftung handelt! Und der Körper tut das seine, um die unliebsame Füllung wieder loszuwerden. Ich denke deshalb, daß die Schmerzen mit der Zeit nachlassen werden, doch das Gegenteil ist der Fall. Mit äußerster Kraftanstrengung klettere ich ins Cockpit und sende einen Hilferuf zum Ufer, den jedoch niemand hört.

Nach einer halben Ewigkeit kehren meine Drei endlich zurück. Ich liege schreiend und vor Schmerzen gekrümmt auf dem Boden und vernehme nebelhaft, daß auch die Kinder bereits Brechdurchfall haben. Peter ist verzweifelt. Was tun? Von anderen Yachten werden Eimer herbeigeschafft, und über Kanal 16 erhofft man sich von West Island medizinischen Rat. Es ist bereits dunkel, da sehen wir die Scheinwerfer eines Speedboots heranschnellen, das uns zum Hospital nach Home Island bringt. Dort verabreicht mir der Arzt sofort eine Morphiumspritze. Ich bin wie erlöst. Den Kindern geht es Gott sei Dank nicht so schlecht, und Peter bleibt sogar ganz verschont. Wo ist da die Logik? Auch der Arzt kann die Vergiftung nicht recht deuten, denn Salmonellensymptome sind anders. Vielleicht war gar nicht das Huhn schuld, sondern eine Konservenbakterie? Jedenfalls sind wir froh, daß das Malheur in unmittelbarer Reichweite der Zivilisation passierte und wir schon am nächsten Morgen wieder genesen zur SARSAS zurückkehren können. Für den medizinischen Großeinsatz brauchen wir keinen Cent zu löhnen.

Wir ahnen nicht, daß sich etwa zur gleichen Zeit draußen auf See aus ähnlichem Grund eine Tragödie abspielt. Zwischen Cocos Keeling und Sri Lanka kämpfen zwei Männer um ihr Leben: Lebensmittelvergiftung! Wenige Tage zuvor sind der amerikanische Eigner der Segelyacht DX und sein deutscher Begleiter von Cocos Keeling aufgebrochen. Sie sollen ihr Ziel nicht erreichen. Bei unserer Ankunft in Sri Lanka erzählen uns bestürzte Segler, was sich ereignet hat: „Klaus konnte noch mit letzter Lebenskraft ein ‚Mayday' und seine Position durchfunken. Der Skipper lag bereits im Koma. In Singapur wurde der Notruf aufgefangen und die Rettungsaktion eingeleitet. Klaus war bewußtlos, als er abgeborgen wurde, aber für den Amerikaner kam jede Hilfe zu spät. Die Ärzte meinen, daß eine Pilzkonserve die Ursache der Vergiftung war. Das Schiff war derart verdreckt, daß man es treiben ließ." Dabei war es mit allen technischen Schikanen der westlichen Welt ausgestattet. Insgeheim hoffte jeder, daß ein armer Fischer die Luxusyacht finden möge, aber schließlich hatte ein Millionär vor Chagos das Glück.

Wir haben uns kaum von der Vergiftung erholt, da hält der Wetterbericht eine Hiobsbotschaft für uns bereit: „Tropischer Wirbelsturm südlich von Chagos – Tiefdruckgebiet östlich von Cocos..." Seit Tagen ist der Himmel dicht verhangen. Sprühregen und fauchende Böen rauben dem Paradies alle Reize. Wir hören mit Schrecken, daß sich der Zyklon von Chagos in einer S-Schlaufe nach Osten auf uns zu bewegt und daß die östlich liegende Depression sich vertieft und ebenfalls Hurrikanstärke erreicht. Wir befinden uns zwischen zwei Zyklon-Systemen! Die Nervosität unter den Yachties ist unvorstellbar. Überall werden zusätzliche Anker ausgebracht, nur die australische Segelyacht Emmi zieht es vor zu fliehen und verläßt das Atoll mit Kurs Sri Lanka. Rund um die Uhr wird der Wetterbericht abgehört. Der westliche Zyklon löst sich auf, doch das nordöstlich stationär liegende Gebilde kann uns mit seiner Zugbahn gefährlich werden. Gebannt verfolgen wir seine Koordinaten, als es sich schließlich mit drei Knoten nach Westen verlagert. Am dritten Tag ist die unheimliche Dunkelheit im Norden vorübergezogen und stellt für uns keine unmittelbare Bedrohung mehr dar. Doch unsere Freunde von der EMMI sind in einer unglücklichen Situation, denn ihr Nordwestkurs kreuzt die Bahn des Unwetters. „Es ist die reinste Hölle hier draußen!" brüllt George in den Äther. „Wißt ihr Genaueres über die vermutliche Zugrichtung?"

Die Amateurfunker in unserer geschützten Lagune stehen mit den Pechvögeln ständig in Verbindung, versorgen sie mit erstklassigen Wetterberichten und wohldurchdachten Strategien, wie sie dem „Schreckensauge" entkommen können. Drei Tage später ist der Streß vorbei, Direction Island hat seinen Platz im Paradies zurückerobert.

Unterdessen ist es Mitte November geworden, und alle Segler haben es nun eilig, in nördliche Breiten zu gelangen. Nur ein Verrückter unter uns wagt mitten in der Hurrikansaison die Indik-Überquerung nach Südafrika. Wir aber sehen den bevorstehenden Doldrums am Äquator gelassen entgegen. Die werden wir schon meistern, wenn uns nur unterwegs kein neuer Zyklon überrascht!

In den ersten beiden Tagen bläst es programmgemäß aus Südost. Den Kurs auf Sri Lanka können wir unter Passatsegeln bequem anliegen, aber die westsetzende Strömung ist stark. Dann flaut der Wind plötzlich ab. Schwere Quellbewölkung ist aufgezogen, Regenböen peitschen über eine zunehmend starke Dünung aus Nord. Die höher liegenden Wolkenschichten sind deutlich streifenförmig ausgerichtet, was uns in große Unruhe versetzt. Stecken wir schon wieder im Randbereich einer tropischen Depression? Theoretisch müßten wir uns auf 4°46' Süd bereits in relativ sicheren Breiten befinden. Auch der Wetterbericht hat keine Warnungen durchgegeben. Kräftige Westwinde setzen ein, die weder auf die Doldrumzone noch auf die Angaben in den statistischen Monatskarten Rücksicht nehmen.

Unter Klüver, Fock und Groß machen wir rauschende Fahrt durch die eigentlich windschwachen Breiten. Statt motoren zu müssen, preschen wir mit brettharten Segeln hoch am Wind dem Äquator entgegen. Auf diesem Kurs ist die See ruppig und unangenehm. Wir genießen unser neues Deckshaus, das uns vor den salzigen Gischtwolken schützt. Sämtliche Luken und Fenster müssen verschlossen bleiben, daher ist die Luft im Schiff zum Schneiden dick und unerträglich heiß. Nach dem Kochen bekomme ich einen leichten Hitzestau und bin erst am nächsten Tag wieder einsatzfähig.

Das Wetter wird strahlend sonnig, aber die knüppelharte Fahrt geht weiter. Wir können uns die konstanten Westwinde nicht erklären, denn sie sind in unseren Monatskarten nicht vermerkt. Peter kramt das Buch *Meereskunde für Nautiker* heraus – dank Satnav hat er Zeit zum Lesen – und findet im Kapitel über Mallungen unter dem Stichwort „Äquatoriale Westwindzone" die Erklärung, daß in diesem Bereich des Indischen Ozeans sehr wohl Westwinde anzutreffen sind, bedingt durch das Hitzetief über Australien und das resultierende Luftdruckgefälle zwischen den Konvergenzzonen (ITC). Wir sind beruhigt.

Am folgenden Tag stoßen wir wieder auf eine Zone mit dichter Quellbewölkung und böigen Regenfronten. Das erfordert viel Arbeit an den Segeln, die blitzschnell geborgen werden müssen. Bald setzen wir nur noch den Klüver zum gerefften Groß. Und als wir ihn einen Hauch zu lange stehen lassen, drückt uns eine Sturmfaust platt aufs Wasser. Unten poltern Gegenstände aus den Regalen, Kokosnüsse regnen aus dem Gemüsenetz. Doch die Kinder jubeln: „Au toll! Noch mal!"

Wir aber sind k.o. Weil die Blöcke im Mast-Topp nur noch kläglich rollen und wir mit Winschen stark unterbesetzt sind, erweisen sich die zahlreichen Manöver allmählich als harte Knochenarbeit, die ich schon gar nicht mehr leisten kann. Trotz seiner Lederhandschuhe prangen an Peters Handflächen große Blasen. Er erhofft sich ein Wunder, indem er vorn das schwere Tuch am Stag anhebt und befiehlt: „Los, zieh' schon! Jetzt mußt du's doch schaffen!"

Aber ich schaffe es eben nicht, und der Kapitän ist zornig, obwohl er weiß, daß es nicht meine Schuld ist. Als er sich dann selbst wieder auf die Galeerenbank begibt, beobachte ich fasziniert das Spiel geballter Kraft: die Bauch-, Rücken-, Schulter- und

Armmuskeln schwellen zum Bersten an, steinharte Oberschenkel und Waden stemmen sich mit Macht gegen das Deckshaus und pressen den Körper, der an der Leine zieht, rhythmisch nach hinten. „Und jetzt ein Hexenschuß! Das wäre unser Ruin", denke ich. Aber Peters Rückenmuskulatur ist inzwischen gestählt, die Zivilisations-Laxheit scheint überwunden. Dennoch ist für mich die Rolle der Zuschauerin nicht sehr erbaulich, denn ich fühle mich wegen meiner Ohnmacht reichlich unsicher. Neue Blöcke, Rollen und Winschen stehen nun an oberster Stelle unserer Wunschliste.

Am Nachmittag passieren wir den Äquator und feiern die Rückkehr auf unsere heimatliche Nordhalbkugel mit einem kleinen Drink. So sehr wir uns auch gegen den Wind quälen, wir machen keine Meile nach Westen gut. Abdrift und die äquatoriale Gegenströmung versetzen uns nach Osten. Unsere Kurslinie auf der Karte zeigt pfeilgerade nach Norden. „Wenn der Westwind nicht nachläßt, kommen wir niemals nach Sri Lanka, allenfalls nach Bangladesh!" stöhnen wir und ahnen nicht, daß der Golf von Bengalen schon jetzt zum Schauplatz einer neuen Wirbelsturmkatastrophe geworden ist. Wegen der brodelnden Wolkentürme wird unser Solarpaneel nicht mehr mit ausreichender Lichtenergie versorgt. Zum Batterieladen müssen wir motoren. Wir befinden uns auf den Schiffahrtslinien von Afrika nach Sumatra und von Australien nach Indien und müssen nachts unbedingt Positionslichter setzen.

Die Hitze im Schiff wird unerträglich, das Kochen am heißen Herd ohne Belüftung ist eine Folter. Nur bescheidene Schnellgerichte sind noch möglich. In der Bordschule gibt es schon seit Tagen hitzefrei. „Wie in Deutschland!" jubeln unsere Mädchen, die ja sonst nur sturmfrei kennen und sich aus unerklärlichen Gründen auch auf dieser schrecklichen Fahrt sehr wohl fühlen. Abends leisten sie dem Papa bei der ersten Wache von 20.00 bis 23.00 Uhr Gesellschaft, halten eifrig Ausschau nach Schiffen, melden lautstark, wenn der Kurs nicht stimmt, und naschen zu dritt aus dem großen Milchpulvertopf, der sonst streng tabu ist. Tolle Seemannslieder und spannende Geschichten machen das Abendritual perfekt. Tagsüber suchen sich die Schelme kleine Aufgaben unter Deck, nähen Knöpfe an, flicken Risse, kneten Teig für Fladenbrote und Plätzchen, häkeln neue Topflappen, putzen das Schiff. Ihre Energie muntert uns auf und mildert die Eintönigkeit des stundenlangen Rudergehens.

308 Grad müßten wir auf direkter Kurslinie laufen, aber auch mit Maschinenunterstützung schaffen wir nur 342 Grad. „Wir müssen unbedingt bald einen Hafen erreichen", stöhne ich. „Ich habe mörderische Zahnschmerzen, und Tabletten nützen schon längst nicht mehr." Mein Oberkiefer ist geschwollen, und ich nehme zur Sicherheit Antibiotika. „Auch das noch!" brummt Peter und läßt den Motor röhren.

Bald darauf verliert Saskia ihren ersten Schneidezahn. Immerhin ist sie schon siebeneinhalb Jahre alt, da wird es langsam Zeit für die i-Kleckser-Lücke. Ebenso sensationell ist der strahlende Sternenhimmel, der sich plötzlich wieder über uns wölbt. Ein arabischer Tanker gibt uns über Funk den aktuellen Wetterbericht durch. Wir haben die nördliche Konvergenzzone erreicht. Von jetzt an können wir mit Nordwind und westsetzender Strömung rechnen. „Juchhu, wir haben es geschafft!" jubeln wir.

Ruhige See und offene Luken verführen mich sogleich zu einer kleinen Backorgie: Der längst fällige Adventskuchen braucht nicht länger auf sich warten zu lassen. Doch die Deutsche Welle hält traurige Nachrichten bereit: Bangladesh wurde von einem verheerenden Wirbelsturm heimgesucht, der mit 165 Stundenkilometern und meterhohen Flutwellen das flache Küstenland verwüstete und mehrere tausend Menschenleben forderte. Überhaupt geht ein Jahr der Katastrophen zu Ende: ungewöhnliche Überschwemmungen an Spaniens Mittelmeerküste, verheerendes Erdbeben in Armenien, Taifunverwüstungen in den Philippinen, Überschwemmungskatastrophe im Sudan, Absturz eines Tiefffliegers auf ein Wohngebiet in Remscheidt. Und in Sri Lanka droht Bürgerkrieg.

Nach zwei wunderbaren Segeltagen erreichen wir endlich die in Dunst gehüllte Südspitze dieser Insel. Die Luft ist plötzlich vom Geruch vieler Holzfeuer erfüllt. In der Dämmerung tauchen zahllose Lichter auf, die sich an der Küste entlangbewegen, und wir wundern uns, daß es in diesem armen Land so viele Autos gibt. Aber bald erkennen wir, daß es Hunderte kleiner Fischerboote sind, auf denen vorn am Bug qualmende Fackeln brennen. Mit höchster Konzentration kreuzen wir den Ost-West-Track mehrerer Frachter und Containerschiffe. Das Lichtergewirr der einheimischen Boote macht es unmöglich, irgendwelche Leuchttonnen oder Hafenlichter in der Einfahrt nach Galle Harbour zu identifizieren – sofern diese überhaupt eingeschaltet sind. Wir erkundigen uns bei den Fischern, die in gebrochenem Englisch unsere Befürchtungen bestätigen: „No lights, no lights!" Da machen wir an der erstbesten Tonne fest und warten bis zum Morgengrauen.

Auf der verschmutzten Reede von Galle entdecken wir viele vertraute Gesichter, und weitere Yachten aus der Cocos-Kommune treffen nach und nach ein. Jeder hatte gegen den Westwind zu kämpfen, und einen verschlug es sogar nach Sumatra. Unser Besuch in Sri Lanka dient eigentlich nur zwei Zwecken: Zahnarztbesuch und Visum für Indien. Anders als in Fiji werden die politischen Spannungen hier keinen ausgedehnten Inselausflug mit Wanderungen durch das großartige Bergland erlauben. Zwar richten sich die Feindlichkeiten auch in Sri Lanka nicht gegen Touristen, aber willkürliche Bombenanschläge auf Busse, Züge und öffentliche Gebäude wären eine zu große Gefahr.

„Gibt es in Galle einen Zahnarzt?" fragen wir George, der den Zyklon gut überstanden hat.

„Bist du lebensmüde?" Jeff von der amerikanischen Yacht hatte einen ausfindig gemacht. Doch als er den blutverkrusteten Bohrer sah, war er blitzartig geflüchtet. „Da kannst du dir wirklich alles holen!"

Ich bin verzweifelt, stopfe weiterhin Schmerzmittel und Antibiotika in mich hinein und hoffe auf Indien. Dort lebt in Salem eine Freundin aus wohlhabender Familie und kennt sicherlich einen guten Arzt. Vor dreiundzwanzig Jahren hatte meine Englischlehrerin Adressen von Kindern aus aller Welt verteilt. Ich wählte damals ein indisches Mädchen in zartem Seidensari, mit großen dunklen Augen, vollen Lippen und einem hüftlangen schwarzen Zopf zur Brieffreundin. Und nun trennen uns nach so langer Zeit nur noch wenige Tage von unserer ersten Begegnung. Ich habe schreckliches Lampenfieber.

Segler in indischen Häfen warnen uns über Funk davor, ohne Visum einzureisen. Also löhnen wir notgedrungen die hohen Hafengebühren von Galle, engagieren den nicht minder kostspieligen Agenten, ohne den hier gar nichts geht, und mieten gemeinsam mit anderen Yachties einen Kleinbus zur Hauptstadt Colombo, Sitz vieler Botschaften, auch der deutschen und indischen. Sarah und Saskia lassen wir wohlbehütet auf Georges EMMI zurück.

Als wir an Land rudern und die staubige Hafenmauer erklimmen, schreiten mehrere dunkelhäutige Gestalten in langen weißen Gewändern auf uns zu, die anscheinend den ganzen Tag im Schatten eines großen Baums neben dem Müllcontainer verbringen. „Wo ist euer Müll?" fragen sie uns enttäuscht, als im Dingi keine Abfallsäcke zu entdecken sind. Diese Praxis kennen wir noch nicht. Eine andere Crew pullt heran, überreicht den Wartenden ihre Plastiktüten, deren Inhalt sogleich sorgsam untersucht und sortiert wird. Am begehrtesten sind Glasflaschen und Einmachgläser mit Schraubverschluß. Papier wird fürs Feuer benötigt, Küchenabfall für die Tiere. Auch Konservendosen und Kunststoffbehälter finden Verwendung. Der große Müllcontainer an der Pier ist selbst nach Wochen noch fast leer.

Wir kommen uns schäbig vor, obwohl sich die Szene schon längst wieder zum Idyll zurückverwandelt hat. Die Männer ruhen unter dem weit ausladenden Schattendach und plaudern fröhlich miteinander. Auch auf den 130 turbulenten Kilometern nach Colombo begegnen wir immer wieder dieser Mischung aus Armseligkeit und Anmut. „Wenn dir hier die Hupe versagt, kannst du dein Auto fortwerfen", sagt unser Fahrer, der sein Metier versteht und alle fünf Sekunden das Horn erschallen läßt. Lastwagen, Jeeps, Ziegenherden, streunende Hunde, Fahrradkolonnen, Menschenmassen, Busse, Kühe und Ochsenkarren kämpfen um Platz auf dem schmalen Teerband, das zu beiden Seiten von einer endlosen Mauer aus kleinen Lehmhütten, Palmblatthäuschen, vornehmen Villen im Kolonialstil und exotischen Läden gesäumt ist.

Dickbäuchige Steinbuddhas lächeln gütig durch die Abgaswolken und künden von der Nähe des Nirwanas.

Aber das Abenteuer lohnt sich, wir erhalten unser Visum für Indien.

*Heimweh nach der Südsee (Sarah, neun Jahre)*

# 9 Heimreise durch zweitausend Jahre

*Mit Zug und Auto durch Indien – Unsere Töchter sind nicht zu verkaufen! – Wir finden einen Schatz – In der Karawanenstadt Suakin – Reise zu den Pharaonen – Türkische Traumbuchten – Unser Kampf um Kreta – Wilder Heimritt durchs Mittelmeer – „Die Erde ist ja wirklich rund!"*

Wir müssen zwei Tage lang motoren, ehe uns frische Nordwinde endlich über die westliche Hälfte des Golfs von Mannar blasen. Eine mächtige weiße Quellwolke kündigt die Nähe des indischen Subkontinents an. Nachts können wir das unbekannte Land schon riechen: Rauch und exotische Düfte steigen uns in die Nase. Bei Sonnenaufgang haben wir das bergige Kap Comorin erreicht und segeln mit Land- und Seebrise die Küste Keralas hinauf nach Cochin. Um uns herum wimmelt es von winzigen Fischerbooten, deren dunkelbraune Segel wie Haifischflossen die See durchschneiden. Weiter nördlich schweben Märchenträume wie aus Tausendundeiner Nacht am milchigen Horizont: wunderbar geformte Gondoleren, deren Bug und Heck weit nach oben geschwungen sind und eine farbenprächtige Männergruppe umrahmen. Das schwarze Haar unter einem Turban verhüllt, stehen die Fischer dicht gedrängt nebeneinander und bedienen ein großes Netz mit glitzernder Beute.

Noch ehe wir im Hafen von Cochin einlaufen, verliert Saskia ihren zweiten Schneidezahn und ist schrecklich wütend, daß sie ausgerechnet mit einer so breiten Lücke die große Besuchsreise antreten soll. Sie strengt sich an, nie mehr zu lachen, doch den freundlichen Hafenbeamten gelingt es immer wieder, sie zum Lachen zu bringen. Sarah und Saskia sind die Königinnen der Amtsstuben, in denen das Chaos aus vergilbten und ausgefransten Papieren beinahe Explosionsdichte erreicht. Bis wir alle Formalitäten erledigt haben, vergehen zwei volle Tage. Doch wir haben uns seelisch darauf vorbereitet und ertragen den Papierkrieg auf den zahlreichen Behörden in weit auseinanderliegenden Stadtteilen mit pazifischer Gelassenheit. Indien ist auf unserer Weltreise der absolute Spitzenreiter in Bürokratie.

Zwischendurch haben wir sogar ein Stündchen Zeit, um die lang ersehnte Weihnachtspost abzuholen. Abermals erscheint es uns wie ein Wunder, daß Briefe und Päckchen aus allen Teilen der Welt in einem so entlegenen Postamt vollzählig auf uns gewartet haben. Nur den Schokoladen-Nikoläusen ist es bei den Sauna-Temperaturen in Omas dickem Umschlag zu ungemütlich geworden. Sie quellen aus allen Ritzen und laufen davon.

Wir sind gerade dabei, eine dreirädrige Rikscha anzuheuern, um damit zur Einwanderungsbehörde zu fahren, da werden wir plötzlich von zwei Männern aufgehalten: „Hallo, sind Sie Mr. Peter and Mrs. Suzy? Die deutschen Freunde unserer Herrin? Wir sind beauftragt, Sie so schnell wie möglich nach Salem zu begleiten. Hier sind die Zugtickets!"

Uns ist schleierhaft, wie die braven Männer uns Stecknadeln im Heuhaufen ausfindig gemacht haben. Die Straßen quellen vor Menschen über. Fahrräder, bunt bemalte Lastwagen, Rikschas, Handkarren, Busse und Limousinen bilden ein Verkehrschaos, das ohne Ampeln und Polizei trotzdem hervorragend funktioniert. Indien ist voller Rätsel.

Wir bitten die Boten um etwas Geduld, denn wir haben ja noch nicht einmal unseren endgültigen Liegeplatz bezogen. Beim Zoll erhalten wir die Erlaubnis, vor dem Bolgatty Hotel zu ankern, wo sich bereits vier weitere Yachten eingefunden haben. Alle ohne Visum und mit der Auflage, sich bei den Behörden täglich zu melden und nicht ins Land zu reisen. Doch so schlimm ist die Strafe nicht, denn Cochin allein ist schon eine Reise wert.

An der großen Mole liegt ein hypermoderner Frachter, an dem

gerade ein uraltes Reisboot mit geflochtenem Deckshaus und einem seltsamen Segel aus rechteckigen Stoffstücken vorübergleitet, an denen noch Adressen und Briefmarken zu erkennen sind. Das erinnert mich an die wunderbar exotischen Geschenke meiner Brieffreundin Kumkum, die sie nach indischer Sitte stets in Baumwolltücher eingebunden hatte. Da sich die arme Bevölkerung den Luxus von Müll nicht leisten kann, werden diese Paketstoffe auch zu großen Segeln aneinandergenäht. Mit langen Stangen, die den Grund berühren, manövrieren die zierlichen Tamilen ihre prall gefüllten Frachtkähne um Biegungen und Untiefen des flußähnlichen Lagunensystems in den Backwaters von Kerala. Ebbe und Flut bestimmen die Fahrtrichtung.

Am nächsten Tag rattern wir im Zug durch die tropische Landschaft Südindiens nach Salem im Herzen Tamil Nadus. Kumkum und ihre Familie haben für uns ein großartiges Programm vorbereitet und keine Mühe gescheut, uns einen wunderschönen Aufenthalt zu bescheren. Tagelang arbeiten Dienstmädchen und Köche an kleinen indischen Delikatessen für unsere große Weihnachtsparty. Ein vertrauenswürdiger chinesischer Zahnarzt hat mich von dem Plagegeist in meinem Mund befreit, so daß ich all die Köstlichkeiten mit unbeschreiblicher Erleichterung genießen kann.

Am folgenden Tag beginnt unsere Rundreise durch Tamil Nadu. Dieser südindische Staat ist den hinduistischen Traditionen noch am engsten verbunden. Gigantische Tempelstädte, buntbemalte Götterfiguren an den Straßenrändern, geheimnisvolle Mandalas in den Eingängen, farbenprächtige Prozessionen, Pilgerzüge und demütig ihrem Schicksal ergebene Inder zeugen auf Schritt und Tritt von dem allgegenwärtigen Glauben an Wiedergeburt und Nirwana.

Das tropische Klima des Südens meint es gnädig mit den Menschen, denn hier braucht niemand Hunger zu leiden. Es fehlen die trostlosen Bilder der nordindischer Slums, die einen Elendsgürtel um die Riesenstädte Bombay und Kalkutta schlingen. Aber das Volk ist auch hier bitterarm. Zwölf qualvolle Arbeitsstunden bringen gerade genug Tageslohn, um ein paar Gramm Zucker,

Reis oder Mehl zu kaufen. Die Bevölkerungsdichte ist schwindelerregend hoch. Als wir später nach unserer Rückkehr in Deutschland zum ersten Mal wieder über einen Weihnachtsmarkt bummeln und in dem Menschengewühl kaum einen Fuß vor den anderen setzen können, da fällt es uns wieder ein: So ist Indien an jedem Tag und zu jeder Stunde!

Kumkum hat uns für die große Reise ihren Wagen samt Fahrer überlassen, denn sie hat berechtigte Sorge, daß wir Europäer dem indischen Verkehrschaos nicht gewachsen sind. Auf dem holprigen Pflaster reichen Jahrtausende einander die Hände. Steinzeitliche Szenerien wechseln mit Versatzstücken unseres modernen technischen Zeitalters und werden zum Sinnbild von Arm und Reich. Jeder Straßenmeter erzählt eine neue Geschichte, bietet ein neues, ungewöhnliches Schauspiel. Selbst die Kinder wagen nicht eine Sekunde, die Augen für ein Nickerchen zu schließen, denn sie könnten ja etwas Wichtiges versäumen. Wenn die Reifen plötzlich besonders heftig vibrieren, dient unser Fahrzeug gerade als moderner Dreschflegel, denn die Dorfbewohner haben ihr Getreide eigens zu diesem Zweck auf der Straße ausgebreitet, werfen die Körner anschließend in die Luft und lassen die Spreu vom Wind davontragen. Überall auf Reisfeldern und Äckern, in glühend heißen Steinbrüchen, staubigen Zementfabriken, beim Tonstechen, Ziegelbrennen und in den stinkenden Teerwolken der Straßenbaustellen leuchten die bunten Gewänder der Frauen wie farbenfrohe Blüten auf. Jede Wasserträgerin gleicht einer Königin, die lächelnd, mit aufrechtem Gang, die schwere Last ihres Messinggefäßes wie eine Krone auf dem Haupt balanciert. Ungebrochen, zäh und mit einer Zuversicht, die ein Nicht-Hindu niemals begreifen wird, verrichten die Menschen ihre harte Arbeit.

Indien ist ein Rausch der Gegensätze und Überraschungen. Wir überqueren malerische Flüsse, deren Ufer endlos weit mit bunten Tüchern bedeckt sind und überdimensionalen Malkästen gleichen. Wir fahren durch feuerrote Lehmdörfer, kühle Kaffeeplantagen, eisige Gebirge und kochende Ebenen. Eine Affenhorde treibt mit uns ihren Schabernack und versperrt uns den Weg. Sarah und Saskia verfüttern begeistert den Inhalt ihrer Rucksäcke und wollen später unbedingt in einem Zoo arbeiten. Wir besuchen einen Wildpark und entdecken den Dschungel vom Rücken eines Elefanten aus. Wir erleben die Glaubensekstase indischer Pilger in den mächtigen Tempelanlagen von Madurai und Rameswaram und bestaunen den märchenhaften Reichtum des Maharadscha im zauberhaften Lichtergarten von Mysore.

Als wir uns nach drei eindrucksvollen Wochen wie Traumwandler wieder in Cochin Harbour einfinden, da wartet an der Uferpromenade eine neue Überraschung auf die Kinder: der indische Zirkus! So etwas haben sie noch nie erlebt. Auch uns Große begeistert das einfache, aber sehr originelle und lustige Programm. Unvergeßlich bleibt für uns die Goldfisch-Nummer: Eine kräftig gebaute Inderin füllt ihren Bauch mit drei Eimern Wasser und verschluckt anschließend vier kleine, quicklebendige Goldfische. Während wir jeden Augenblick damit rechnen, daß die Artistin platzt, steht sie wie ein leibhaftiger Brunnen in der Manege und läßt einen feinen Wasserstrahl aus ihrem roten Mund emporschießen. Dann quillt plötzlich etwas Orangefarbenes zappelnd zwischen ihren Zähnen hervor: Schwupp – der erste Goldfisch landet wieder unversehrt im Aquarium. Das Gleiche geschieht mit den drei anderen Fischen, die nach und nach aus dem Magen der Artistin durch die Speiseröhre wieder nach oben wandern. Zum Abschluß ergießt sie sich in einem laut plätschernden Wildbach, und die Vorstellung ist vorüber. Bravo, das ist perfekte Körperbeherrschung!

Obwohl man in diesem faszinierenden Land endlos lange reisen und dabei immer neue fesselnde Dinge entdecken könnte, genießen wir doch nach Wochen indischer Gastronomie unsere SARSAS wieder in vollen Zügen. Unterkünfte mit westlichem Standard waren meist schon ausgebucht, weil wohlhabende Inder zu dieser Jahreszeit selbst viel reisen. Was wir oft notgedrungen akzeptieren mußten, spottete jeder Beschreibung. Allerdings kosteten die miserablen Vier-Bett-Zimmer mit Sanitäreinrichtungen, die man besser niemals betrat, auch nicht mehr als fünf Mark pro Nacht, inklusive Frühstück. Aber darauf mußten wir meist verzichten, denn das Elend setzte sich in den Speisesälen fort: ein

Kapitel, das wir gern aus dem Gedächtnis strichen. Zum Glück trugen die scharf gewürzten Speisen dazu bei, daß die Krankheitserreger bei uns keine Chance bekamen. Aber nun sehnen wir uns danach, wieder selbst zu kochen, und starten einen Großeinkauf.

Auf dem Markt gibt es Gemüse im Überfluß. Dafür ist das Konservenangebot sehr mager, und Nudeln, Reis und Mehl sind kräftig mit Proteinen versetzt, sprich: mit zahllosen kleinen Käfern und Würmern. Da wir keine Lust verspüren, die Speisekarte der australischen Aborigines auszuprobieren, frustriert uns diese Tatsache erheblich, denn für das Rote Meer benötigen wir neue Vorräte. Aden und Djibouti sind zu teuer, und Sudan kämpft nach der Überschwemmungskatastrophe ums Überleben. Unsere einzige Hoffnung bleibt das kleine Sultanat Oman an der Südküste Saudi Arabiens. Also 1400 Seemeilen oder 15 Segeltage bis zum nächsten Supermarkt!

Unter Groß und Genua machen wir uns bei einem leichten Nordost auf den Weg. Die Südströmung vor der Küste Indiens ist so stark, daß wir gut 30 Grad vorhalten müssen, am dritten Tag sogar auf der Stelle stehen und schließlich rückwärts treiben. Da gibt es kein Pardon: Die Maschine muß wieder arbeiten. Mit kläglichen drei Knoten quälen wir uns gegen die Strömung durch den Neun-Grad-Kanal den Lakkadiven entgegen, die uns am fünften Tag endlich mit der bezaubernden Palmensilhouette Suheli Pars begrüßen. Wie eine Fata Morgana stehen die buschigen Kronen vor dem gleißenden Nachmittagshimmel. Wir wollen diese letzte Erinnerung an eine Südseeinsel festhalten und steuern schon auf den weißen, lockenden Sandstrand zu, da kommt plötzlich Wind auf. Diese wertvolle Brise dürfen wir nicht verschenken! Also setzen wir wieder unsere Tücher und erreichen die Hafenstadt Salalah nach zehn großartigen Segeltagen auf dem Arabischen Meer.

Zwanzig Seemeilen vor der Küste streikt unser Satnav plötzlich, und da alle Segler hier das gleiche Phänomen erleben, gehen wir von einer bewußten Störung aus. Es ist bekannt, daß der Sultan von Oman aus Sorge vor westlicher Verfremdung jeglichem Tourismus bisher die Tore seines kleinen Moslemstaates verschlossen hat. Nur durchreisenden Yachten wird gnädig gestattet, die islamische Quarantänestation fünf Tage lang in Anspruch zu nehmen.

Was wir von See aus für die arabische Stadtsilhouette Salalahs hielten, entpuppt sich als monströser Schlafpalast des Herrschers und seiner dreitausend Frauen. Zwei weitere Paläste dienen sportlichen Aktivitäten und Regierungsgeschäften. Welche Pracht muß da erst in Maskat herrschen! Schließlich ist Salalah lediglich die „kleine" Sommerresidenz des Staatsoberhaupts.

Wo die Häuser der Stadt enden, beginnt die Wüste. Kamele schlendern mit gelangweiltem Grinsen durch die Straßen und suchen in großen Müllcontainern nach Freßbarem. Überall Einöde, so weit das Auge reicht. Nur in den Monaten Juni und Juli überzieht sich das bizarre Sandgebirge hinter der Stadt mit frischem Grün, für die Omanis eine Riesenattraktion.

Per Autostopp bewältigen wir ohne Mühe die zwölf Kilometer vom streng bewachten Hafen Raysut ins Einkaufsparadies der Stadt; die auffallend freundlichen Omanis leisten gern diese Fährdienste. Von Bakschisch ist keine Rede, alles ist reine Gefälligkeit und willkommene Abwechslung. Mit Turban und Kaftan bekleidet, steuern sie ihre Luxuslimousinen durch die modernen Ladenstraßen, in denen man vergeblich nach arabischen Schönheiten sucht. Da sie die Frauen ins Haus verbannt haben, müssen die Männer alle Einkäufe selbst erledigen. Wenn eine Omanin ausnahmsweise doch die Straße betritt, ist sie in ein dickes schwarzes Tuch gehüllt und hat ihr Gesicht hinter einer großen schwarzen Maske mit kleinen Augenschlitzen verborgen.

Alle Omanis sind mit dem Sultan verwandt, was wir keinen Augenblick bezweifeln. Sie sind wohlhabend, bekleiden wichtige Posten, und für die niedrigeren Arbeiten hat man pakistanische Gastarbeiter angeheuert.

Blicke voll zurückhaltender Bewunderung heften sich auf unsere blonden Töchter. In all den Jahren sind die beiden Lausbuben zu hübschen jungen Damen herangewachsen und werden von arabischen Vätern heftig umworben. Wir haben gar nicht bemerkt, wie sehr die Mädchen in die Höhe geschossen sind. Nun ja, ein wenig eng ist es in ihren Kojen schon geworden... Tatsächlich: Sarahs Füße wachsen allmählich zur Kinderstube hinaus, und Kopfstand auf den Polstern ist seit langem nicht mehr möglich. Aber daß sich die kleinen Matrosen bereits im heiratsfähigen Alter befinden, daran hätten wir selbst im Traum nicht gedacht. Nicht einmal Saskias breite Zahnlücke kann die Schar der Verehrer abschrecken. Zweitausend gebotene Kamele muß der stolze Kapitän und Vater ausschlagen. Statt mit so vielen „Wüstenschiffen" möchte er doch lieber mit der SARSAS und seinen drei Frauen zurückkehren.

Versorgt mit Lebensmitteln und Frischwasser im Überfluß, begeben wir uns wieder auf Reisen. Das nächste Etappenziel heißt Aden, wo wir zwei weitere wichtige Punkte auf unserer Liste abhaken wollen: Visa für Ägypten und Dieselbunkern. Treibstoff ist so ziemlich das einzige, was man in der armseligen Kraterstadt Aden preiswert erstehen kann. Und wir möchten uns ein wenig arabischen Wind um die Nasen wehen lassen. Obwohl sich der große Kreis unserer Weltumsegelung zu schließen beginnt, werden wir nicht müde, Unbekanntes zu entdecken, und nach den Tropen ist die Wüste ein neues, faszinierendes Erlebnis. Jeder Landgang wird uns die fremde Welt Arabiens näherbringen.

Etwa auf halber Strecke sichten wir plötzlich klar voraus ein weißes Objekt. Die See ist ruhig, und wir nähern uns unter Maschine. Ganz deutlich malen sich jetzt unter einer fest verschnürten Plastikplane mehrere große Kartons ab.

„Ein Schatz! Juchhu, wir haben eine Schatzkiste gefunden!" schreien die Mädchen, außer sich vor Freude und Aufregung. Ist hier ein arabisches Märchen Wirklichkeit geworden? Wir tippen auf Schmugglerware, die man dicht unter Land ausgesetzt hat. Radios, Fernseher, Alkohol oder Rauschgift – wir sind auf alles gefaßt.

Peter sichert das Riesenbündel mit einer Leine und enthüllt mit kühnem Schnitt die Beute: Gummilatschen! Hunderte von hellblauen und türkisfarbenen Sandalen made in China! Wir bergen von dem lustigen Fang soviel, wie unser Deck fassen kann, obgleich wir nicht recht wissen, was wir mit dem Schuhzeug anfangen sollen. Immerhin ist für jeden von uns die passende Größe dabei, und wir sind bis ans Ende unserer Tage mit Strandlatschen versorgt.

Die Freundlichkeit der omanischen Araber beeindruckt uns ebenso in Aden und begegnet uns überall am Roten Meer. Vielleicht tragen auch unsere Mädchen zu diesem positiven Eindruck bei. Wo es um Geschäfte geht, wird nach alter Sitte gern gehandelt, aber mit Schlitzohren haben wir es nie zu tun. Eine der wenigen Ausnahmen ist später die Passage des Suezkanals. Doch selbst die dubiosen Praktiken mancher Agenten und Lotsen sind mit gründlicher Vorinformation leicht zu meistern. Wir haben hier überall mit aufdringlichen Bakschischjägern gerechnet und müssen unsere Vorurteile gründlich revidieren. Dabei hatte uns ein angeblich erfahrener Amerikaner dringend empfohlen, einen großen Vorrat an Pornos und Whisky mitzuführen: „Ohne Bestechung kommt ihr nicht weit!"

Ebenso verhält es sich mit Geschichten von Überfällen und Piraterie, die uns lange an dieser Route zweifeln ließen. Wer die bekannt gefährliche Küste von Eritrea meidet und die Tabus in Saudi-Arabien akzeptiert, erlebt das Rote Meer als weiteren Höhepunkt einer Weltumsegelung.

Inzwischen ist es Ende Februar geworden, und unser *Red Sea Pilot* mahnt zur Eile. Im März kontern die Winde im Roten Meer und wehen zunehmend stark aus Nord. Nachdem uns die vom Bürgerkrieg gezeichnete Stadt Aden ebenfalls nur eine knappe Woche gefesselt hat, kommen wir zügig weiter. In der Meerenge von Bab el Mandeb, wo Afrika und die saudi-arabische Halbinsel fast zusammenstoßen, faucht es aber noch unvermindert aus Süd. Einen 90-Grad-Haken schlagend, segeln wir mit rauschender Fahrt ins Rote Meer hinein. Die Sicht ist miserabel und der Streß deshalb riesengroß, denn all die Riesenpötte aus Nord und Süd müssen sich durch das enge Nadelöhr bei Perim Island zwängen und sind nur schwer auszumachen. Als die Böen schließlich neun

Beaufort erreichen, ist die Zeit für einen kurzen Zwischenstopp gekommen. In Lee der schwarzen Lavakegel von Hanish Island suchen wir Schutz.

Die Hügel ruhen wie leckere Schokoladekuchen auf dem türkisfarbenen Glasteller der See und sind mit feinem Puderzucker bestäubt: Sand. Wir teilen unsere Einsamkeit mit Ahmed, dem Fischer, der in einer winzigen Hütte am schneeweißen Strand haust und mit seinem Wurfnetz geschickt auf Fang geht. Wir steuern Reis, Obst und Gemüse bei, und die Kinder sammeln Treibholz für das tägliche Barbecue am Strand. Gehorsam verbeugt sich Ahmed viele Male gen Mekka und küßt demütig den Boden.

„Zu wem betet Ahmed?" will Sarah wissen.

„Zu Allah."

„Oh, schon wieder ein Neuer! Eigentlich ist es doch ganz egal, ob der Gott nun Manitou, Tiki, Regenbogenschlange, Krishna oder Allah heißt", überlegt unser weitgereistes Kind. „Ich weiß ja auch gar nicht, ob ,Gott' sein richtiger Name ist. Aber er ist da, und ich kann mit ihm reden. Und er ist sicher nicht böse, wenn ich ,Gott' zu ihm sage." Das Thema Religion ist ein Schulfach mehr, das beim Fahrtensegeln den engen Rahmen sprengen muß.

Am siebten Tag lassen die Böen etwas nach, und wir gehen ankerauf. Die See ist noch immer steil und brechend, aber mit unseren Passatsegeln laufen wir den Gischtkämmen davon. 80 Seemeilen vor unserem Etappenziel, der Karawanenstadt Suakin, schläft der Südwind ein und wird von einer leichten Nordbrise abgelöst. Meist unter Maschine, manchmal auf Kreuzkurs, tasten wir uns durch das vorgelagerte Riffgebiet gen Norden. Unsere Ankerplätze vor kleinen Wüsteninseln und farbenprächtigen Korallengärten sind einmalig schön. Rosarote Flamingos, Seeadlernester mit Jungen, Wasserschildkröten, Gazellen und reiche Fischschwärme zeigen, daß die Einöde lebt. Tag für Tag gesellen sich neue Yachten hinzu, und schließlich segeln wir in einer Flotte von neun Booten. Unsere Welt ist klein, denn es sind viele bekannte Gesichter aus Neuseeland, Indien und der Cocos-Kommune darunter, zur Freude von Sarah und Saskia auch drei kleine Mädchen. So endet jeder Tag mit einem Fest.

Beim Schnorcheln erschrecken wir über den jämmerlichen Anblick, den unsere SARSAS von unten bietet: Wasserpaß und Kiel sind mit einer dicken Schicht Seepocken überzogen, und der Rumpf gleicht einer ungemähten Frühlingswiese. Mit solch einer bleiernen Ente kommen wir nie ans Ziel! Seglerfreund Harald hat Erbarmen und leiht Peter sein Tauchgerät. Derart ausgerüstet, grenzen die Putzarbeiten beinahe an Genuß. Sarah und Saskia helfen eifrig, den Wasserpaß freizukratzen, und am nächsten Tag haben wir wieder ein schnelles Schiff.

Mehrere Beduinenzelte am Ufer und zerfallene Dhaus künden zum erstenmal seit langem von menschlichem Leben. Wenig später erreichen wir die antike Karawanenstadt Suakin, die einst der wichtigste Seehafen und Umschlagplatz des Roten Meeres war. Hier wurden exotische Waren aus China und Indien auf Kamele verladen und über die berühmten Karawanenstraßen bis an die Mittelmeerküste transportiert. An dieser Stelle kreuzten sich die beiden bedeutenden Pilgerstraßen nach Mekka und Jerusalem.

Vom einstigen Glanz der Handelsmetropole, die noch vor hundert Jahren florierte, zeugen heute lediglich die Ruinen der Kaufmannspaläste. Suakin ist zur Geisterstadt verkommen. Ihre schaurige Silhouette thront, fast unwirklich anmutend, auf einer kleinen Insel inmitten der Lagune. Zwei Kanonen am Stadttor erinnern an die vernichtende Schlacht zwischen Türken, Sudanesen und Engländern, die dieses arabische Venedig auslöschte. Ein schmaler Damm führt hinüber zum Festland, wo der ehemalige Vorort El Geyf liegt; in der kleinen Hüttenstadt hat das Leben überdauert. Am Vormittag treffen mehrere Karawanen ein. Kamele, Eselwagen, Ziegenherden, hochgewachsene Beduinen mit langen Schwertern und schöne Frauen in bunten Stammeskleidern beleben die orientalische Szenerie. Die Nomaden tauschen Brennholz, Ziegenmilch, Fleisch und Tierhäute gegen Lebensmittel und Stoffe.

Das bunte Treiben steckt uns an. Wir packen unsere Rucksäcke voll Gummilatschen und tauschen sie gegen frisches Obst und Gemüse ein. Unser Preis ist offenbar so niedrig, daß wir bald von einer riesigen Menschentraube umzingelt sind. Der Bedarf an

Sandalen scheint hier überwältigend zu sein. Beharrlich zupft jemand an meinem Ärmel. Geduld, Geduld, will ich sagen, wir haben noch genug für alle, da sehe ich, daß mir ein kleiner Araberbub meine Geldbörse hinstreckt, die in dem Gewühl zu Boden gefallen ist. Wir belohnen den ehrlichen Finder mit Gummilatschen für seine ganze Familie; selig trollt er sich.

Solch angenehme Erlebnisse sind kein Einzelfall. In Aden hatte uns ein bettelarmer Junge aus den Slums viele Stunden lang umhergeführt, ohne eine Belohnung zu akzeptieren. Ein einzelner Kaugummi aus der großen Packung war alles, was er annehmen wollte. Am liebsten würden wir unsere ganze Schuhbeute verschenken, aber da wir nun einmal arglos mit dem Handel begonnen haben, dürfen wir die ersten Käufer nicht erzürnen und müssen die Suppe auslöffeln.

Allmählich wird uns mulmig ums Herz, denn wir haben ja im Sudan noch nicht mal einklariert. Und der Menschenauflauf muß doch auffallen! Da schreitet auch schon ein würdiger Herr mit finsterer Miene auf uns zu. Sein langer schwarzer Umhang weht wie eine Gewitterwolke hinter ihm her. Wir ahnen größeres Ungemach. Doch zum Glück handelt es sich nur um den obersten Kaufmann des Ortes, der sich bei dem florierenden Geschäft übergangen fühlt. Sein großer weißer Turban, der wie ein Adlerhorst über dem unzufriedenen Gesicht thront, schwankt nervös auf und nieder. Ob wir denn an Bord noch mehr Sandalen hätten, will der Händler wissen.

„Klar, noch Hunderte! Aber wir können beim besten Willen keine Lebensmittel mehr unterbringen", beteuern wir, worauf er uns gegen klingende Münze von unserem Schatz befreit und zufrieden damit von dannen schreitet. „Wem will er nur all die Latschen verkaufen?" wundern wir uns. Aber einige Wochen später finden wir die hellblauen Objekte in einem großen Illustriertenartikel über den Bürgerkrieg in Äthiopien wieder. Alle Flüchtlinge aus Eritrea im Auffanglager bei Suakin tragen unsere Latschen made in China!

Nur in den frühen Morgenstunden ist der Gegenwind noch nicht stark ausgeprägt, und wir können wenigstens unter Maschine ein paar Meilen nach Norden gutmachen. Über Funk und Radio hören wir, daß in der Stadt Sudan Meningitis ausgebrochen ist. Außerdem sollen die Hafenbeamten dort extrem schikanös und bakschischgierig sein. Deshalb beschließen wir, die Stadt lieber nicht anzulaufen, und hangeln uns weiter von einer türkisfarbenen Traumbucht zur anderen, überragt von feuerroten Gebirgsketten inmitten glühender Wüste und Einsamkeit: ein Niemandsland. Nordwärts ziehende Vogelschwärme tupfen endlose Wellenlinien an den strahlend blauen Himmel. Das erinnert uns plötzlich an den Anfang unserer Reise, als wir uns fröhlich den Zugvögeln anvertrauten und mit ihnen gen Süden zogen. Nun kehren wir in ihrem Geleit wieder zurück. Die Symbolik des Bildes berührt uns tief.

Wir aber können unsere weißen Flügel nicht gebrauchen, sondern müssen motoren, und als wir schließlich die ägyptische Stadt Tor am Fuß des Sinai erreichen, ist unser Dieseltank leer. Weil unsere Hoffnung auf Südwind für die letzte Etappe nach Suez sicherlich enttäuscht wird, benötigen wir dringend Nachschub. Die Hafenbeamten verstehen unsere schwierige Lage und helfen spontan, unbürokratisch und herzlich, obwohl wir erst in Suez einklarieren können. Sarah und Saskia erhalten von dem Beamten einen großen Sack frischer Orangen. „Bakschisch? Wollen Sie mich beleidigen?" Mit stolzer Geste weist der Uniformierte unsere Anfrage zurück. „Ein ehrenhafter Araber wird niemals Bakschisch verlangen. Das ist nur ein Vorurteil. Aber einige wenige sind durch den Umgang mit Touristen verdorben."

Unterdessen sind fünf weitere Yachten eingetroffen, die sich in der gleichen Notsituation befinden. Als sie hören, daß wir Diesel erhalten haben, springen sie vollbepackt in ihre Dingis und überschütten die Hafenbeamten mit Pornoheften und Zigarettenstangen, noch ehe das erste Wort gewechselt ist. Närrisches Volk!

Der Zufall will es, daß wir am folgenden Tag den Golf von Suez mit südöstlichen Winden durchsegeln können. Ein letzter Stopp, ehe wir uns dem ereignisreichen Programm von Suez widmen, ist die Ras Matarma an der stillen Sinaiküste. Denn Sarah hat Geburtstag, und der einzige Wunsch der nun neunjährigen Matrosin ist es, noch ein letztes Mal eine schöne Badebucht anzusteuern. Die zartblauen Lagunen und bunten Korallenriffe erinnern sie an die Schönheit der Südsee. Sarahs Heimweh nach dem verlorenen Kindheitsparadies ist allgegenwärtig und liegt uns wie ein Stein auf dem Herzen.

Woher nehmen wir den Mut, sie nach Hause zu entführen? Wie kann ein Kind, das unter rauschenden Palmen und einem unendlichen Sternenhimmel aufgewachsen ist, jemals in der Steinwüste leben? Was sind Lärm und Gestank der Straßen gegen Blütenduft und Meeresrauschen? Wie schwer wiegen Umweltskandale im Vergleich zu einer unberührten Schöpfung? Aber gerade in diesem Zwiespalt mag ein kleiner Hoffnungsschimmer liegen, denn die Kinder tragen die Botschaft vom wunderbaren blauen Planeten mit sich, für den zu leben und kämpfen lohnt. Und sie kehren dorthin zurück, wo über seine Zukunft entschieden wird. Noch etwas stimmt uns zuversichtlich: Während der letzten Wochen haben wir beobachtet, daß sich Sarahs Malbücher mit großen Kinderscharen bevölkern. Die Sehnsucht nach festen Freundschaften und einer Schulklasse mit vielen Mitschülern wächst unübersehbar in ihr. Was wir unseren beiden Matrosen nicht bieten konnten, wartet nun als Belohnung in der alten Heimat.

Während wir in der stillen Wüstenbucht spazierengehen und Muscheln sammeln, hat sich der Himmel über dem westlichen Festland allmählich tiefschwarz gefärbt. Blitzschnell pullen wir zurück zur SARSAS und können gerade noch rechtzeitig die Reling erklimmen, da fegt ein mörderischer Sandsturm über unseren stillen Ankerplatz. Das Beiboot flattert am Heck wie ein Drachen. Peter muß es fest an den Spiegel binden, damit es nicht auf Reisen geht. Alles ringsum verschwindet im Dunst, und wie mit Millionen Nadeln hämmert der Sand gegen den Rumpf. Der Sturm tobt mehrere Stunden und hinterläßt uns schließlich ein Deck, das der Wüste gleicht. Alles ist rotbraun gepudert, Sand quillt aus sämtlichen Ritzen. Selbst das Wasser schimmert rötlich, und spätestens jetzt können wir uns vorstellen, wie das schmale arabische Meer zu seinem Namen kam.

Als wir uns dem Hafen von Suez nähern, werden wir von mehreren Agentenbooten belagert. Wie Aasgeier lauern sie auf fette Beute, denn die Kanalpassage ist ein Riesengeschäft. Über Funk aber haben wir uns bereits dem selbsternannten „Prince of the Red Sea" anvertraut, dem sein guter Ruf schon meilenweit vorauseilt. Schnell und seriös erledigt dieser Agent die notwendigen Formalitäten für unseren Transit. Wir „parken" die Sarsas im gut bewachten Yachtklub und begeben uns auf die Reise zu den Pharaonen.

Nach dem üblichen Handelsritual mieten wir ein preiswertes Sammeltaxi nach Kairo. Das bunte, turbulente Bild dieser Metropole erinnert uns an indische Städte. Wir haben Mühe, einander in dem Gewühl nicht zu verlieren. Sarah und Saskia staunen über den sagenhaften Grabschatz Tut-ench-Amuns, dessen Kostbarkeiten eine ganze Etage im Nationalmuseum füllen. Die wundervollen Goldmasken, Schmuckstücke, Mumienschreine und Gebrauchsgegenstände, die jedem Pharao auf seine Reise in die Götterwelt mitgegeben wurden, lockten schon zu Römerzeiten zahlreiche Räuber an. Sie überwanden Fallgruben und Irrwege und plünderten jedes Grab. Nur durch Zufall blieb der Schatz des jung ermordeten Tut-ench-Amun unentdeckt, weil man ihn nicht in die offizielle Liste der würdigen Pharaonen aufgenommen hatte. Er geriet in Vergessenheit und wurde gerade dadurch unsterblich.

Als wir zu den Pyramiden von Gizeh und Sakkara reiten, erwacht die altägyptische Vergangenheit zu neuem Leben. Sarah und Saskia sind abwechselnd Räuber, Forscher oder Pharaonen und tasten sich voll Spannung durch das unterirdische Labyrinth aus Schächten und Kammern zum königlichen Sarkophag. Mit Feuereifer treten sie sogar die fünfzehnstündige Zugfahrt nach Luxor an, ins berühmte Tal der Könige, wo sich auch das Wüstengrab von Tut-ench-Amun befindet.

Noch vor Sonnenaufgang mieten wir uns ein paar Esel und reiten hinaus in die Einöde, die schon in den frühen Vormittagsstunden vor Hitze zu sieden beginnt. Die Königsgräber, tief in das unscheinbare rotbraune Felsmassiv hineingetrieben, fesseln uns mit ihrer Schönheit. Wände und Decken sind übersät mit phantastischen Gottheiten, Hieroglyphen, Pharaonendarstellungen und Szenen des ägyptischen Alltags vor fast dreieinhalbtausend Jahren: ein Schatz, der im Wüstenschoß perfekt konserviert war und von den Grabschändern nicht geraubt werden konnte. Als wir zum Grab Tut-ench-Amuns gelangen, sind die schwülen Gänge bereits mit Touristenschlangen verkorkt. Auf dem Busparkplatz ist keine Lücke mehr frei. Geduldig lassen sich die Kinder von den Massen in Richtung Grabkammer schieben, können in der Enge aber kaum noch atmen. Als sie endlich vor dem goldenen Schrein des ermordeten Kind-Pharao stehen, werden sie schnell weitergestoßen: „Na, auf, ihr grünes Gemüse! Macht schon! Wir wollen auch was sehen!"

Die ersten deutschen Worte nach langer Zeit!

Bei einem Dieselpreis von umgerechnet acht Pfennig pro Liter macht das Motoren direkt Spaß. Bis obenhin vollgestopft mit dem flüssigen Gold Arabiens, nehmen wir um Mitternacht unseren ersten Lotsen an Bord.

„Sind wir jetzt bald da, wo alle deutsch sprechen?" will Saskia wissen, die ihr Heimatland am wenigsten kennt, sich aber am meisten darauf freut. Wie unterschiedlich Schwestern sein können! Weit gefehlt, daß ihr Komplimente wie: „Oh, hast du aber schöne lange Haare! Du siehst ja wahrhaftig wie eine echte Polynesierin aus", jemals geschmeichelt hätten. Ihre selbstbewußte, zornige Antwort war dann stets: „Ich bin aber kein Polynesier! Ich bin ein Deutscher!" Das klang ebenso entschieden wie der Spruch: „Mit Papa gehe ich nicht duschen! Da muß ich immer mein Gesicht waschen!"

Am Nachmittag erreichen wir den Ankerplatz im Lake Timsah bei Ismalia. Obwohl die Kanalgebühr von 160 US-Dollar auch die Kosten für die beiden Pflichtlotsen einschließt, verlangen die Herren zusätzlich ein ordentliches Trinkgeld. Am nächsten Morgen ist Lotsenwechsel. Alles läuft wie am Schnürchen und einwandfrei. Erst im Hafen von Port Said versucht man uns das übliche Schnippchen zu schlagen und will uns einen dritten Lotsen gegen hohen Aufpreis aufdrängen. Wir jagen ihn zum Teufel und legen im Yachtklub an. Kühler Mittelmeerwind füllt wieder unsere Lungen.

Wir haben die schönsten Ankerplätze der Welt angesteuert – was kann uns jetzt noch beeindrucken? Paphos mit seinen kläglichen Überresten antiker Baukunst ringt uns nach dem ägyptischen Kolossalerlebnis nur ein müdes Lächeln ab. Mit Befremden mischen wir uns wieder unter die exotische Menschengattung „Tourist", der wir zu Land und auf See fortan in Massen begegnen und der wir uns zwangsläufig zugehörig fühlen müssen. Doch ehe sich Frust und ein gewisser Kulturschock ausbreiten können, erreichen wir die türkische Südwestküste, die auch weitgereiste, verwöhnte Fahrtensegler zu begeistern vermag. Glasklare Traumbuchten, Bergseen, in steile Hänge eingebettet, urige Städtchen und die Herzlichkeit des türkischen Volkes verwandeln unsere langen Gesichter schnell in glückliche. Selbst Sarah muß zugeben, daß es wirklich überall auf der Welt schöne Fleckchen gibt.

Seit unserer Reise zu den Pharaonen haben die Kinder selbstverständlich beschlossen, Forscher oder Archäologen zu werden. Unermüdlich stochern sie auf der Suche nach alten Tonscherben im Erdboden herum und üben sich im dreidimensionalen Vasen-Puzzle. Die türkische Küste ist übersät damit und läßt die fleißigen Schürferinnen nicht leer ausgehen.

Auch Peter und ich begeben uns auf Forschungsreise, leider nur in den wenig attraktiven Motorraum, denn unser Volvo bereitet uns zum ersten Mal Probleme. Seit Ägypten geht die Maschine häufig aus und springt nur schlecht wieder an. Wir stellen Ventile nach, wechseln Filter, prüfen hier, prüfen da – vergebens. Der Motor qualmt wie ein wütender Drache und spuckt heißes Öl.

Als wir den Hafen von Fethiye erreichen, tut sich gar nichts mehr. Glück im Unglück: Zufällig befindet sich ganz in der Nähe eine Volvo-Vertretung. Bei ihrem Mechaniker stehen die Segler Schlange; wir sind offensichtlich nicht die einzigen mit Motorproblemen. Der hohe Salzgehalt des Roten Meeres hat so manchem

Kühlsystem zugesetzt und Düsen, Leitungen und Kühlkammern mit harten Kristallen verstopft.

Wie sich eine mehrwöchige große Motorreparatur auf das Bordleben und die Gemütlichkeit unter Deck auswirkt, braucht wohl nicht beschrieben zu werden. Glücklicherweise sind die Mädchen sehr selbständig, erledigen unsere Einkäufe, spielen Fährmann für die ölverschmierten Eltern und Mechaniker oder rudern zu Freunden auf anderen Yachten.

Und was wäre eine Weltumsegelung ganz ohne „Mayday – Mayday"? Eine einzige Sturmbö in einer bezaubernden Bucht bringt uns am Ende doch noch soweit. Als wir aus unserer letzten Ankerbucht hinaustuckern, erfaßt eine mächtige Fallbö unser Dingi und bringt es zum Kentern. Noch ehe ich melden kann, daß unser Beiboot wieder „Drachen" spielt, ist es voll Wasser gelaufen und gesunken. Und schon folgt der nächste Schlag: Seine Leine wickelt sich um die Schraube, erstickt das Motorgebrumm und verklemmt das Ruder. Wir sind völlig manövrierunfähig, und der Wind treibt uns auf die schroffen Klippen zu. Peter taucht und befreit wenigstens das Ruder, aber mehr Zeit bleibt nicht. Blitzschnell setzen wir den Klüver, um uns von der Felswand freizusegeln. Doch der einseitige Ballast des gesunkenen Dingis wirkt so stark gegen den Rudereinschlag, daß die Strandung in wenigen Sekunden erfolgen muß. Wir funken unseren Notruf, werfen mit letzter Hoffnung den Buganker, der zum Glück irgendwann ein wenig greift und die Fahrt bremst. Ein Touristenboot, das am Strand ankert, kommt zu Hilfe und schleppt uns frei. Die scharfen Gesteinszacken sind zum Greifen nahe und kitzeln schon den Rumpf. Wie gut, daß wir ein Stahlschiff haben!

Nervenkitzel, Angstschweiß und Streß bleiben uns auf den letzten Etappen unserer Weltumsegelung erhalten. Der Meltemi bläst ungewöhnlich heftig. Wir segeln von Rhodos nach Karpados und wollen mit Kurs auf Kasos weiter gegenanbrettern, da zerfetzt eine Sturmbö unser Großsegel. Sekunden später bricht mit einem fürchterlichen Knall neben mir das Walzterminal vom Achterstag. Müde sinkt der Wantenspanner aufs Deck, während das befreite

Stag wie eine Furie über mir tanzt. Mein Herz rast vor Schreck, denn die Stahlpeitsche hätte mir beim Rudergehen ebensogut das Gesicht zerfetzen können.

Als wir Kasos erreichen, stehen tagelang Reparaturen auf dem Programm. Der stürmische Nordwest läßt nicht locker. Wir versuchen, uns nach Kreta weiterzukämpfen, können aber nur mit äußerster Mühe dessen südlichen Zipfel anliegen. Es wird fast eine Tauchfahrt. Wellen explodieren am Bug und hüllen uns in kalte Gischtwolken. Zum ersten Mal auf unserer langen Reise haben wir die orangefarbene Sturmfock gesetzt, mehr nicht. Aber es ist ja nur eine Tagesfahrt, trösten wir uns, in Lee der großen Insel wird unsere Qual beendet sein.

Doch dies ist leider ein Trugschluß, denn an der Südküste Kretas erreichen die Fallwinde Orkanstärke. Mehrmals legt sich die SARSAS auf die Seite. Zum Glück ist dicht unter Land der Seegang ruhiger, so daß wir uns wenigstens unter Maschine weitertasten können. Von Segeln ist nicht mehr die Rede. Sarah, die Abenteuergeschichten so sehr liebt, findet all das mächtig spannend und genießt den Nervenkitzel. Als wir einen Touristenstrand passieren, hüpfen uns mit lustigen Purzelbäumen mehrere Luftmatratzen entgegen, die ihren Urlaub offenbar lieber in Afrika verbringen wollen. Das muntert uns auf. Wir haben ein neues Spiel entdeckt: Matratzen-Fangen! Rasmus ist uns hold und beschert jedem Kind gleich zwei knallbunte Exemplare.

Für Saskia kommt dieser fröhliche Trost zur rechten Zeit, denn die dramatischen Ereignisse der vergangenen Wochen haben sie ziemlich mitgenommen. Plötzlich mußte sie entdecken, daß unsere SARSAS verletzbar ist. Bei all den vielen Ärgernissen haben wir versäumt, ihr zu vermitteln, daß die Situationen niemals lebensbedrohlich waren. Nur langsam gewinnt sie ihr Vertrauen in die Seefahrt zurück und weint nicht mehr, wenn vorn am Bug wieder das leuchtende Alarmdreieck unserer Sturmfock gehißt werden muß.

Das Stimmungsblatt wendet sich zum Besseren, und wir genießen in gewohnter Weise, was sich unseren Augen bietet: das beeindruckende Bergpanorama von Kretas Südküste, die tiefen

Schluchten, Ausflüge über die Insel und zum Palastlabyrinth von Knossos; und vor allem das klare Badewasser. Unsere Ankerplätze haben eine erstaunliche Bandbreite – von totaler Einsamkeit bis hin zum Massengrill sonnenhungriger Urlauber.

Als wir die Westküste von Kreta erreichen, bläst es weiterhin genau aus der Richtung, in die wir segeln wollen: nach Sizilien, Sardinien und Mallorca. Es wird ein qualvoller Törn. Unser Motor frißt uns allmählich arm, denn die Dieselpreise klettern wieder in utopische Höhen. Aber auch der Magen beginnt zu knurren, weil die Kosten für die völlig überteuerten Lebensmittel in Griechenland und Italien kaum aufzubringen sind. Es wird Zeit für uns, mit einer ordentlichen Arbeit zu beginnen. Jawohl, es ist aus und vorbei mit dem jahrelangen Schlaraffenleben!

Dennoch können wir uns den Luxus leisten, für unser Geburtstagskind Saskia einen ganz besonderen Festplatz auszuwählen: die Vulkaninsel Stromboli mit ihrem sprühenden Feuerwerk. Zur Abwechslung hält das Mittelmeer eine Woche lang den Atem an. Bei völliger Flaute motoren wir westwärts nach Ustica und wollen weiter nach Cagliari. Doch was so friedlich begann, endet – wie so oft auf diesem verflixten Meer – mit einem stürmischen Chaos.

Afrika schickt den Nordwind zurück und verpackt ihn in drohend schwarze Wolkenbänke. Stürmischer Südwest und steile Seen machen die Ansteuerung von Sardiniens Südkap unmöglich. Das Radio meldet schwere Überschwemmungskatastrophen in Spanien und auf Mallorca. Wie hatte man uns anfangs doch so treffend prophezeit: entweder Flaute oder Sturm und meist eins auf die Nase – in jedem Fall unberechenbar... Das ist das Mittelmeer!

Wir schlagen einen Haken nach Norden zur Straße von Bonifacio, motoren dann bei völliger Windstille nach Menorca und tuckern ebenso unrühmlich zum Ausgangspunkt unserer Weltumsegelung zurück. Keine stolz geblähten Segel, keine wehenden Fahnen. Und dennoch: Wie bedeutungsvoll ist diese letzte Etappe! Sie gibt uns soviel Anlaß zum Nachsinnen, Jubeln, Weinen, Feiern... Der Rotwein im Pappkarton für zwei Mark steht schon für die Zeremonie bereit, wenn unsere SARSAS in der Einfahrt von

Porto Colom ihren großen Kreis endgültig schließen wird. Für Schampus hat das Geld nicht mehr gereicht. Wir sind ohnehin müde und abgeschlafft, haben Kopfweh und Migräne.

Also keine feierlichen Reden und Küsse für die Verwirklichung unseres großen Traums? Für den Abschied von einer ganz besonderen Zeit? Für das letzte funkelnde Plankton im Kielwasser, wie Saskia bemerkt? Wehmütig, aber das Schicksal akzeptierend, fahren wir unserem letzten Horizont entgegen, an dem nun Mallorca wie jede der vielen neuen Inseln zuvor aufzutauchen beginnt.

Als wir in den vertrauten Hafen einschwenken, haben wir das Gefühl, niemals fortgewesen zu sein. Alles ist wie damals, ganz nüchtern und prosaisch. Kein Empfangskomitee, kein Tusch, keine Umarmungen. Nicht etwa, daß wir darauf Wert gelegt hätten, aber die Begrüßung hätte doch ein wenig freundlicher ausfallen können. Die ersten Worte, mit denen wir empfangen werden – noch dazu auf deutsch –, sind alles andere als erbaulich. Auf dem blitzenden Deck einer ankernden „Meister-Proper-Yacht" ertönt der entsetzte Aufschrei eines kleinen Jungen: „Mama, Papa! Guckt mal, was da für ein dreckiges Schiff reinkommt! Iiiiiiiieh!"

Peter möchte nochmals eine Runde drehen und dem Bübchen sagen, was er Großes und Schönes erleben könnte, wenn sein Papa nicht solch einen Putzfimmel hätte, aber es gelingt mir, den übelgelaunten Kapitän zu besänftigen.

Unser Kassensturz ergibt einen Restvorrat von zehn Mark. Wir haben es eilig, eine schnelle Geldüberweisung zu veranlassen, doch ein Telegramm kostet sechzehn Mark und ein Telefongespräch mindestens acht. Resigniert kauern wir auf den Stufen des Postamts, knabbern an einer trockenen Weißbrotstange und schreiben für siebzig Pfennige einen Brief nach Deutschland. Zwei Wochen wird er unterwegs sein, und wir haben unsere erste Lektion gelernt: Ohne Geld geht jetzt nichts mehr!

Sarah und Saskia finden es faszinierend, daß wir tatsächlich wieder bei unserer ersten Insel angelangt sind, und teilen mit weiland Kolumbus das Erlebnis von der runden Gestalt unseres Planeten. Aber mehr haben wir nicht mit ihm gemeinsam, denn die Arroganz der damaligen Eroberer muß jedem Fahrtensegler übel aufstoßen. Wir sind von Horizont zu Horizont gesegelt, haben viel gesehen und gelernt. Obwohl wir unsere Wurzeln spüren, kehren wir als Weltenbürger zurück. Wie könnten wir denn die Stimmen und Gesichter fremder Länder und Ozeane vergessen, die uns jahrelang so nahe waren?

Als wir unter dem unermeßlich reichen Sternenzelt des Pazifiks dahinglitten, spielten wir oft einen kleinen Sketch durch. Darin fragte ein fremdes Wesen die Kinder im Traum: „Wo wohnst du?"

„Im Weltall."

„Wo im Weltall?"

„In der Milchstraßengalaxie."

„Wo in der Milchstraße?"

„Im Sonnensystem."

„Wo genau?"

„Auf dem Planeten Erde."

„Und wo dort?"

„Im Pazifik, auf der SARSAS, in Indien oder in Deutschland."

Wir begreifen: Die letzte Antwort ist austauschbar und unbedeutend gegenüber dem Hauptwohnsitz „Erde". Die großen Probleme unserer Zeit lassen sich nur noch mit globalem Denken lösen. Wir befinden uns alle an Bord des gleichen Raumschiffs.

So erleben wir in den Monaten unserer Rückkehr die politischen Veränderungen in Europa als freudige Überraschung. Mitten im Winter ist der „kalte Krieg" zwischen Ost und West plötzlich vorbei: Mauern fallen, Grenzen öffnen sich, feindliche Blöcke lösen sich auf. Was noch ein Jahr zuvor undenkbar war, geschieht: Deutschland ist wieder vereint! Die Schlagzeilen in den Medien überschlagen sich. Daß im Zuge der allgemeinen Abrüstung ein Südsee-Atoll als Giftgasdeponie herhalten muß, hinterläßt bei uns dennoch einen bitteren Beigeschmack.

Nach der Schneeschmelze begeben wir uns zu den Anfängen unserer Weltumsegelung zurück, nach Sète, und verwandeln die weitgereiste SARSAS wieder in ein kleines Flußschiff. Als schließlich hinter der letzten Neckarschleife das altvertraute Wehr auftaucht, wo vor 2186 Tagen die Verwirklichung unseres Traums begann, ertönen im Ufergebüsch fröhliche Böllerschüsse, und ein buntes Transparent heißt die heimkehrenden Weltenbummler schon von weitem willkommen. Auf dem kleinen Anleger drängen sich Freunde und Verwandte, um unsere Ankunft zu feiern und das Ende einer spannenden Segelreise zu besiegeln. Jeden Tag ist die SARSAS nun von zahlreichen Besuchern umlagert, die sich brennend für unsere Reiseroute und das Familien-Fahrtensegeln interessieren. Wir sind überrascht, wie viele Eltern heute von einer Weltumsegelung mit Kindern träumen.

Mit staunenden Augen ziehen Sarah und Saskia aus ihrer kuscheligen Wohnhöhle in geräumige Zimmer um und strahlen: „Oh, toll! Jetzt hat jeder von uns ein richtiges Haus mit Fenster und Tür!"

Ihr munterer Ideenbrunnen sprudelt wie eh und je. Aktiv, wie sie sind, bleibt Langeweile für sie ein Fremdwort.

Zwischen den neuen großen Betten, in den Schränken und auf den Regalen sitzen die Spielfreunde vergangener Tage. Sie schmecken ganz salzig und duften nach dem weiten Meer. Wir sind uns einig: Schöner können Puppen gar nicht schmecken!

Wieder einmal sind es die Erwachsenen, die sich mit dem Neubeginn schwertun. Wenn ich aus dem Fenster schaue, vermisse ich auf unserem „Ankerplatz" das glitzernde, bewegte Wasser und wundere mich, daß die Wohnung in den Herbststürmen nicht krängt oder zu schwojen beginnt. Längst wäre es Zeit weiterzuziehen! Es fällt schwer, die Starre der Seßhaftigkeit zu akzeptieren und die Regelmäßigkeit des Alltags. Schmerzhaft spüren wir den Mangel an Zeit. Die vielen Aktivitäten rund um Schule und Beruf lassen uns wieder wie alle anderen von Wochenende zu Wochenende und von Ferien zu Ferien hüpfen. Wir erinnern uns an die sechs Jahre unserer Weltumsegelung. Auch damals haben wir wie alle Fahrtensegler über zuviel Arbeit und zu wenig Muße geklagt. Heute aber kennen wir den Unterschied. Zwar hatten wir damals nicht mehr Zeit – aber wir hatten das Gefühl, unser Dasein bewußt zu erleben und zu genießen. Jeder Tag zählte.

Sarah und Saskia haben längst ihr schaukelndes Klassenzimmer gegen eine Schule auf festem Boden eingetauscht und besuchen nun den Unterricht mit vielen anderen Kindern. Das ist für sie wieder ein ganz neues Abenteuer und macht Spaß. Was keine Landratte je für möglich gehalten hätte: Die beiden Matrosen können tatsächlich stillsitzen und bringen prima Zeugnisse nach Hause. Aber sie mußten erst lernen, daß ihre dreißig Mitschüler nicht automatisch auch gute Freunde sind, wie sie es aus der Südsee gewohnt waren. Hier herrscht die berühmte „Hackordnung", die leider erst eingeübt sein wollte.

Oder lieber doch nicht?

Die gute SARSAS hält unterdessen am Neckarufer einen tiefen Winterschlaf und schlummert unter einer dicken Schneedecke. Der Jahreszeit angepaßt, rückt auch unsere Reise langsam ins Märchenhafte. Was einst Traum war, dann endlich Wirklichkeit wurde, kommt uns nun beinahe wie ein Märchen vor. Wenn wir unsere Dias, Masken und Muschelschätze betrachten und uns die großartigen Erlebnisse in Erinnerung rufen, so klingt das bereits wie: „Es war einmal..."

Trotzdem sind wir glücklich, diese Erinnerungen bewahren zu können. Der Alltag wird dadurch zwar nicht angenehmer, aber sie stärken uns, machen uns Mut, schenken uns ein heimliches Glück.

Sarah und Saskia sind sich jedenfalls einig: „Später bauen wir ein Boot und fahren mit unseren Freunden wieder in die Südsee. Bär und Löwe dürfen natürlich mitkommen!"

*Tropenfisch (Saskia, fünf Jahre)*

**Segelyacht SARSAS Seitenansicht/Längsschnitt (Innenansicht Backbord)**

| | |
|---|---|
| Länge | 10,50 m |
| Breite | 3,37 m |
| Tiefgang | 1,60 m |
| Verdrängung | 13,50 t |

Normalbesegelung:
| | | |
|---|---|---|
| 1 | Groß | 26 qm |
| 2 | Klüver | 28 qm |
| 3 | Fock | 18 qm |

Zusatzsegel:
| | |
|---|---|
| Sturmfock | 6 qm |
| Try | 6 qm |
| Genua | 48 qm |

Passatsegel je 20 qm

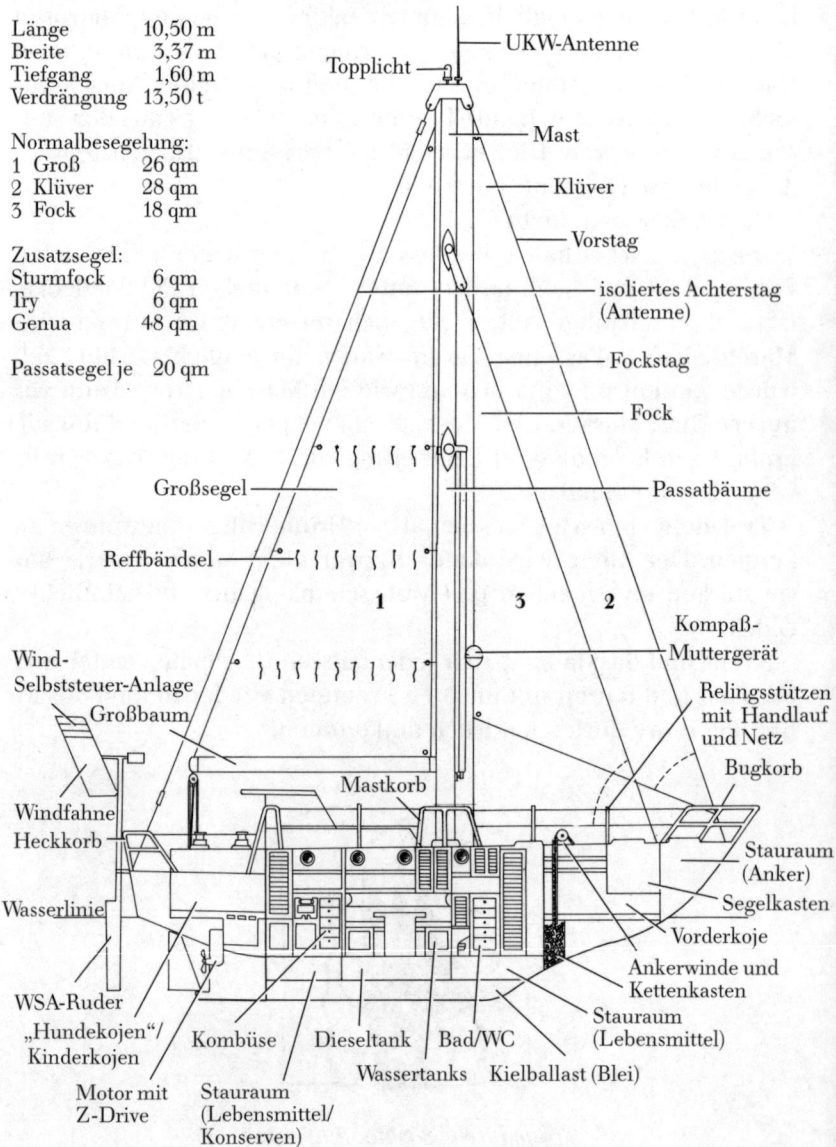

UKW-Antenne
Topplicht
Mast
Klüver
Vorstag
isoliertes Achterstag (Antenne)
Fockstag
Fock
Großsegel
Passatbäume
Reffbändsel
1  3  2
Kompaß-Muttergerät
Wind-Selbststeuer-Anlage
Großbaum
Relingsstützen mit Handlauf und Netz
Bugkorb
Mastkorb
Windfahne
Heckkorb
Stauraum (Anker)
Segelkasten
Wasserlinie
Vorderkoje
Ankerwinde und Kettenkasten
WSA-Ruder
„Hundekojen"/ Kinderkojen
Kombüse
Dieseltank
Bad/WC
Stauraum (Lebensmittel)
Wassertanks
Kielballast (Blei)
Motor mit Z-Drive
Stauraum (Lebensmittel/ Konserven)

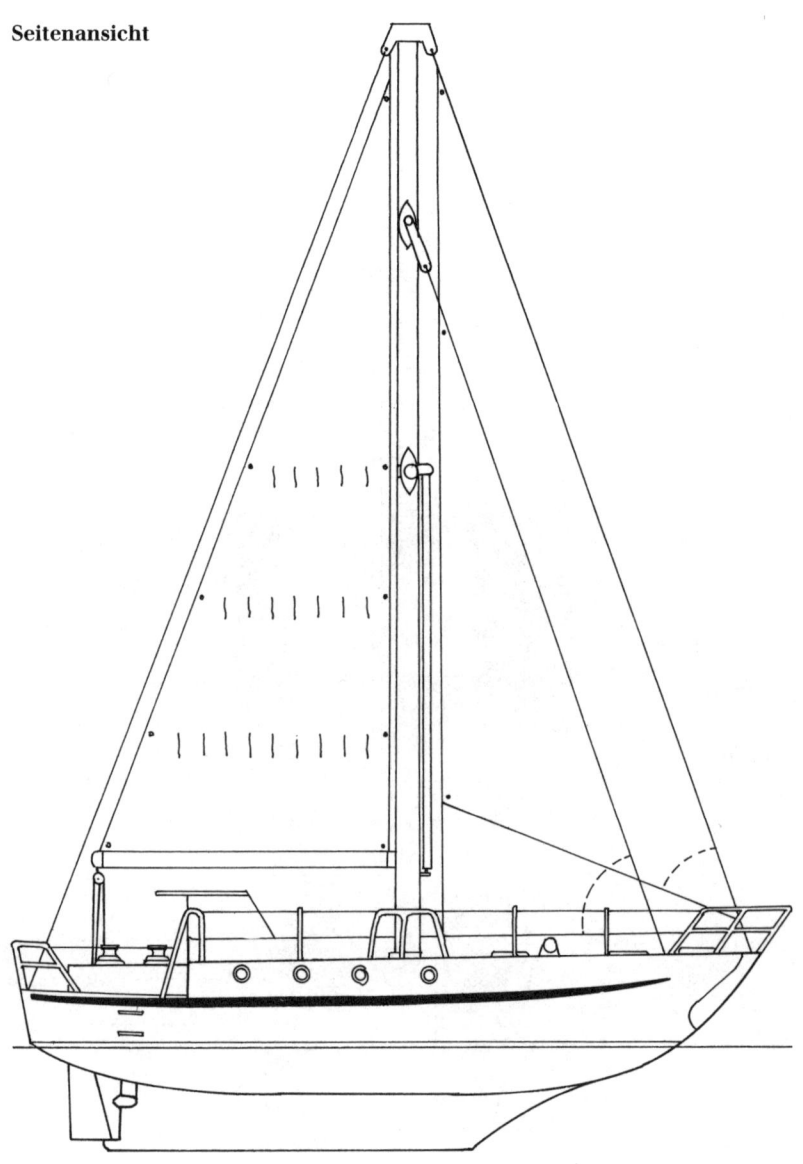

# Inneneinrichtung

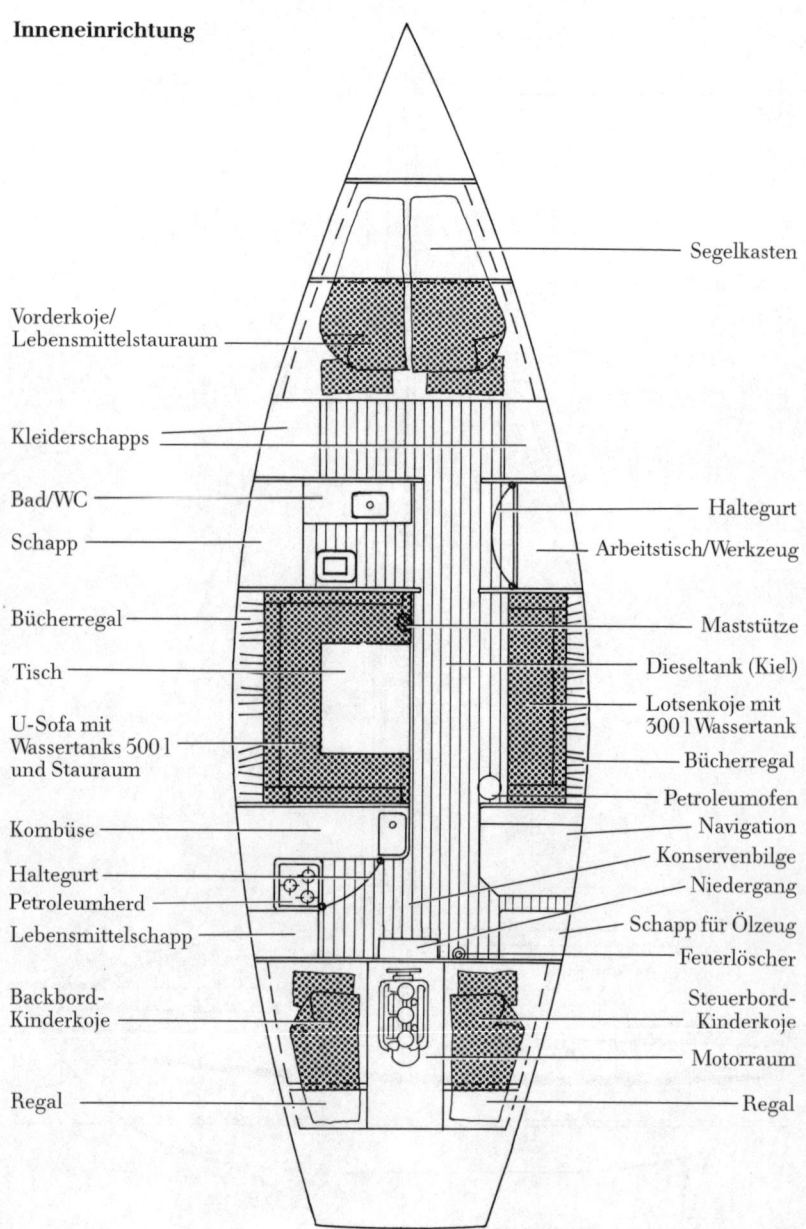

Segelkasten

Vorderkoje/
Lebensmittelstauraum

Kleiderschapps

Bad/WC

Haltegurt

Schapp

Arbeitstisch/Werkzeug

Bücherregal

Maststütze

Tisch

Dieseltank (Kiel)

Lotsenkoje mit
300 l Wassertank

U-Sofa mit
Wassertanks 500 l
und Stauraum

Bücherregal

Petroleumofen

Kombüse

Navigation

Haltegurt

Konservenbilge

Petroleumherd

Niedergang

Lebensmittelschapp

Schapp für Ölzeug

Feuerlöscher

Backbord-
Kinderkoje

Steuerbord-
Kinderkoje

Motorraum

Regal

Regal

**Deckslayout**

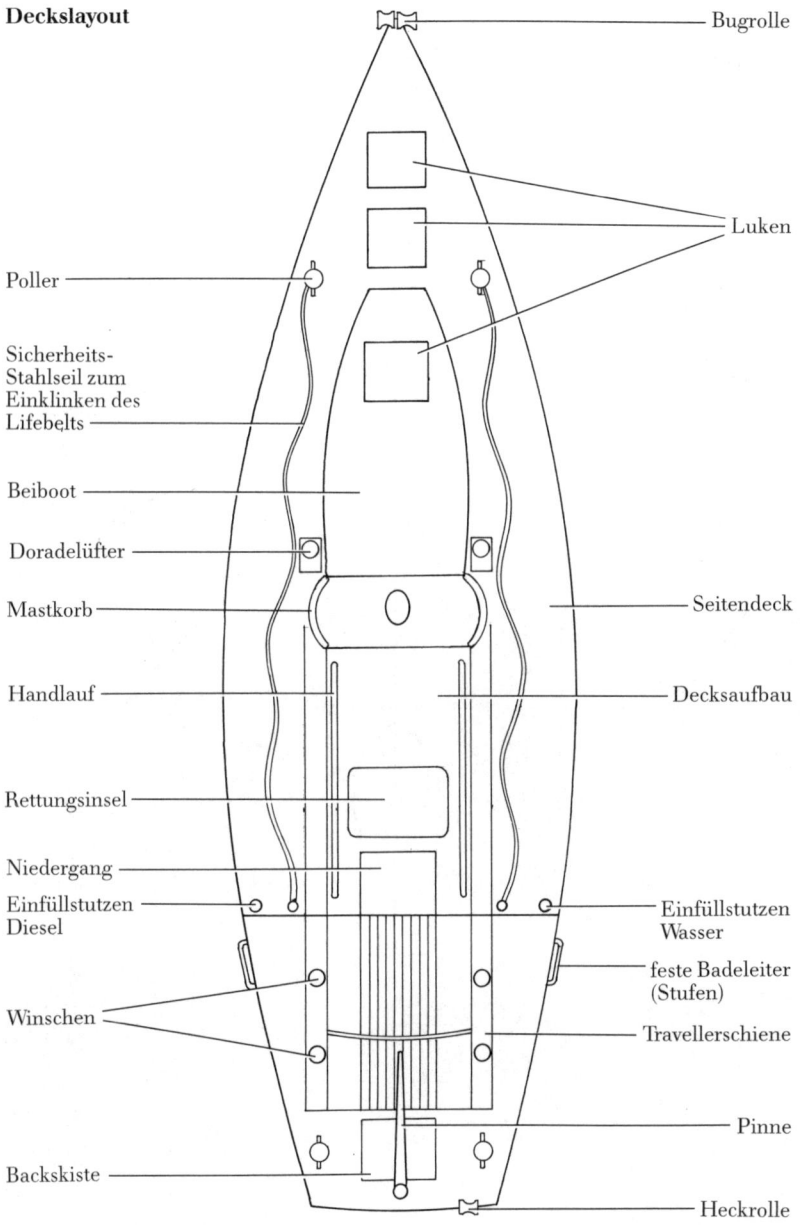

Bugrolle

Luken

Poller

Sicherheits-
Stahlseil zum
Einklinken des
Lifebelts

Beiboot

Doradelüfter

Mastkorb

Seitendeck

Handlauf

Decksaufbau

Rettungsinsel

Niedergang

Einfüllstutzen
Diesel

Einfüllstutzen
Wasser

feste Badeleiter
(Stufen)

Winschen

Travellerschiene

Pinne

Backskiste

Heckrolle

a                                                    b

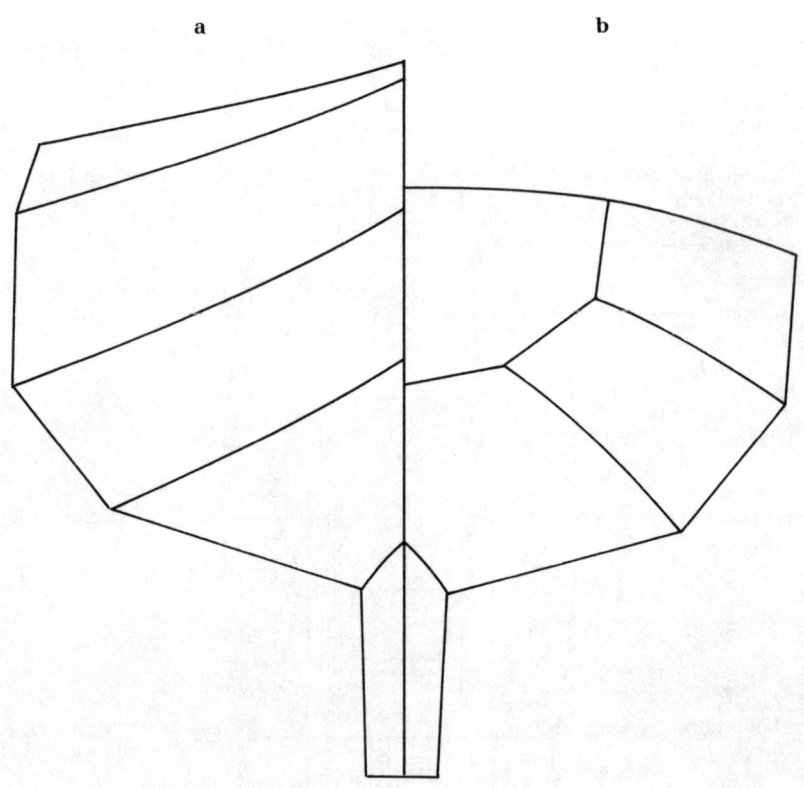

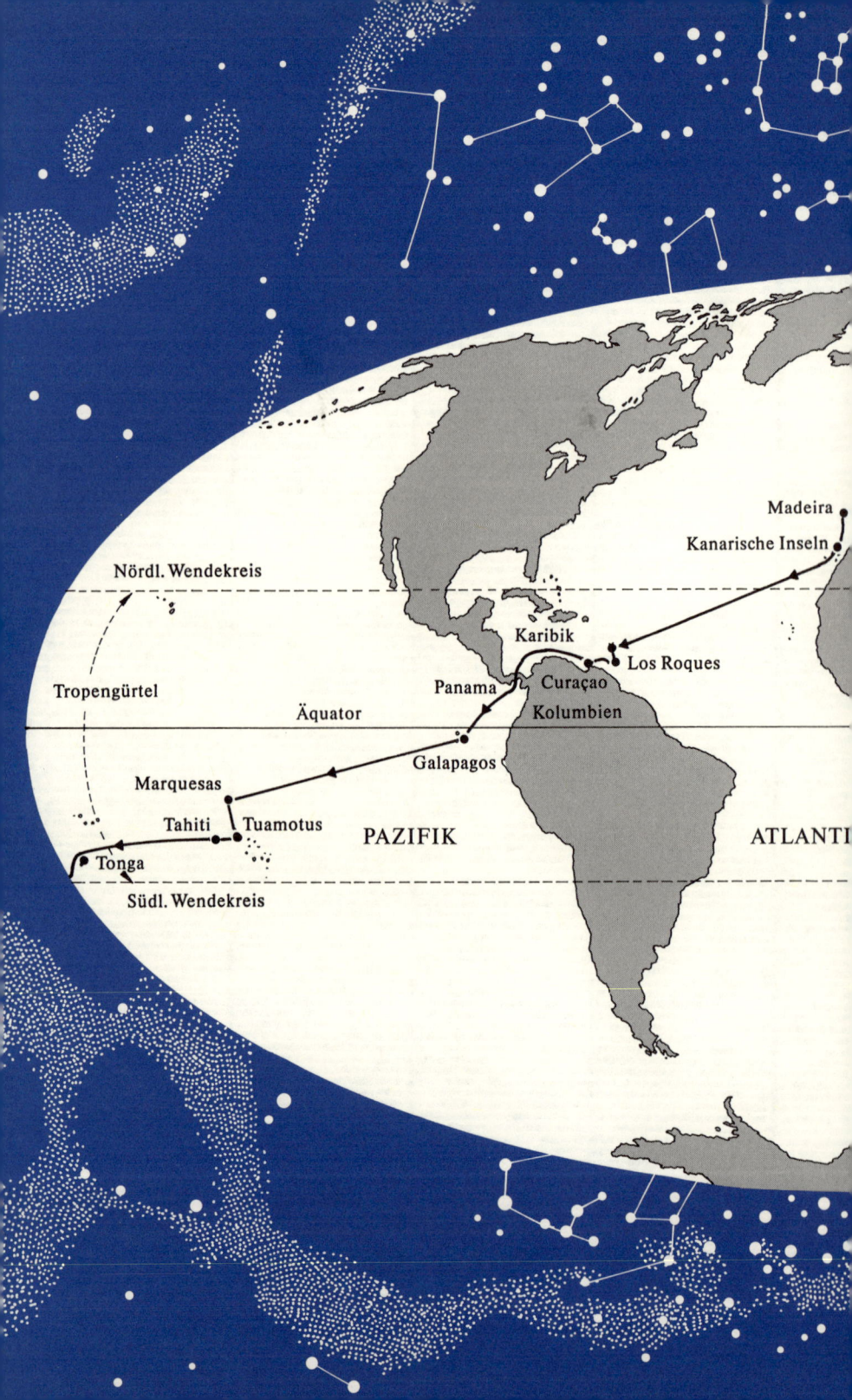